深圳职业技术学院“十四五”规划教材

高等职业教育市场营销专业新形态教材

现代推销实务

——职业销售人的养成与精进

邹心之 主编 施 蕾 唐国华 副主编

同济大学出版社
TONGJI UNIVERSITY PRESS
·上海·

内容提要

本书依托制造型、商贸型企业销售岗位的工作情境，结合交易型销售、顾问型销售、战略型销售的销售方法论，通过沉浸式情境让读者熟悉市场开拓、销售呈现、客户维护、撰写解决方案、招投标等推销实务。全书由“成为幸福销售人”“赢取简单交易型订单”“进阶复杂型项目销售”等 6 个项目、“走访销售精英”“规划销售职业生涯”“寻找目标客户”“拜访目标客户”等 17 个任务组成，涵盖简单型销售、复杂型销售、解决方案销售、战略型销售等推销实务专业知识、技能及素质指引。

本书适合高职高专院校市场营销专业和财贸类相关专业师生开展项目化、情境化教学，同时适用于销售培训从业者组织中小企业推销技术培训，以及对销售领域感兴趣、即将从事或刚进入销售相关岗位的社会学习者参考使用。

图书在版编目（CIP）数据

现代推销实务:职业销售人的养成与精进 / 邹心之主编. -- 上海：同济大学出版社，2023.1

ISBN 978-7-5765-0789-8

Ⅰ. ①现… Ⅱ. ①邹… Ⅲ. ①市场营销－高等职业教育－教材 Ⅳ. ①F713.3

中国国家版本馆 CIP 数据核字(2023)第 018007 号

现代推销实务——职业销售人的养成与精进

邹心之 **主编**　　施　蕾　唐国华 **副主编**

责任编辑 杨　艳　**助理编辑** 张瀚文　**责任校对** 徐逢乔　**封面设计** 潘向蓁

出版发行 同济大学出版社　www.tongjipress.com.cn
（地址：上海市四平路 1239 号　邮编：200092　电话：021-65985622）
经　　销 全国各地新华书店
制　　作 南京月叶图文制作有限公司
印　　刷 启东市人民印刷有限公司
开　　本 787 mm×1092 mm　1/16
印　　张 16.75
字　　数 418 000
版　　次 2023 年 1 月第 1 版
印　　次 2023 年 1 月第 1 次印刷
书　　号 ISBN 978-7-5765-0789-8

定　　价 58.00 元

前　言

本书以习近平新时代中国特色社会主义思想为指导，深入贯彻党的二十大精神，坚持党的领导，坚持正确办学方向，坚持立德树人的根本任务，弘扬工匠精神，为培养现代企业交易型、顾问型、企业型技术技能人才，全面建设社会主义现代化国家提供人才保障。本书适合高职高专院校市场营销专业和财贸类相关专业师生开展项目化、情境化教学，同时适用于销售培训从业者组织中小企业推销技术培训，以及对销售领域感兴趣、即将从事销售相关岗位的社会学习者参考使用。

全书由 6 个项目组成，包括“成为幸福销售人”“赢取简单交易型订单”“进阶复杂型项目销售”“定制增值解决方案”“角逐项目招投标”“挑战战略型销售”。每个项目都有原创的既符合真实销售业务情境又吻合学习者渐进型认知特点的“项目情境”，书中还含有丰富、生动的微课视频。全书共有 17 项具体的销售工作任务，包括“走访销售精英”“规划销售职业生涯”“寻找目标客户”“拜访目标客户”“促成有效交易”“处理销售订单”“识别客户角色”“分析销售项目态势”“举办产品演示会”“甄别客户痛点”“撰写解决方案”“呈现解决方案”“制订投标计划”“分析投标赢率”“撰写投标书”“解读客户发展战略”“呈现双赢合作愿景”等。每个任务都有具体的任务描述和任务指引，能有效地指引学习者提升处理订单、市场开拓、销售呈现、维系客户、处理复杂销售、定制解决方案等推销实战能力。

书中还穿插了“学情问卷”“学习者对话”“拓展资源”等模块，每个项目均配有“知识小测”“行动学习实践”“同辈行为评价”“案例分析”“自我认知测评”等自我学习与实践提升的指引工具，既对推销技术的基本理论、基本知识、基本技能和方法进行概括，又对积极心态、服务意识、责任意识、双赢战略思维等职业素养的培育进行引领。

《现代推销实务——职业销售人的养成与精进》由深圳职业技术学院邹心之负责编写全书体例、项目情境、任务内容以及全书的统稿定稿；原施乐中国区销售总监唐国华参与编写项目二相关内容；深圳职业技术学院施蕾参与编写项目三、项目四相关内容；深圳职业技术学院朱玉玺参与编写项目五、项目六相关内容；深圳职业技术学院英瑛对图文资料进行了编辑与校对。本书在编写中参考借鉴了国内外营销学者的研究成果，并获得了深圳职业技术学院张晋光教授、原施乐全球解决方案顾问李振娟女士的宝贵建议，在此，谨向学界、商界的作者、师友致谢！本书的编写得到了同济大学出版社的大力支持，在此一并致谢！

编者

2022 年 12 月

本书配套视频资源

序号	项目	任务	视频名称	时长	二维码
1	一、成为幸福销售人	走访销售精英	销售大师知多少	6:00	
2		规划销售职业生涯	行业定位三部曲	6:34	
3	二、赢取简单交易型订单	寻找目标客户	搭建社交销售线索	6:13	
4		拜访目标客户	陌生电话邀约技巧	4:14	
5		促成有效交易	有效识别购买信号	6:12	
6		处理销售订单	如何处理销售订单	4:27	
7	三、进阶复杂型项目销售	识别客户角色	解析销售行动类型	6:55	
8		分析销售项目态势	三维动态观局势	6:59	
9		举办产品演示会	直播冷场巧应对	4:58	

（续表）

序号	项目	任务	视频名称	时长	二维码
10	四、定制增值解决方案	甄别客户痛点	说价值，谈回报率	5:12	
11		撰写解决方案	快速制作解决方案	4:11	
12		呈现解决方案	呈现解决方案	4:39	
13	五、角逐项目招投标	制订投标计划	招投标流程知多少	5:52	
14		分析投标赢率	提升投标赢率有方法	6:34	
15		撰写投标书	规范投标，细节制胜	5:40	
16	六、挑战战略型销售	解读客户发展战略	做客户需求的“指南针”	5:23	
17		呈现双赢合作愿景	关注愿景与使命	4:13	
合计				94:18	

目　　录

项目五　角逐项目招投标

项目六　挑战战略型销售

项目一

成为幸福销售人

知识目标

熟悉推销的概念与现代推销技术的发展脉络；
理解销售岗位职责及主要工作内容；
熟悉专业销售的职业能力要求。

能力目标

能运用信息技术手段检索基础信息资料；
能制订可行的销售精英拜访计划；
能分析特定行业的销售职业发展规划。

素质目标

能客观地进行自我认知评价；
具备良好的待人接物礼仪素养；
理解销售职业价值，形成奋斗幸福观。

学习任务

任务一　走访销售精英
【销售方法论代表人物、销售精英特质、推销礼仪】
任务二　规划销售职业生涯
【推销观念、推销任务、能力要求、职业规划】

项目情境

向左走，还是向右走
——你准备好成为销售人了吗？

小杰、小霞和小珊是同班同学，都是市场营销专业的学生。小杰平常喜欢打游戏，学习方面通常是“60 分万岁”的心态。小霞是大家眼中公认的“学霸”，拿奖学金拿到手软，专业排名全年级第一，准备求职简历时，她在学校获得的各种荣誉证书的复印件装满了文件夹。小珊是学校学生会的骨干力量，创办了市场营销协会社团，有很强的管理组织协调能力。

随着毕业季的到来，小杰、小霞和小珊参加了各类校园招聘活动。

小杰：“这么多企业，不知道把简历投去哪儿，心里真有点慌。小霞，还是你最棒，这么多证书，面试肯定胜券在握。”

小霞：“其实我跟你一样，很茫然。虽然每天都很忙，可是细想起来却不知道自己忙些啥。来到招聘会现场，也不知道自己该从事什么工作。”

小杰：“我要不就选择一线销售工作吧。我虽然没学到啥专业知识，但是你看招聘会上销售岗位的需求很多呀，好像也没有什么门槛，销售这个工作应该谁都可以做。”

小珊：“不是这样，销售并不是谁都能胜任的。根据已经毕业的同学的反馈，销售岗位极具挑战性，做销售工作要是三个月没拿到订单连试用期都通不过。”

小杰：“我现在有点后悔平常没有主动学习，没有啥积累。只能等我到了工作中再接受生活压力的锤炼吧。”

小霞：“销售工作对我还是有吸引力的，拿到订单时应该能获得很强的职业幸福感。我已经接到了两份录用通知书。其中一家是外企背景的办公设备公司；另一家是以 SaaS（Software as a Service，软件运营服务）为主营方向的企业，但是我不知道该去哪家。”

小杰：“什么是 SaaS 呀？我对行业背景也不太了解，呃，真的应该少打游戏，多学习。现在还来得及吗？”

小珊：“只要想改变，现在开始就是最好的时候。其实我也有我的烦恼。我通过了 L 公司的面试，这个公司和销售相关的岗位有三条关联业务线：第一条线是隶属于产品部的产品销售，负责产品的研发、推广以及市场工作，需要对某款产品的销售额负责；第二条线是隶属于渠道部的渠道销售，负责发展渠道或合作伙伴；第三条线是客户销售，直接面向客户。我到底该选择哪个方向才有利于我的职业发展呢？”

小杰、小霞、小珊都面临着从校园走向社会的职业选择转折点，向左走，还是向右走？

请思考以下问题：

1. 根据自己的实际情况，结合项目情境思考：如果是你，会做怎么样的选择？
2. “幸福销售人”是什么样子？你希望自己成为其中的一员吗？如何成为“幸福销售人”？

任务一　走访销售精英

学情问卷

1. 提到销售精英，你第一时间想到的代表人物是何种类型？
   - ○ 直播带货的网红　　○ 叱咤风云的商界精英
   - ○ 身边的成功人士　　○ 对销售技术领域做出贡献的专家学者
2. 你如何理解推销的含义？
   - ○ 劝说顾客购买产品　　○ 为客户解决问题
   - ○ 向客户提供特定服务
3. 你认为什么是销售人员能保持竞争优势的最关键因素？
   - ○ 资历　　○ 人脉的积累
   - ○ 较强的抗挫折能力　　○ 技能、知识的不断提高
   - ○ 有不断创新的能力

任务描述

各行各业都有精英，请以小组为单位，确定拟寻访的销售精英对象，通过实地访谈、调研或者二手资料查找等方法了解销售精英的幸福成长曲线。通过梳理销售精英的经历、重要成绩和趣事等，拓宽对销售领域的专业认知，了解销售从业者的职业发展方向，掌握成功销售人员特质，提升对销售岗位的情感认同，实现专业技能的提高与经验的积累。

任务指引

走访销售精英的项目任务，不是简单的邀请销售从业者随便聊聊，而是抓住与销售精英交流的机会，获得新的技能、知识与经验，快速吸收和应用新的资讯和技能以获得提升，培养职业销售人以成果为导向的意识。

在走访销售精英的项目任务中，请带着明确的目标进行拜访，在任务的前期、中期和后期，都需要做充分的准备与记录。

任务完成后要有学习成果，通过视频或总结汇报等形式展现出目标的确定性、过程的监控性、成长的强制性以及成果的量化性。

表 1-1　“走访销售精英”任务要素及评估指标

任务要素	评估指标
确定拜访目标	根据 SMART 原则，目标必须是具体的（specific）、可以衡量的（measurable）、能达到的（attainable）、具有相关性的（relevant）、有明确的截止期限（time-bound）

（续表）

任务要素	评估指标
确定访谈对象	符合条件的销售精英画像，信息清晰（包括但不限于姓名、职位、行业或领域、销售岗位工作年限等信息）
制订问题清单	从解决自己真实需求开始，围绕行为、能力、素养、目标、思维等方面展开。例如：你推销的是什么？你向客户提供的是什么？你认为在同质化严重的情况下，可以靠什么来提升核心竞争力？你在与主要竞争对手竞争中有什么样的特别案例
制订行动计划	分工协调
组织与实施	过程控制
成果总结	梳理数据性的成果

任务实践要点：

1. 对走访销售精英任务保持好奇心，渴望通过这次任务获取学习机会，主动参与任务体验；
2. 通过这次学习交流机会，能快速消化吸收新讯息，能将其中最核心的部分融会贯通；
3. 在交流中乐于接受销售精英的建设性意见，以此丰富知识、提高技能和改善行为；
4. 能结合所学的知识、技能和经验，有意识地进行反复练习和持续的深入学习；
5. 专业信息资源查找和检索能力；
6. 计划制订与归纳提炼能力；
7. 拜访沟通过程中需具备的礼仪素养。

知识要点一　销售精英画像

引导案例

现代销售之父约翰·帕特森

约翰·帕特森（1844—1922）被认为是现代销售之父。

1884 年，美国俄亥俄州代顿市煤炭商人约翰·帕特森以 6 500 美元的价格购买了一家收银机公司的股份，这就是赫赫有名的 NCR 公司（National Cash Register Company）的前身。这家公司拥有几项收银机方面的专利，而收银机在当时还只是一项很原始的发明，它的作用就是从机器上的一条细缝中打出一条纸带，纸带上正确地记录着所购买的商品。在当时，很少有人知道收银机的作用，也很少有人需要收银机。

帕特森在 1884 年到 1921 年间把 NCR 公司打造成美国的行业巨头，他还率先引进许多管理方法，包括建立一套公正合理的销售配额制度、指定销售区域、采用销售口号、建立“有奖建议”制度、直邮、编排销售会谈、年度销售大会、让顶尖的销售高手加入一百点俱乐部……他甚至在代顿市的工厂附近建立培训学校，在这里他导演不同的销售场景，并用无人能够仿效的风格授课。“Visualize! Analyze! Dramatize!”（“直观化！分析！生动描述！”）是他最为得意的销售箴言。

约翰·帕特森开创了利用广告和有组织的销售方法的现代结构性销售体系，让收银机进入零售商的商店，成为零售业的标准配置。

1887年，作为有组织地利用销售方法和广告进行产品销售的第一人，帕特森出版了世界上第一本讲述现代销售方法的书籍《销售入门》(*NCR Primer*)，这本书在NCR公司召开的代理会上面世，引起了极大的轰动。《销售入门》最大的特点是有史以来第一次不是从公司想要达成销售的意愿出发，而是从潜在客户的愿望和利益的角度出发去建立销售的依据，这种观念迄今依然十分有效。

约翰·帕特森的很多销售培训、激励的做法，直到今天都被全世界的很多企业所采用。在帕特森之前，销售只是定期与交易方保持联系，和客户签订合同，有组织、有系统的推销活动几乎不存在，没有人认为销售具有自己清晰独立的职能，更没有一套值得研究的销售方法。

帕特森开创的销售体系和方法开始为各个行业所效仿，并造就了一大批掌握现代销售方法的商人，其中包括IBM公司的创始人托马斯·约翰·沃森，他曾经是帕特森手下的销售和NCR公司的董事。沃森接受帕特森“THINK”的理念，在离开NCR后创立了IBM公司，并将帕特森的很多销售培训和激励的做法带到了IBM这家伟大的公司。

讨论：

请查找资料，了解帕特森的“THINK”理念，并列举1～2位你认为对推销技术发展有突出贡献的人物，介绍他的主要观点或成就。

许多顶级的企业管理者是从销售和营销岗位上成长与晋升的。综合行业前景、市场供求、进入门槛、承受压力、上升空间、福利待遇等各项指标，销售实际上是一项充满无限机遇的工作。销售职业为人们获得社会认可和地位回报提供了很多机会，让人有持续不断奋进的动力，给人带来极大的成就感。

既然销售是一份充满吸引力的职业，为什么从事销售工作的人会出现高离职率、频繁跳槽的现象呢？为什么舆论宣传中对销售会有“诱导客户”“吹嘘欺骗”等刻板印象呢？

煤和金刚石虽然都是由碳原子所构成的，但是人们都清楚珠宝商是没有办法让煤成为宝石的。研究表明，销售职业出现高流失率和低生产率、受到负面评价的真正原因并不是销售职位本身存在问题，而是在人才招聘环节不少企业忽视了销售是对专业化有较高要求的职业，选择用“热烈欢迎”式的招聘方式，将空着的销售职位给随便一个前来应聘的人，以致于每五个销售人员中就有四个不符合销售职业的资格和条件。

销售精英是什么样子的？是不是无所不能，战无不胜？这个世界上没有完美的人，但所有的成功者都具有这样一个共同点：非常清楚地去从事最适合他们的工作。销售精英就是在销售领域里十分清楚并努力利用自己的优点、展现自己最突出一面的人，他们是具有积极性、主动性和创造力的人才。他们有的在商业中有突出业绩，有的为客户实现了价值增值。

随着时代、科技的变化，销售职业的专业化程度越来越高，涌现了一批推动销售技术革新的销售精英。他们具备成熟的销售理论知识、技能和经验，熟悉特定行业，对销售技术、理念的革新做出了突出贡献，推动了整个销售行业的进步与发展。

学习者对话

学生甲："谁是销售精英呢？"

学生乙："网红主播应该算，一场活动能挣不少钱呢。"

学生丙："商界成功人士应该也是销售精英。"

学生组长："从销售业绩来讲，通常企业80%的销售成果来自于销售队伍中20%的销售人员，他们展现着销售的职业魅力，应该是企业的销售精英。"

学生甲："除了商界的，有没有在推销技术研究领域的精英呢？"

学生乙："你如果不问，我还真没想过这个问题呢！"

学生丙："你知道有哪些专家在推销技术研究领域有影响力吗？"

学生甲、乙："呃，还真不太知道。"

学生组长："我们来检索一下代表型的销售专家信息吧！"

学生甲、乙、丙："好嘞，一起百度一下！"

销售大师知多少

一、现代销售体系与方法的开创者

约翰·帕特森是NCR的总裁，IBM的创始人沃森的老师。在约翰·帕特森之前，销售并没有作为职业独立存在。帕特森首创了"拉动式"销售模式，并建立学校专门进行销售技能培训，出版并发行了指导销售的手册，被誉为现代销售之父。

帕特森建立了有组织的客户合同签订系统，为现代销售技术与方法奠定了基础。约翰·帕特森的很多销售培训、激励的方法，直到今天都被全世界的很多企业所采用。

二、销售研究领域的领导者

（一）顾问式销售专家

Huthwaite公司的创始人兼首任总裁尼尔·雷克汉姆（Neil Rackham，1942—　）在全球销售领域享有盛名，是一名出色的销售咨询专家，也是现代销售咨询培训领域的领导者。尼尔·雷克汉姆用了12年的时间在全球设立了116个评估点，涉及23个产业和24个国家，访谈了超过35 000个销售成功案例，包括苹果电脑、IBM、施乐等知名企业。通过海量数据信息的比较、分析，尼尔·雷克汉姆总结出了成功销售人员的共性，并由此发现了成功销售的规律，开发出向客户提问的技巧和挖掘潜在客户需求的 SPIN（situation 情景性、problem 探究性、implication 暗示性、need-payoff 解决性）销售模式等工具，引领了顾问式销售的潮流。

尼尔·雷克汉姆认为，销售的成功靠的不是对产品和服务价值的传播，而是为客户创造价值。他的著作《销售巨人：大订单销售训练手册》《销售的革命》等对提升销售效率和赢单率影响深远，促进了销售的变革。

（二）战略销售专家

史蒂芬·E. 黑曼（Stephen E. Heiman）销售经验丰富，在销售领域的工作时间超过 30 年。黑曼曾是美国 IBM 公司的客户销售代表，他的销售总业绩和定额完成比例始终保持在公司销售榜单的前 5%。黑曼还担任过珂帝（Kepner-Tregoe）公司的营销主管、北美运输航线（North American Van Lines）的执行副总裁，对公司的销售和利润增长做出了突出贡献。

1978 年，黑曼与合作伙伴罗伯特·B. 米勒一起组建米勒·黑曼有限公司，共同开发销售工具和销售方法，提出“销售就是合资”的理念，强调“双赢”，创新性地提出了销售人员应该摆脱一直不停地展示产品的销售方式，要从客户出发，与客户平等对话，真正解决客户表面的和潜在的需求，通过咨询式沟通提供全面的解决方案，与客户风险共担，争取长久的“双赢”。

三、销售方法论的挑战者

随着 VUCA 时代（VUCA 是 volatility 易变性，uncertainty 不确定性，complexity 复杂性，ambiguity 模糊性的缩写）的到来，世界 500 强企业对销售的理解均发生了变化。马修·狄克逊（Matthew Dixon）是美国人工智能企业 Tether 的首席产品官，曾为知名跨国企业的高级合伙人和全球销售团队解决方案部负责人，一直致力于销售与客户服务领域。马修以 3 000 多名销售员和 5 000 多位客户为对象展开调查研究，通过对调查结果的统计分析，总结出了挑战式销售模式，提出了挑战式销售（The Challenger Sale）的概念，主张销售要走出准确理解客户需求的框架，告知客户没有想到过的问题，向客户提供具有独特价值的观点，让客户不是购买产品，而是去学习与提升。马修倡导赢得客户忠诚度的关键不是销售人员取悦客户，而是帮助他们弄明白自己的需求，运用启发性的观点来颠覆客户现有的认知，推动客户进行变革。

知识要点二 成功销售人员的内在特质

销售是一项艰苦的工作，要想成长为一名优秀的销售人员、成为行业的佼佼者不是一件容易的事情。同样在砌砖，有的人只是在砌砖，而有的人却能在砌砖的时候呈现出“已经建成的博物馆”的画面，这就是成功销售精英与普通销售业务员的区别。与客户共进午餐的时候，客户已经吃完了而销售业务员的盘子里还有很多食物，这种情况通常不会在销售精英身上出现，原因很简单，因为销售精英是善于倾听与提问的人。

成功的销售精英是会从客户需求的视角去考虑产品或服务的人，而不是从产品或服务的视角考虑客户的人。销售精英通过专注地倾听与有效地提问深度挖掘客户需求。各行各业销售人员的成功都有各自的特点，也有着相同的要素。对国内外大量销售精英的成长经历进行实证调查分析后发现，真正提高销售效率的关键因素不是外界的激励，而是销售人员的内在特质。

小故事

工程师路过一个建筑工地，看见工人在砌砖，随口问："你在干什么?"

工人抬头回答："在砌砖呀。"

工程师继续往前走，来到另一个工地，看到有工人在砌砖，接着问："你在干什么?"

工人回答："我在砌一堵墙。"

工程师走到下一个工地看到了第三个在砌砖的人，问了同样的问题："你在干什么?"

工人回答："我在建一座博物馆。"

一、设身处地的能力

你和朋友合影后第一个想看照片中的谁，是朋友还是你自己？设身处地的能力是指能考虑到他人的微妙暗示或者是线索，并能准确估计其想法和感受的能力。正如俗话所说："要想钓到鱼，就要像鱼一样思考。"设身处地并不是让你成为别人，每个人永远也成为不了另一个人。设身处地，就是要从对方的角度考虑问题。成功的销售人员善于从细微之处捕捉对方的观点，并能及时给予建设性的支持。

二、自我激励的能力

自我激励是指个体具有不需要外界奖励和惩罚作为激励手段，能为设定的目标主动努力工作的一种心理特征。自我激励是一个人通向成功的引擎。

在拒绝面前，销售人员要有从容不迫的气度，不要因遭到拒绝而灰心丧气、停止销售，因为成功就隐藏在拒绝的背后！

在销售人员当中，曾流传着一个著名的笑话：如果你向 100 个人询问他们今天是否想买你的产品和服务，90%会回答"不"，剩下的 10%会回答"根本不"。可见，要取得销售的最终胜利，销售人员首先必须战胜顾客的拒绝，否则就无法抵达胜利的彼岸。

三、服务激励的能力

21 世纪是营销的时代，推销最重要的内容就是服务推销。成功的销售员不是为了完成一次交易而接近客户，而是把客户当成自己的终身朋友，建立起长期的服务关系，并且借助客户的成功帮助自己成功。他们关心客户需求，提供给客户最好的服务和产品。成功的销售员总是以诚相待，以信取人，以谦和的态度面对每一位客户和潜在的客户。

四、忠诚

职场上通常说销售需要对公司忠诚，其实对公司忠诚只是外在表现，对自己忠诚才是成功销售内在特质中重要的特点。对于销售人员而言，对自己忠诚是对自我的要求。业绩考核规定每天拜访5位客户，有的业务员会应付，从网络上摘选企业信息；有的业务员则会自觉地进行实地拜访，在时间与能力范围内走访更多的客户。

成功的推销人员对结果自我负责，100%地对自己负责。

五、自信

要使自己成为一名卓有成效的销售人员，应该努力做到：相信自己能够胜任销售工作，相信自己能够说服顾客购买产品，相信自己能够战胜销售活动中的各种挑战，无论顺境和逆境都一直对销售事业充满必胜的信心。培养坚定的自信心，是销售人员迈向成功的第一步。

六、热情

房地产推销领域的吉尼斯世界纪录保持者汤姆·霍普金斯曾这样说道："推销是一种令人自我骄傲的职业，你必须喜欢自己所从事的这项工作，才能为工作神魂颠倒，你脑海中只有一个念头：自己的产品或服务一定会得到顾客的青睐。"

热情是一种强劲的激动情绪，是一种对人、对工作的强烈情感。一个没有工作热情的员工不可能高质量地完成自己的工作，更别说创造业绩。

保持工作的热情，会有意想不到的收获。美国思想家爱默生也曾说过："没有热情就创造不出伟绩。"热情可以弥补缺陷，可以消除疑惑，可以促人向上。热情地对待工作，这样可以获得尊重，赢得成功；热情地对待工作，这样可以得到智慧的启迪、意

学习者对话

学生甲："销售精英的特质有点'高大上'，而我只是个学生，了解这些对我没啥用。"

学生乙："看看成功的人有哪些特点，虽然成为不了他，至少可以欣赏嘛！"

学生丙："没有谁生下来就是成功的，说不定未来我就是那个大家学习的销售精英呢！"

学生组长："我们以成功销售精英的内在特质为参考，试着发掘我们自己的特质吧。"

学生甲："我在练习投篮的时候，即使没有投进也不会轻言放弃，而是会坚持练习，这是不是也是成功销售人员的特质之一呀？"

学生乙："我帮舍友买早餐时会考虑到舍友的偏好，这个应该也是。"

学生丙："我相信我们与成功销售精英的距离并不远！"

外的惊喜以及更加美好的事业与未来。不管是什么样的事业，要想获得成功，首先需要的就是工作热情。

知识要点三　推销礼仪注意事项

引导案例

销售人员钟豪的形象

某天，上午八点四十五分，钟豪到达客户所在的写字楼的大堂，和客户杰夫约的是九点在公司会面。在大堂入口的玻璃门与电梯间有一片空地，靠墙摆着几个沙发，钟豪没有直接乘坐电梯，而是选择在边侧的沙发坐下，这个位置既安静，又能方便看到进进出出的人。

人流好像变得稀少了，偶尔进来几个，都顾不得风度一路狂奔着，一看就是迟到了。钟豪看了眼手表，九点已经过了。

又过了一会儿，钟豪看见外面停下了一辆出租车，车右后门一开，杰夫走了出来。看来杰夫也知道自己已经晚了，着急地拉开右前门站在一边，催着司机把发票赶紧打印好递过来。发票刚递过来，杰夫一把抓住，转身就跨上台阶走了进来，连出租车的车门也顾不上关了。

杰夫进门时，钟豪已经站起来，提起皮包迎了上去。杰夫也看见了钟豪，并伸出右手紧紧地“攥”了一下钟豪，握手力度大到有点痛苦，钟豪保持微笑，适时抽出手。

杰夫引着钟豪走进电梯，按了标着“18”的按钮，电梯向上移动了。

杰夫说：“18这个楼层很好，我们的生意一定好，没问题。”他说着竖了一下右手的大拇指，钟豪不知道杰夫这是在“赞”谁。杰夫接着补充说：“原来我们是在7楼，我一直不喜欢。我让他们一直给我留意，后来说18层退出来一间，我马上就定了说我们要过来——18这个号码一定是好的。”钟豪用眼角的余光看了一下电梯里的另外几个人，都很年轻，愣愣地听着杰夫说话，钟豪便只是微笑着不说话。这些年做销售，已经让他养成了一个习惯：只要电梯里有外人，不管是否认识，他都从不说话，更不要说讨论公司的事。因为他早已体会到，这世界太小了，而事情往往又那么巧，隔墙都会有耳，更何况同在一个电梯里。

电梯停了几次，其他几个人都下去了，只剩下钟豪和杰夫。杰夫发现钟豪一直不说话，还以为他有什么想法，便忙补上一句：“当然，号码好，你更好哟！如果不是换到这个18层，我还请不到你来这里呢。”钟豪见杰夫想多了，也忙解释一下：“哦，不是，我刚才是在想咱们的公司是什么样子，呵呵。”杰夫也笑着说：“不用费脑筋了，这里就是了。”说着，电梯停在了18层，钟豪谦让着，让杰夫先走出了电梯。

讨论：

1. 你对钟豪印象怎么样？对杰夫的印象呢？

2. 你如何理解销售人员的形象价值。

一、推销礼仪的作用

礼仪能够调节人际关系，从一定意义上说，礼仪是人际关系发展的调节器。注重推销礼仪的销售在日常生活和工作中更容易建立起良好的人际关系。人们在交往时按礼仪规范去做，有助于形成人与人之间的互相尊重，建立友好合作的关系，缓和与避免不必要的矛盾和冲突。一般来说，人们在受到尊重、礼遇、赞同和帮助时会产生吸引心理并形成友谊关系，反之则会产生敌对、抵触、反感甚至憎恶的心理。

（一）决定销售成果的重要细节

销售这个职业是与人打交道的。创造了多项汽车销售纪录的金牌推销大师乔·吉拉德在向众多企业精英传授他最重要的推销经验时指出：“推销员并非在推销产品，而是在推销自己。”老子曾说：“天下难事，必作于易；天下大事，必作于细。”意思是想成就一番事业必须从简单的事情做起、从细微之处入手。

推销是一项充满挑战的工作，其中包括各种人际沟通中的琐碎细节，不少销售人员有过因为不注意礼仪而“一着不慎，满盘皆输”的经历。成功源自细节，举手投足间的细节往往决定着销售结果的成败，而推销礼仪就是推销人员在推销过程中必须高度重视的一个细节。

（二）有利于建立良好的人际沟通

在推销工作中，礼仪是推销人员的名片。客户由推销人员的礼仪而知其修养，进而产生信任与否、喜爱与否、接纳与否的判断，从而决定是否购买其推销的产品。成交是推销基本成功的标志，但并不意味着推销工作的结束，因为即使达成交易，对方也可能更改意见，这时就要看推销人员的礼仪表现了。

推销礼仪对推销的成败影响巨大。推销商品是要让客户从购买的产品中获得需求满足。客户购买某产品的过程中需求通常是多样化的，不仅是购买产品以获得物质的满足，更是购买服务和态度以获得精神的满足。推销人员应该用规范的礼仪来协助客户获得此种满足。成功的推销是一种双赢。客户得到产品利益，推销人员得到利润，买者欢喜，卖者得意。但是，这种双赢必须建立在诚信的基础上。推销的第一原则就是要诚实，道德是推销成功的基础。这就要求推销人员杜绝欺骗行为，按照社会的规范行事，表现出良好的品德，如善意、谦虚、诚意等，“顾客至上”的理念也必须在推销活动中处处体现出来。

（三）有利于提升组织的形象

礼仪的基本目的就是树立和塑造企业及个人良好的形象。所谓个人形象，就是个人在公众观念中的总体反映和评价。良好的礼仪修养是推销人员必备的素养，也是推销工作的前提。知礼、守礼才能保证与人正常交往、良好交往，才能得到人们的尊重，塑造出良好的个人形象和良好的组织形象，从而更好地开展推销工作。否则，不仅损害个人形象，也损害组织形象。管理学家怀利在《公司形象》一书中指出："如果公司的职员能通过外表、行为以及和客户的关系传达公司的价值，那么这个公司就是成功的企业。"

一位资深人力资源总监给在校大学生进行经验分享时曾这样说过："大多数不成功的人之所以失败是因为他们首先看起来就不像成功者，或者是他们看起来就不想成功。"对于销售从业者而言，推销礼仪有助于人际关系的良性沟通，销售人员的良好形象通常能有效地提升组织的形象，使个人以及个人所代表的组织更具竞争力。

二、推销礼仪准备

（一）建立良好的第一印象

在心理学中有个名词叫作首因效应。首因效应，通俗地说就是给人们的第一印象产生的作用。在初次接触的短暂的时间内，对方就能产生即刻印象。自然界中光速比音速要快，人们都是先见闪电而后听到雷声。在商务活动中，人们能够在你还没介绍自己之前，根据对你的穿着、言行、举止、修养等外在状态，也就是第一印象的识别，就判断出你是谁、你的教育水平、你的社会位置与权力、你如何生活、你公司的理念、文化和服务标准以及你是否有发展前途等等。

"这是一个只有两分钟的世界，一分钟向人们展示你是谁，另一分钟让人们喜欢上你。"第一印象的内在信息很丰富，你的客户就是根据你所表现出的外观信息来决定是否继续跟你进行商务洽谈，甚至购买你的产品、接受你的服务。

小知识

1946年，心理学家阿希以大学生为研究对象做过一个实验：让两组大学生评定对一个人的总体印象。

对第一组大学生，阿希告诉他们这个人的特点是"聪慧、勤奋、冲动、爱批评人、固执、妒忌"。很显然，这六个特征的排列顺序是从肯定到否定。

对第二组大学生，阿希所用的仍然是这六个特征，但排列顺序正好相反，是从否定到肯定。

研究结果发现，大学生对被评价者所形成的印象高度受到特征呈现顺序的影响。先接受了肯定信息的第一组大学生，对被评价者的印象远远优于先接受了否定信息的第二组。这意味着，最初印象有着高度的稳定性，后继信息甚至不能使其发生根本性的改变。

（二）重视仪容修饰

推销人员应该是充满魅力的人。魅力是一种能够吸引人的力量，是一个人内在美和外在美的统一。其中，人的仪容是魅力的一个组成部分，它不仅反映其主体的审美能力，也反映其文化、道德和礼仪水平。因此，仪容既具有自然属性，也具有社会属性。推销人员与各种人打交道，在各种场合露面，都应重视自己的仪容。

1. 仪容修饰的要求

仪容修饰的首要标准是整洁、自然、有“整体感”。

2. 仪容修饰的内容

头发要干净、长短适宜、发式自然，不要标新立异。在正式场合，男士需要注意胡须、鼻腔的清洁。牙齿清洁、无异味是对口腔的基本要求。

手是肢体中使用最多、动作最多的部分，要完成各种各样的手势。如果手部形象不佳，整体形象会大打折扣。对手部的具体要求有三点：清洁、不使用醒目甲彩、不留长指甲。

（三）讲究仪表搭配

仪表是指推销人员的外表。在人际交往的初级阶段，销售人员的外在形象在正式交流开始之前就已经进入客户的意识中了。正所谓“人靠衣装，佛靠金装”，外在形象对于销售人员得到其谈话对象的重视、尊重和好感非常重要。

服饰浓缩了社会的历史、政治、经济、文化和科技状况，浓缩了一代又一代人对美的情感体验和价值取向。衣着应与自身形象相和谐。这里的自身形象有两层含义，一是指所从事工作的职业形象，二是指自己的身材长相。由于职业特性的要求，销售人员在穿着方面应表现得稳重、大方、干练、有涵养。

1. 强调着装的意义

着装是别人对你产生印象的一种外在依据，同时它还是影响你自信的关键因素。把自己打扮得好看而得体可以让你更自信。

着装会对行为产生很大的影响。当你在工作时，着职业装会改变你的形象，从休闲模式进入专业模式，这个形象变化就会让你在行为上表现出专业的姿态，增加你的职业魅力。无所谓的态度会使你失去有价值的客户，影响你的组织目标的实现；清晰、坚定的专业态度可以提升你的专业魅力，更能吸引和保持客户。这种坚定的专业态度首先来源于对着装的选择。

2. 着装的 TOP 原则

TOP 原则是国际公认的穿衣原则。TOP 是 time（时间）、occasion（场合）、place（地点）三个英文单词的缩写。

T 原则是指服饰打扮应考虑时代的变化、四季的变化及一天各时段的变化。服饰应顺应时代发展的主流和节奏，不可太超前或滞后。

O 原则是指服饰打扮要考虑行动的场合。参加公事活动，服饰打扮自然要稳重大方；与朋友出门旅行，则应穿得轻松舒适些。

P 原则是指服饰打扮要与场所、地点及环境相适应。在严肃的写字楼里，穿着拖地晚礼服送文件是不合常理的，在工作场所就应穿职业装。

总之，TOP 原则的三要素是互相联系、相辅相成的。人们总是在一定的时间、地点、场合进行活动。因此，服饰打扮一定要合乎礼仪要求，这是工作、事业及社交成功的开端。

学习者对话

学生甲："我觉得穿衣服不用那么讲究，舒服就好。"

学生乙："人靠衣服马靠鞍，还是要重视啊。不过到底怎么样才是符合职场形象的着装呢?"

学生丙："我在进行销售精英访谈活动时，对方强调过着装。我记得她分享刚毕业时她妈妈跟她说过的话：'不要只为现在的职位需要而穿着，要为你所想要的职位而穿着。'"

学生组长："这句话太形象了，第一印象确实很重要。穿职业装虽然不舒服，但它确实正面地影响到我们的工作姿态和自信。着正装对形象提升起到很重要的作用。我们来拍一组我们小组穿正装前和穿正装后的照片吧，比较一下有什么不同。"

学生甲、乙、丙："好的!"

3. 仪态礼仪要领

站、坐、行走是日常生活行为的三部曲。

站姿。我国素有"站如松、坐如钟、行如风、卧如弓"之说，良好的站姿应该做到直立、头端、肩平、挺胸、收腹、梗颈。

坐姿。坐姿是指人们就座时和坐定之后的一系列动作和姿势。一般来讲，坐姿既要大方得体，也要舒适、自然。基本要求是：腰背挺直，手臂放松，双腿并拢，目视于人。坐与站是最容易表现仪态的动作。

走姿。有风度的、优雅的走姿能显露出自信、精神的气质，同时能给他人形成你是专业人士的印象。进行走姿礼仪训练时的口诀："以胸领动肩轴摆，提髋提膝小迈步，跟落掌接趾推送，双眼平视背放松。"

4. 保持自然微笑

微笑能建立信任。纵观历史，在任何时代、任何地区以及任何民族中，微笑都是表示友好意愿的信号。在与客户沟通时保持微笑，表明你对与客户交谈抱有积极的期待，蕴含着友善、亲切、礼貌和关怀。微笑既是一个人自信、真诚、愉快心态的表露，同时又能营造明朗而富有人情味的生意气氛。

(1) 微笑不要假装，要发自内心。这是一种情绪的调节，是内心情感的自然流露，绝不是强颜欢笑。

(2) 微笑要适度。微笑很美，能给人以美的享受，但也不能随心所欲，不加节制。

(四) 常用社交媒介沟通礼仪

1. 手机礼仪

手机已经成为了最常用的社交联络工具，手机使用需要注意细节。在公共场合，手机没有使用时应放在随身携带的公文包或上衣内袋里。在与客户交流时，手机可以放在不起眼的地方，如手边、背后、手袋里，不要放在桌子上，特别是不要正对着在说话的客户。在会议或商务活动中，将手机调至震动或是关机状态。

艾伯顿·梅热比指出，完整的表达是通过55%的表情、姿态，38%的语调、语速和7%的语言内容进行的。在用微信等社交软件进行信息交换时，传送方与接受信息方无法直视彼此的表情与姿态，对沟通表达的完整理解会存在信息偏差，应避免使用表情包等符号进行信息传递，以免引起歧义。

2. 电子邮件礼仪

见字如面，电子邮件会影响客户对你的形象判断。看电子邮件，第一眼看到的就是文字，文字大了篇章很长会翻得辛苦，文字小了会看得辛苦。一般来说最适合观看的字体是宋体或新宋体，最适合的大小则是五号或10磅。

邮件用问候语开头、感谢语结束，营造良好的交流氛围。邮件中不要使用绝对化的表达，例如“不可能”“一概”等词语，不要提及对公司的看法和同事的隐私等内容。

电子邮件要尽量使用书面语，避免口语化或者使用网络语言表情符号。标点符号、语法、拼写这些都需要注意。

收件人应该按照级别的高低进行排序。发送、抄送、密送这三者的顺序也需要注意，按照部门排列、职位等级从高到低或者从低到高都可以。

假如邮件中带有附件，需在正文中提示收件人注意查看，特殊格式的附件应该说明打开的方式。附件的命名应该体现附件的内容，方便收件人了解与管理。“超大附件”则应当提醒收件人及时查收并下载，因为超大附件是有保存期限的。

电子邮件还要做到及时回复，一般不超过48小时。收到邮件后直接在原件中点击“回复”，一般建议回复内容不少于10个字。当遇到需要回答的问题时，应将问题抄到回件中，然后附上解答，可以使用加粗字体或是不同颜色的字帮助区别。

任务二 规划销售职业生涯

学情问卷

1. 以下工作和生活目标中，你会首先选择哪一项？

○ 拥有一辆品牌汽车　○ 拥有七位数现金存款

○ 拥有一套一居室的房子　○ 清晰的职业发展目标

2. 以下哪项描述符合你的职业规划？

○ 没有规划　○ 有短期规划

○ 有中长期规划　○ 有终身规划

3. 结合自我能力评估，预计实现职业中长期目标需要多长时间？

○ 1 年　○ 3 年　○ 5 年　○ 10 年

4. 如果要成为职业销售人员，需要提升哪些知识？

○ 系统的产品知识　○ 销售流程的知识

○ 分析客户的知识　○ 基本的财务知识

○ 相关的法律法规

5. 进行职业规划时你会优先选择什么方向？

○ 岗位方向　○ 职级方向

○ 行业方向　○ 以上不分先后次序

任务描述

销售岗位的流动性较大，每天都有新人加入，也有人选择退出。有些人一直原地踏步，也有人快速成长、持续晋升。请结合专业人才培养方案和个人特质，制定销售职业生涯成长规划，清楚自己距离成为专业销售需要提升的专业知识、职业能力与需要具备的素养。

任务指引

销售职业生涯规划的核心是能力成长规划。

在销售工作中，没有谁不需要经历漂泊就能进入稳定的职业生涯。辗转于不同的公司、不同的岗位和不同的城市；在志得意满的时刻、在好不容易喘口气的时候陷入危机；遇见神一样的对手、拖后腿的队友……这些在职业生涯中可能会是工作的常态。

销售职业与其他职业不同，销售人员的绩效决定了企业的存亡，销售活动是企业的造血干细胞。销售人员既要对知识、技能和经验的掌握情况及时评估，还要有不同于其他职业的强烈的自我驱动力。未来无论是在管理岗位还是专业技术岗位方向上，想要实现晋级，都需要做好能力成长规划。清晰地进行职业发展规划是专业销售人员的基本功。

在确定销售生涯规划的时间轴长度方面，如果时间太短，往往不需要特别努力就可以实现，驱动力不强；时间太长容易天马行空，不着边际，对现状的影响不大。

通常在做职业规划时以 5 年为一个周期确定发展目标比较合适。

制定 5 年规划时建议分阶段进行，通常可以划分为三个阶段。对于每一个阶段需要规划出应该实现的具体目标。每一阶段均需对照目标逐项检查自身还缺乏哪些知识与技能，每一阶段都要审视如果想要实现中长期目标还应具备哪些经验。

评估现状，结合知识、技能、经验的提升目标，针对性地制定成长规划。在评估知识、技能等现状时可以使用雷达图等工具。

任务：请结合自己的情况制定一份销售生涯 5 年成长规划。

表 1-2　职业生涯成长规划表

中长期目标（5 年规划）	能力评估（知识/能力/经验）
阶段一目标	
阶段二目标	
阶段三目标	

任务实践要点：

1. 销售职业成长目标规划合理；
2. 销售知识与技能提升清单与中长期目标匹配；
3. 计划可执行，有清晰的操作时间表。

知识要点一　推销的分类

根据美国市场营销协会（American Marketing Association，AMA）对推销的定义，推销是指劝说并协助潜在客户购买商品或服务的过程，或者给予潜在客户在商业上赋有建设意义的想法的过程。

每家公司都有自己的推销任务，并且会依据任务设置对应的销售岗位。推销的分类通常根据公司的特点、岗位的任务类型、客户的类型特点、销售人员的能力高低等进行划分。

一、根据推销任务划分

购买者购买情境不同，推销工作的种类和推销任务的性质也各有不同。推销活动往往与订单密切关联，据此可将推销任务分为接受订单、创造订单、获取订单等三种类型，如图1-1 所示。

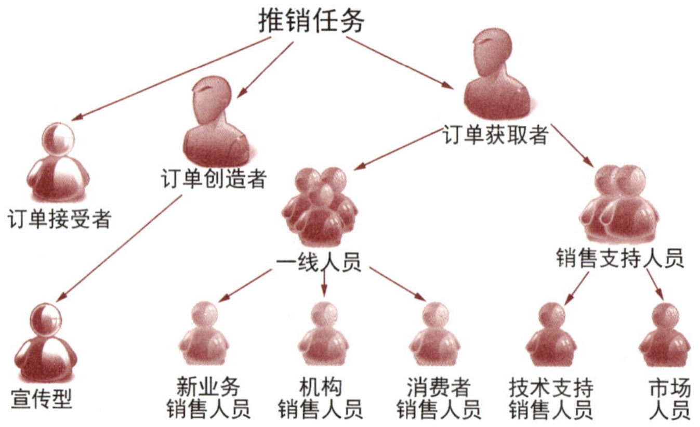

图 1-1 推销任务类型

(一) 接受订单

接受订单是服务已经决定购买的顾客，其任务场景通常包括以下几类：

1. 内部接单。这种场景下不需要销售人员在场，顾客自主决定购买产品，销售人员只需根据系统提示接收相关订单信息。

2. 派送订单。顾客掌握增减订单的主动权，销售人员的岗位职责聚集在送达的时效及服务的热情度方面。

3. 外部接单。销售人员会与顾客有部分接触，倾听客户需求，依据客户需求完成简单的交易服务。

(二) 创造订单

创造订单主要是与潜在客户而不是已决定购买者打交道，并不直接形成订单。创造订单的推销任务是提供商品或服务信息给潜在客户或意见领袖，使这些人接受相关信息，建立良好的关系。例如，针对装修设计师群体，销售人员并不向他们直接销售产品，设计师本人也不会直接购买产品，但是设计师会给消费者提供家庭装修的产品建议，说服了设计师，在某种程度上就是让消费者选择了相关的产品。

(三) 获取订单

获取订单是努力说服顾客立刻做出购买决定，包括的岗位有销售一线的新业务销售人员、机构销售人员、面向消费者的推销人员，以及为销售人员提供支持的技术支持销售人员和市场人员。

二、依据市场类型划分

按照客户购买目的或用途的不同，市场可分为消费者市场和组织市场两大类。根据市场类型可以将销售活动划分为两类：面向终端消费者的 2C（to customer）销售和面向企业客户的 2B（to business）销售。

（一）面向终端消费者的 2C 销售

2C 销售的推销任务主要是劝说为了生活消费而购买产品和服务的个人或家庭。

（二）面向企业客户的 2B 销售

2B 销售的推销任务主要是为生产、销售或维持组织的正常运作及保障组织基本职能的正常发挥提供产品、服务或解决方案。

三、按照客户价值划分

基于客户对成本与利益的价值判断，将客户分为内在价值型客户、外在价值型客户和战略价值型客户，如图 1-2 所示。

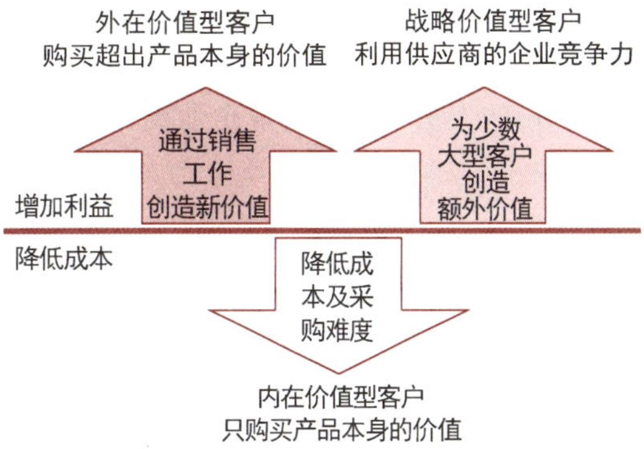

图 1-2　客户特点与销售类型

（一）交易型销售

对于内在价值型客户来说，价值是产品本身所固有的。内在价值型客户只注重产品价值中的成本因素，希望自己所花的费用合理，或在价格方面比较优惠，或在采购方面比较便捷。内在价值型客户认为销售人员没有增加任何价值，不愿把时间花在销售人员身上。他们认为销售工作是客户必须承担的额外的费用，如果没有销售环节他们可以得到更大的优惠。

交易型销售最能满足对接内在价值型客户时所需要的技能、策略以及销售过程，内在价值型客户将供应商视为一般商品的提供者，他们主要的关注点就是产品的价格和采购的便利性。

（二）顾问型销售

外在价值型客户只注重价值等式中的利益或外部因素。对他们来说，价值不是产品本身所固有的，而是存在于产品使用上。外在价值型客户对产品方案和应用更感兴趣，期待供应商的销售队伍能为他们创造出大量的新价值，而他们也会为建议和帮助额外付费。外在价值型客户希望供应商的销售人员能为他们的需要和方案提供新的见解。他们愿意为找出客户化的方案而与销售人员合作，并转化为战略价值型客户。外在价值型客户要求非同一般的价值创造，他们想要的远远超过了供应商的产品或建议，他们还想进一步利用供应商的核心竞争力，甚至准备在其组织内部进行深度挖掘。

顾问型销售最能满足对接外在价值型客户时所需要的技能、策略和方法。外在价值型客户要求销售方创造新价值并提供产品以外的附加利益，他们也愿意为此掏钱。

（三）企业型销售

战略价值型客户寻找的是方方面面的利益，比产品或服务中所包含的利益多得多。与供应商提供的其他形式的价值相比，产品显然是次要的。

企业型销售是对战略价值型客户最有效的技能、策略和方法。战略价值型客户要求其关键供应商能够创造出所销售的产品之外的价值。在企业型销售中，产品和销售队伍都是次要的。企业型销售的关键是利用供应商企业内的全部资源帮助客户成功地实施战略。这种关系不是单独一个销售人员或一支销售团队所能建立起来并维持下去的，需要先从组织中的高层开始接洽，并且在很大程度上依赖于客户的战略方向，最后由来自双方各部门的人员实施。实现企业型销售的好办法是将它视为供应商与客户的界线的重新设计。

四、按销售方式划分

按销售方式的不同，一般情况下分为渠道销售、直接销售、门店销售、网络销售等四种类型。

（一）渠道销售

渠道销售就是销售人员通过开发和维护经销商进行销售。需要注意的是，经销商既不能管理也不能控制，他们愿意合作的前提是省心与盈利，所以给经销商提供支持和服务，让他们感到省心是关键。通过渠道进行销售与自己直接销售的速度和规模不一样，资金回笼的时间也不一样。渠道销售还分不同的级别，不同的产品有不同的渠道建设方式。

（二）直接销售

这里的直接销售不是指直销。在生产型企业，除了渠道销售部以外，通常还设有直接销售部、大客户部和战略客户部等，在这些部门的销售人员要走出去，直接面对客户进行产品的销售。

（三）门店销售

门店销售就是客户到门店里来购买，销售人员不用主动走出去，通常也称为“坐商”，销售的方式是通过门店承载的。门店销售人员就是公司的品牌形象代言人。

（四）网络销售

网络销售也是销售方式之一，指通过线上平台进行销售。

不论哪种销售方式，实际上都是信息传递的过程。现在大多数企业采取了O2O（online to offline）模式，将线上线下联合。通常生产型企业会设立三种类型的销售部：渠道事业部、直接销售事业部和互联网销售事业部。

五、按销售观念的层次划分

在市场竞争日益激烈的今天，到底销售什么？回答这一问题的迫切性不只是在厂家或商家的创办之初，或是在他们遇到困难的时候，也在一个企业逐渐走向成功的时候。因为此时如果不能很好解决这一问题，企业很快就会走下坡路，甚至被逐出市场。当前许多明星企业“流星”化就足以说明这一问题。

学习者对话

学生甲："销售的最高层次是什么呀？"

学生乙："销售还有层次？"

学生丙："销售首先要把握客户需求，根据客户需求来制定我们可以提供的产品；然后要占用客户的时间，建立良好的关系；最后把握合适的机会签订合同，再提供好的售后服务，为下一次的销售做好准备。销售也要了解客户的喜好，对产品指南以及行业产品信息十分熟悉。"

学生乙："那如果就是单纯地卖一根冰棍也需要做到这些吗？"

学生组长："卖冰棍和卖软件的要求应该不同，我们一起找些实例展开讨论吧！"

学生甲、乙、丙："好！"

推销观念与推销能力分为四个层次。

（一）推销产品

"卖啥吆喝啥"，服装店卖服装，酒厂卖酒，这是最为常见的推销观念。持有这种推销产品观念的销售人员通常都是站在自己的角度、立场来考虑，而不是站在买方即消费者的角度来思考。他们在销售业务中，最为关心的是产品的质量、性能、价位、服务，很少考虑顾客到底买的是什么。

（二）推销产品的利益

顾客购买产品，显露于外的是要购买某个产品，深藏于内的则是购买产品能带来的利益。因此，推销人员要促成顾客的购买行为，推销的重点不是介绍产品，而是要突出购买该产品所能带给顾客的感受、利益，以及给客户带来的心理上、精神上的享受。

以化妆品为例，如果推销时仅限于向顾客介绍化妆品的配方和化学成分，是不可能打动顾客的，需要针对不同的目标顾客突出产品能给顾客带来的利益和满足，如"使皮肤柔嫩、富有光泽""适合敏感皮肤"等。

推销产品的利益，不仅是销售部门"卖"的定位，也是企业高层领导制定战略规划的重要决策之一。顾客购买的目的在于满足某种需要，因此推销最重要的是推销产品带给顾客的利益和满足。

（三）推销企业形象

随着市场经济的发展，买方市场日渐成熟。在一个成熟的买方市场中，消费者不会为一两个耀眼的广告、一两句动听的广告语而购买产品。不论是保健品业、家电行业、房地产业还是金融业，它们目前的状况足以证明这个结论（当然也与宏观经济环境有关）。

在一个成熟的买方市场中，企业推销的重点是企业形象。这是较推销产品的使用价值更高一层次的推销。所谓企业形象，是指社会公众和企业职工对企业的整体印象和评价，也是企业的表现与特征在公众心目中的反映。大量事实表明，如果一个企业在消费者心目中留下很深刻的印象，那么这种预存的印象、经验和直觉往往会在消费者购买行为中起主导作用，并成为开拓市场的驱动力。正如《美国周刊》的一篇文章所说："在一个富足的社会里，人们都已不太计较价格……公司形象变得比产品和价格更为重要。"尤其是对于目前的高科技产品，顾客（尤其非专业顾客）的选择重点是企业形象以及企业形象的象征——品牌，而不单是价格、质量或服务。

作为一个销售人员，要想让顾客购买他的产品，他不但要推销自己，更要推销他的企业。只有树立了企业形象，顾客才会相信他的企业，才会相信他的产品，进而接受其产品。因此，在现代经济中，团体推销、小组推销是未来推销的特点和趋势，它使单个人推销的作用和力量在这种整体环境中显得越来越小。

国际上那些知名的大企业，如可口可乐、麦当劳等，为什么能长盛不衰？一个很重要的原因就在于它们有目的地不惜重金和精力去保持或重塑自己的形象。因此，我们也就不难理解当国内许多大企业拼命做产品广告时，海尔集团为什么把中央电视台的摄影机请进了企业现场做海尔管理的系列报道；当许多厂家为争夺国内市场还在"同室操戈"时，海尔为什么已走出国门进入欧美市场及东南亚华侨圈。从一定意义上来看，企业形象推销的合适人选与其说是销售人员，倒不如说是企业的决策层。只有企业决策层的决策定位正确，优秀的销售人员才会能力超群。

（四）推销企业理念

推销企业理念是推销的最高层次。企业理念包括企业使命、经营理念、活动领域以及行动准则。在不景气的经济环境中，因为销售人才流失频繁，许多企业的高层不敢也不愿在销售人员身上花太多的培养费用。这反映出部分企业领导的指导思想仅限于对人才的使用和制约方面，没有在确立企业理念、使员工与企业融为一体上下功夫。实现企业理念的核心就是要培养忠诚员工，培养忠诚顾客。忠诚顾客是通过两个渠道培养出来的。一是通过企业员工，尤其是销售人员。销售人员通过推销自己、推销企业理念，从心理上与顾客沟通，使顾客购买时总是把产品品牌、商标与企业及销售人员联系起来，表现出对企业产品的认可、支持和信赖，逐渐成为习惯顾客、忠诚顾客。二是通过视觉、听觉等媒体以及公益活动等，多方位对顾客进行企业理念宣传、感染，使顾客在其潜意识里形成对企业及其产品的认同、习惯、偏爱乃至忠诚。

不论是通过哪些渠道，对于忠诚顾客的培养都需要全方位推销企业理念，单纯的广告，或者单纯的生产部门、销售部门无法完成此项任务。换言之，唯有推销企业理念，而不是单单推销个人、推销产品的使用价值，才能培养出自己的习惯顾客、忠诚顾客，才能真正使消费者和企业连在一起。

对于不同的企业或同一企业的不同阶段，其推销的重点是不同的，如果不能随环境的变化及时调整，会将企业引向失败。

知识要点二 销售人员专业能力要求

一、扎实的专业知识结构

什么是销售从业人员的知识结构？通俗地说就是各种与推销工作相关的知识在推销人员头脑中的构成及其比例关系。

俗话说，不怕口袋空空，就怕脑袋空空。销售人员要经常与各行各业、各种不同类型的客户打交道，如果没有广泛的知识做后盾，那么在与客户打交道的过程中就很难快速与客户建立共同话题。如果出现“话不投机半句多”的场面，推销工作也无法继续下去。专业的销售除了需要掌握推销技术外，还需具备行业、公司、产品、法律、财务、竞争对手、市场/客户、心理学/社会学等方面的知识。如图 1-3 所示。

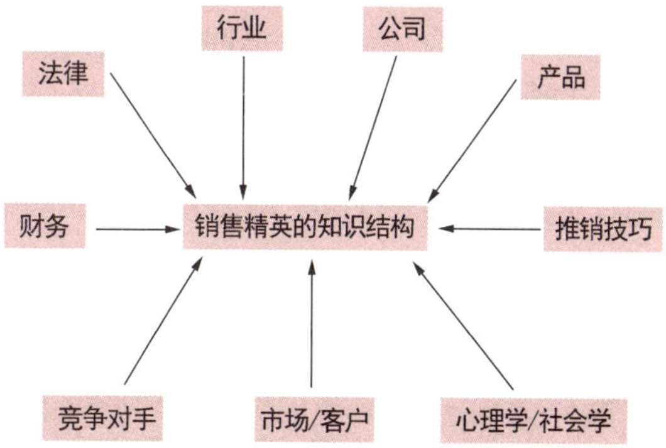

图 1-3 销售精英知识结构

（一）行业知识

专业的销售人员需要了解所在行业的历史、发展情况、发展规律以及未来趋势预测等信息，需要掌握的行业知识主要包括以下几方面：

1. 相关的技术发展阶段；
2. 原材料、生产、销售及运输等环节的配套生态环境；
3. 传递业务或价值、获得收入的商业模式类型；
4. 影响行业发展的政策、法规和标准；
5. 行业领导者的资讯；
6. 资本市场的活跃程度。

只有具备了这些相关行业知识，才能帮助客户做出科学的分析。

（二）公司知识

销售精英会对自身公司的各项业务进行全面了解，不断拓展个人的产品知识，了解公司各方面的实力；销售精英还善于在公司与行业中抓住培训机会，与技术专家一起共事，寻求技术专家的帮助，能够与他们进行各种高技术含量的对话；销售精英也会在公司内部与其他同事建立有益的工作关系。

了解自己所在公司的历史、规模、主要负责人、客户分布、产品的销售政策、价格政策及市场份额等公司知识，能够帮助客户核实信息，避免误解。

（三）产品知识

销售人员应深入了解自己推销的产品的特征、功能、材质、设计及生产方法等产品知识，特别是在与技术背景很强的客户沟通时，要具备专业展现产品特征的能力，让自己成为该产品方面的专家，使客户愿意与自己进一步讨论产品信息。

（四）客户知识

专业销售人才应懂得驱动客户业务发展的关键所在，知道哪些东西不仅对客户来说很重要，对客户的客户也同样重要。了解影响客户成功的相关知识，主要包括以下几个方面：

1. 客户公司的价值链，包括客户公司的供应商、各种能创造商业价值的活动、库存和分销流程以及销售战略；

2. 客户公司的战略核心；

3. 客户行业发展趋势，包括各种商业出版物、新闻报道或新闻发布会中传递的相关讯息；

4. 客户的购买周期，包括客户的采购决策因何而做出、客户如何对备选方案进行收集和评估、决定权掌握在谁手上、谁负责采购项目等。

（五）竞争对手知识

竞争是生存的动力，优秀的人才在竞争中脱颖而出，在竞争中成长。了解竞争对手的优势、特点和不足，才能做到“知彼知己，百战不殆”。专业销售要了解的竞争对手知识主要包括以下几个方面：

1. 竞争对手的企业背景（包括竞争对手的成功案例）；
2. 竞争对手产品或服务的价格；
3. 竞争对手产品或服务的质量；
4. 竞争对手推销其产品或服务的方式；
5. 竞争对手提供的额外服务；
6. 竞争对手的设备性能特点；
7. 竞争对手的员工待遇及素质。

（六）财务知识

专业销售人员要熟悉销售毛利、销售费用等基础财务知识，能看懂资产负债表、年度报表、财务分析报告和公司提供给分析师的各种报告。

（七）其他知识

除上述基础知识外，销售人员还应了解心理学的相关知识，对运动、旅游、文学、历史、地理、字画鉴赏、乐器、茶艺、咖啡、风土人情等也要有基本的知识积累，在工作过程中能根据客户的爱好学习补充相关知识，快速拉近与客户的距离。

二、专业能力素养

（一）指导能力

专业销售人员应具备指导能力，遇到销售项目时逻辑清晰、理性思考，不是根据经验想当然，而是引导销售机会，为客户提供独特见解和有效规划，并且能准确而又充满激情地将此表达传递给客户。

（二）因应能力

因应能力十分重要，表现为以客户为中心，对客户企业情况、创造经济效益的有效途径、客户的个人目标及客户的价值体系有准确把握。成功的销售无一例外都是把客户放在第一位，永远关注客户的认知和概念。与客户产生共鸣是建立客户忠诚的关键。

（三）控制能力

控制能力是让销售活动朝正确方向发展的能力。良好的控制能力意味着在客户打退堂鼓时能够沉着应对、适当施压，引导事物的发展方向；控制价格、决策周期，每一步沟通都能按预定目标进行。控制能力具体表现为销售说服能力、扩大销售价值能力、推进销售拜访能力、创造需求能力、制定制胜销售策略能力和维持客户满意度能力。

此外，专业销售还应始终保有好奇心和进取心。销售工作的挑战性很高、变化很快，通常会遇到很多困难，只有永远保持着好奇心和进取心，才能激励自己不断探索前进。

知识要点三　销售职业能力成长规划

职业销售人不是一天就可以成就的，需要在实践中获得成长。苹果公司创始人乔布斯在斯坦福大学的一次演讲中说，每天他都会在镜子前问自己：“如果今天是我生命中的最后一天，我是否愿意去做今天打算要做的事呢？”有一位汽车推销员曾经在自己的办公室里面和汽车车顶贴着一张写有“49”的纸，周围的人都很费解，这个数字对于他究竟意味着什么呢？在他生日的时候，人们得到了答案：原来这就是提醒他实现自己的人生目标的数字，他打算在49岁结束自己的推销员生涯，并且打算拥有一个自己的汽车旅馆。

一、职业销售人的成长阶段

从销售职场新手成长为成熟的销售通常需要经历三个阶段：刚入行的迷茫期，千锤百炼的成长期，百炼成钢的成熟期。

大部分刚刚进入企业做销售的人都经历过迷茫和困惑的阶段。的确，有一部分销售人由于专业或职业选择的失误，或“雾里看花”地做销售，或所在的企业缺乏相关的职业生涯规划的指导与培训，造成了这一部分销售人面临到底该何去何从，是转行还是继续做下去的艰难抉择。但是，作为销售人，不论你是处在哪个阶段，存在这些问题和困惑都是难免的，同时也是正常的，因为，销售作为一种门槛低、工作和生活相对不稳定，但专业技能、综合素质要求都相对较高的行业，不是所有人都能够做好的。销售工作需要全心投入、忘我工作和日积月累，这样，销售人最后才能厚积薄发，成长为“销售精英”。

（一）第一阶段：迷茫无助

很多刚毕业的学生，或转行刚进入销售行业的新人，在开始从事销售工作时往往不知道该从哪里入手，加上缺少相关培训或一些上级没有“传帮带”意识，便造成了这些销售新手感觉迷茫、孤苦无助，甚至心灰意冷，萌生退意。迷茫期的常见心态如图 1-4 所示。

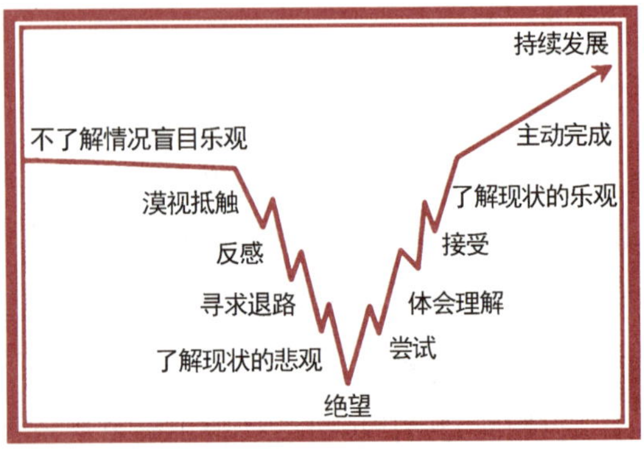

图 1-4　迷茫期的常见心态

销售新手在这个阶段一般要经历 2～3 年甚至更长的时间，因为销售涉及的面太广，一个优秀的销售人不仅要熟悉本领域的营销理论、把握营销的发展趋势，还要研究相关的经济学、社会学、哲学、法学、心理学、管理学知识，只有这样，才能成为一个综合素质较高并深受客户欢迎的人。

销售新人在这个阶段要做好以下几项工作，才能尽快地摆脱迷茫的状态。

1. 要多学。销售新手在初入市场一线时，一定要抛弃不切实际的想法，切忌眼高手低、好高骛远，要以“空杯归零”的心态去进行深入地学习。那么，如何学习，向谁学习呢？

（1）向领导学习。领导之所以能成为你的领导，一定有其过人之处，所以，一定要多向领导学习，多学习其带领团队打硬仗、打苦仗、打胜仗的方法，并且，向领导学习还会给领导留下一个好的印象，个人成长的机会也会相应地增加，因为领导都喜欢谦虚好学的人。

（2）向同事学习。“三人行，必有我师”，多向身边的同事学习，不仅会给你带来好的人缘，给人以随和、易交往的好印象，而且还容易得到他人的帮助，很快就能与团队打成一片。

（3）向企业学习。学习所在企业的文化和管理制度，学习企业的发展史、壮大史，学习相关的产品知识、生产知识，学习竞争企业好的策略与方法等。

（4）向客户学习，尤其是向经销商学习。很多经销商都有其独特的思路和优势可供我们学习，比如，经销商做市场的魄力和胆量，经销商良好人际关系及人脉的建立技巧等。

2. 要多看。很多销售新手，在第一次出差或第一次与客户进行洽谈时，总感觉自己信心或底气不足，找不到与客户谈判的要点，容易被客户说服，等等。其实，这都是因为销售新手缺乏观察，没有多看。因此，我们在实际销售工作中，一定要养成多看的良好习惯。多看，不仅要能见机行事，见缝插针地帮助客户去做一些事情，从而赢得客户的欢迎与好评，而且还要多看领导与客户谈判的技巧，客户与二批商打交道的“门道”，多看同事销售的成功方法，多看客户的处世方法及其生活习惯与爱好等。通过多看，有时我们可以少走弯路，做事可以有的放矢，从而赢得更多的把控市场的机会。

3. 重阅读。读书要根据自己所处阶段进行选择，不要还处在业务代表的层次就直接去读适合营销高层阅读的企业战略、领导力、情景管理等鸿篇巨制，而应该读我们现实所需的一些书籍，并且最好是实战类的、上午看了下午就能用的那种读物，比如菲利普·科特勒的营销理论著作。

4. 勤练习。多学、多读、多看，其实最终都是为了多练，学以致用。首先要模仿和复制。比如，你看了同事在A市场做的一个非常好的促销方案后，就可以把它变通一下，结合你所负责的B市场的实际情况，将其“改头换面”，变成自己的东西，但切忌照抄照搬。同时，结合方案的实际运行情况，适时进行必要的调整与修订，最终形成自己的操作体会与感悟，摸索出一套适合自己的操作模式。其实，成功很简单，就是复杂的事情简单化，简单的事情正确做，正确的事情重复做。

销售新手上路的快慢取决于其领悟力的高低，取决于其能不能多学、多读、多看、多练，销售新人只有做好了以上几点，其迷茫的局面才能更快地得以改善，才能更好地步入其发展的第二阶段。

（二）第二阶段：千锤百炼

销售新人在走出了迷茫的“沼泽地”，决定了与营销快乐为伴的终极目标后，就应该义无反顾，全力以赴，从而实现从一个懵懂的营销新手到一个干练而成熟的营销高手的蜕变。

这个阶段根据不同销售人的成长历程不同，其需要的时间长短也是有所不同的，短则3～5年，长则更长。在这个阶段，销售人要做好以下几项“修炼”：一是心理的历练；二是技能的提升；三是形成自己的营销模式。心理的历练，主要是指作为优秀的营销人应该具备的一些心态，比如自信的心态、积极的心态、敬业的心态、吃苦耐劳的心态以及吃亏的心态等；技能的提升，是指自我快速成长需要具备和强化的一些能力，比如管理经销商的能力、运作市场的能力、团队管理能力、培训的能力、执行力以及领导力等；形成自己的营销模式，即能够独立而开创性地进行工作，因为销售人要想比同行、同事优秀，要想出人头地，就必须要有自己的思想，比如差异化策略的实践、终端客户的招商等。其实，这也是销售人提高自己的领导与操作水平，树立自己的权威与领导地位的一个过程，在这个过程中，销售人还需要努力实现“四勤”：

1. 腿要勤。腿脚勤快是销售人成功的关键要素，能够帮助销售人获得客户的好评和领导的信赖。因此，销售人要想获得比别人更快的成长，腿就必须要勤，要学会用腿脚来“丈量”市场，如果你能用你的双脚把市场完完整整地“走”一遍，肯定是会找到新客户的，与老客户的关系也会维护得很好。

2. 手要勤。当我们做到“手勤”的时候，我们往往能够成人达己，并获得意想不到的收获。曾经一个公司的销售员在开发新客户时，没有急于推销产品、商谈政策，而是见缝插针地为正在忙碌的准客户装卸货物，递拿产品，忙得不亦乐乎，结果，这个被别的厂家认为是很难缠的客户却做了公司的总代理，并成为了这个销售员的铁杆客户。在运作市场或创立自己个人品牌的过程中，手勤脚快有时能出奇制胜，往往会收到“无心插柳柳成荫”的效果。

3. 嘴要勤。嘴勤是一个销售人必须具备的基本功，可在日常的销售管理当中，有些销售人市场做得非常棒，却不善于表达，尤其不善于向陌生人表达，这是一个销售人成长的大忌。因此，一个优秀而老练的销售员应该是一个语言表达能力强的人，他知道“到什么山上唱什么歌”，知道“见什么佛念什么经”。比如，见了上级，要把姓氏及职务“喊”出来；见了客户，应该称呼“女士”或“先生”，从而给自己的业务开展及人际交往增添润滑剂。销售人只有做到了嘴勤，才能受客户喜欢，受消费者爱戴，从而让企业满意，以获得更好、更大的发展空间和平台。

4. 脑要勤。脑勤，是指作为销售人要擅长总结和动脑，要把自己的工作经验和教训进行归纳和提炼，从而更好地指导今后的工作，不再犯相同的错误，让经验发扬光大，使自己成为一个会思考的营销“智者”。比如，出差在外，当我们“收工”回到宾馆，可以躺在床上把自己当天的工作“过电影”，把好而有效的心得体会写在本子上，也把失败的教训记下来，作为我们借鉴的“范本”，长此以往，我们就可以获得进步，就可以在不断积累经验的过程中，实现从量变到质变，形成自己的营销运作模式。

能说、会写、善做，是销售员获得成功的不二法宝。在这个过程中，作为销售员还要学会热爱营销，要善于把“生活销售化，销售生活化”，在工作中不断加以磨炼，让自己不断得到提升和升华，为自己的成功不断地加大筹码。

（三）第三阶段：百炼成钢

在这个阶段，有的销售人“十年磨一剑”，成为了企业的高管；而有的销售人则创办了自己的实体，成为了企业的老板。在他们成为公司领导层或成为了自己企业的掌舵人后，往往就可以得到鲜花、掌声、金钱以及声誉，但销售人在达到这个阶段之后，仍然需要在以下方面强化自己：

1. 持续不断地学习。现在是一个竞争加剧的年代，“物竞天择，适者生存”的生态竞争规律促使我们必须“活到老，学到老”。因此，作为销售人，不论多么成功，都必须有一种危机意识，知道“淘汰期”或“破产期”近在咫尺。销售人只有不断学习，才能不被企业和社会所淘汰，才能时刻保持清醒的头脑，从而使自己立于不败之地。

2. 始终保持创新。创新是立业之本。“流水不腐，户枢不蠹”，做销售最忌安于现状，最怕小富即安。作为一个销售人，如果他的思维停滞了，那么他的职业生涯的“黄金期”

也就宣告结束了。销售人只有保持创新的意识，不断地创新思维、创新模式，所从事的销售工作才能基业长青，才能在经历了一个成功之后，继续走向另一个成功。

3. 不断地挑战自我。一个人最大的敌人其实不是别人，而是自己。因此，一个成功的销售人要想不躺在功劳簿上睡大觉，要想与时俱进而不被行业所淘汰，就必须时刻勇于挑战自我，挑战过去，勇于与“旧我”告别，做一个谦虚而奋发的人。在“长江后浪催前浪，一替新人换旧人”的今天，无论在任何条件下，销售人都没有理由夜郎自大，也没有理由妄自菲薄。销售人只有勇于挑战自我，才能不断地创造新的舞台、新的天地、新的辉煌。

二、职业规划的阶段定位

如果一名销售员只知道忙忙碌碌地跑业务，而不为自己制定职业目标；或者每天都在为自己制定各种各样的目标，却不能脚踏实地地开展业务，最终都会碌碌无为。销售工作是充满挑战和诱惑的，需要做好职业规划。

职业生涯规划是指个人和组织相结合，在对自己职业生涯的主、客观条件进行测定、分析的基础上，对自己的爱好、能力、特长以及经历等各方面进行综合分析与权衡，根据自己的职业方向，确定最佳的职业奋斗目标，并为实现这一目标做出行之有效的安排，如图 1-5 所示。

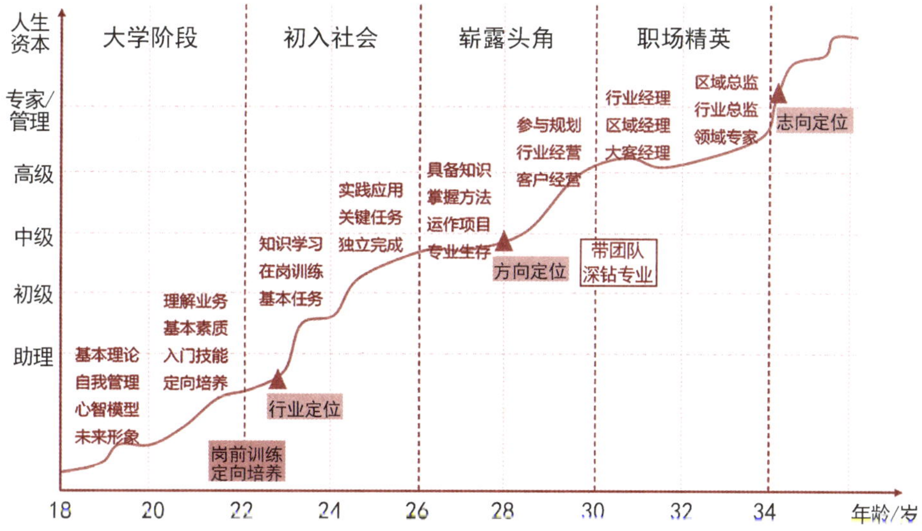

图 1-5 职业规划方向

(一) 制定清晰目标，做好时间管理

对于还未走出校园的学生，不宜规划过长，通常 5 年比较合适，因为年轻意味着较多的变数，随着工作资历以及阅历的增加，慢慢才能找到适合自己的行业和定位。

（二）关注行业发展趋势，提升判断能力

无论你选择进入哪个行业，掌握的信息越多，思考越多，对行业本质的认识也就会越准确。关注行业的发展，通过表象找到本质和规律。通常而言，判断一个产业的机会是否来临，需要关注技术、产业链、市场潜力及竞争壁垒等方面的信息，全面思考。销售精英和普通销售人员的区别并不是获取信息的能力不同，而是大脑决策模型不一样。在事情发生的时候去探究其中的原因，并对行业或企业进行相应的背景调查，发现行业机会点、明确优势、看清劣势。判断这个行业是否成熟，机会是否真的来临，再根据自己的兴趣、爱好、特长等选择自己喜欢或感兴趣的行业或企业。

学习者对话

什么是行业？

学生甲："人们常说'隔行如隔山'，到底什么是行业呀？"

学生乙："这个问题好像很宏大，我对自动驾驶的前景更感兴趣。"

学生丙："我想知道哪家公司更有前景，希望能找到一个黑马企业，和公司一同成长。"

学生组长："你们刚才说的这些都是我们进行职业规划时需要分析的因素。"

学生甲、乙、丙："行业分析与定位从哪儿入手呢？"

学生组长："应该要确定自己到底为什么研究这个，确定好目的，才有行动的方向。"

行业定位三部曲

（三）把握方向，锚准定位

把握方向需要确定自己是走管理层方向还是做专业技术方向。

如果是以管理岗位为发展方向，就需要更多地参与到企业的发展规划、行业经营和客户经营等工作中。如果是以专业技术岗位为发展方向，就要努力提高自己的专业水平和专业权威性，深耕具体销售项目。

一旦确定好方向，就要注意查找差距，持续迭代。根据自己的职业规划，分析自身能力和规划之间的差距，并制订出相应的提升计划。不断训练自己去突破天花板，进行自我赋能，完成台阶的跨越。

（四）规划志向，稳步实现

岗位志向也是职位的晋升通道。

专业技术岗位对应的职位通常有大客户经理、区域经理、行业经理等。如果是管理方向的上升通路，通常是销售总监、总经理等。

在这个阶段，可能会有更多的人际冲突出现，需要有追求共生双赢的能力。不要把冲突理解为和他人相处过程中出现了问题，试着将"问题"这个词用"差距"做替换。当你说一个人有问题，对方会有被指责的感受，会激化冲突；当你去评估差距，去发现差距和预期之间的距离，你就会想办法弥补缩小差距，用缩小差距处理冲突，形成稳定共赢的共同体。

【拓展资源】　　你知道中国商人的祖师爷是谁吗?

在传统的中国文化中，重农轻商在很长一段时间里有着深刻的时代烙印，但是有德的商人从来都不会被历史忘记。你知道最早为商人著书立传的人是谁吗？中国商人的祖师爷又是谁呢？

西汉文学家、史学家司马迁在《史记·货殖列传》中记叙了先秦和西汉时期从事“货殖”活动的三十余名工商业者和他们的典型事迹。在《史记·货殖列传》中，司马迁将战国时期的白圭列为“治生祖”，所以白圭是被列入史册的中国商人的祖师爷。

根据记载，被列入《史记·货殖列传》的都是能凭借自己的能力审时度势获取利润的成功商人，即“素封”（无官爵封邑而富比封君的人）。司马迁对“素封”的解注是：“今有无秩禄之奉，爵邑之入，而乐与之比者。命曰‘素封’。”

能被立传的商人都是一些对社会发展有着突出贡献的人，是能够利用自己的勤劳和智慧创造财富的人。

“皆非有爵邑奉禄弄法犯奸而富，尽椎埋去就，与时俯仰，获其赢利，以末致财，用本守之，以武一切，用文持之，变化有概，故足术也。至若力农畜，工虞商贾，为权利以成富，大者倾郡，中者倾县，下者倾乡里者，不可胜数。”

白圭“乐观时变”，善于预测市场走势，“人弃我取，人取我与”，秉承“有所守”，在面临复杂多变的情况时，能够坚持自己经过深思熟虑后做出的决策，坚韧不拔地加以贯彻执行，既不因出现了更好的机会而见异思迁，也不因出现暂时的困难而动摇决心，致力于追求符合更多人利益的经商致富之术，所以是“治生祖”。

由此不难看出，司马迁在《史记·货殖列传》中推崇的并不是个人层面的追逐利益获取财富数值的变化，而是通过研究经商致富之道为更多人、为社会创造利益，实现“利益最大化”。

课后习题

1. 知识小测

【连线题】请将不同的销售人员按推销任务划分到相应的类型中。

(1) 内部订单接受者	
(2) 市场人员	Ⅰ. 订单接受者
(3) 技术支持销售人员	
(4) 送货销售人员	
(5) 宣传型销售人员	Ⅱ. 订单创造者
(6) 新业务销售人员	
(7) 机构销售人员	
(8) 消费者销售人员	Ⅲ. 订单获取者
(9) 外部订单接受者	

2. 行动学习实践

约见销售精英，制订走访销售精英计划

"3153"是一种讨论方法，"3"代表接到主题后组员进行3分钟独立思考，"1"代表每人进行1分钟发言，"5"代表自由讨论5分钟，"3"代表集中形成本组关键意见（通常用3点概括）。

"3153"讨论方式可以让每个人都说出自己的想法，能引导内向型或反思型组员进行表达，同时强调认真倾听的重要性，训练注意力。

请运用"3153"讨论法，展开20～30分钟的小组讨论，制定走访方案。

3. 同辈行为评价

金勇是一位刚大学毕业就被分配到利华公司的新业务员，今天准备去拜访特发公司的陈经理。由于没有陈经理的电话，所以金勇没有预约就直接去了陈经理的公司。因为金勇刚进利华公司还没有公司制服，所以他选择了休闲运动装扮。到达陈经理办公室时，陈经理刚好正在接电话，就示意让他在沙发上坐下等。金勇便往沙发上一靠，跷起二郎腿，一边吸烟一边悠闲地环视着陈经理的办公室。在等待的时间里不时地看表，不时地从沙发上站起来在办公室里走来走去，还随手翻了放在茶几上的一些资料。

请问金勇在这次拜访中成功的几率高吗？如果不高，请你指出他可以改进的地方。

4. 案例分析

请和身边的亲朋好友一起阅读案例故事，用你所学过的知识指导他们找出案例中王名芳所具备的成功销售精英的内在特质。

王名芳的故事

王名芳是某行业领军企业的销售总监。在大学时代，她会挨个宿舍地推销纸巾、方便面等日常用品。她谈吐文雅，谦和大方，生意很好。当时还没有网上订购，有些同学有其他的产品需求，王名芳也会利用她去采购的时间帮同学们代购回来。她在回忆这段经历时说："一笔好的生意，应当使买卖双方都受益。如果卖主能关注到对方的需求，生意的规模就会越做越大。"

王名芳大学毕业后和她生意上的第一个合作伙伴做起了化妆品代理生意，产品销售情况很不错。积累了一些钱后，王名芳做起了自己的品牌，陆续开了些分店。不料好景不长，在一次出差回来后，合伙人联系不上了，而且拿走了他们俩所有的钱。

王名芳顿时两手空空，生活无着落。但她没有怨天尤人，更没有萌生过打道回府的念头。她坚信自己可以从头开始，一定能成功。

王名芳去到一家制造企业应聘做销售，初次见面时主管对她没有兴趣，没有雇用她。她没有放弃，表现出她的韧性。几天后，她又一次来到主管的办公室，希望得到一次试用的机会。主管被说服了，同意派她去做销售工作。最开始的一个月，王名芳不停地走街串巷，逐户拜访目标客户，努力地工作，结果一台机器也没推销出去。主管斥责："我早就看出你不是干推销的料！"

王名芳克制住了自己的情绪，她深知，要想实现自己的梦想，必须能吃别人吃不了的苦，忍受许多东西，更何况自己确实未完成销售定额。

她会很早去到公司，给团队成员买各人喜欢的早餐，虚心地向同事请教。她非常认真地观察资深销售拜访客户时的言行举止，细心琢磨。销售工作有特殊性，通常是不需要打卡上下班的，但她每天见完客户后不论多晚都会回到公司录入相关信息，对自己的拜访行动及时进行复盘整理。她进步神速，一年之内便成为公司某区域最成功的推销员，并创造了单笔订单最高金额的记录，接下来她每年都超额完成了所负责业务的销售指标任务，成长为了公司的业务骨干。

5. 自我认知测评

有一个猎户的儿子参加了人生中的第一次狩猎，回来后很沮丧，为自己的一无所获，也为自己的技不如人。邻居约他再去打猎，他无精打采地拒绝。父亲看着闷闷不乐的他语重心长地说："在每个人心中都有两匹狼，一匹是积极有活力的，代表着欲望、目标、承诺、行动和责任；另一匹是消极被动的，代表着优柔寡断、盲目拒绝和气愤痛苦。"

"哪一匹赢了呢？"儿子想了想，问道。

"你喂养的那一匹。"

我们每个人每天都在进行"喂养"行动，你应该"喂养"心中的哪一匹"狼"呢？在开始"喂养"行动时，你要评估自己的价值现状。自我评估是职业销售人的基本素养，应该成为日常的工作习惯，不断探寻"我应该从哪些方面改进自己"，寻求反馈，从而获得改进与提升。

请结合表1-3中的主题，进行自我测评。

表1-3 销售人员自我评估表

评估主题	选项A	选项B
对销售成功的欲望强度	渴望获得更大的成功	更想感受更多的快乐
兑现成功承诺的坚定性	言必信，行必果	如果不太难，就会做到
对琐碎日常工作的热情值	准备付出汗水和努力	看情况而定，灵活应对
困难环境下态度的积极性	机会就在手中，积极行动	困难较大难以克服
对结果担当的主动性	团队的成败由我负责	谋事在人，成事在天
对弱点盲区的警惕性	尽可能发掘自身不足，并努力消除	每个人都有弱点，不用改正

项目二

赢取简单交易型订单

知识目标

熟悉客户定义、开发方法与筛选标准；
熟悉客户拜访的信息清单与关键流程；
理解客户异议、成交信号的类型与促成交易的要素；
理解订单处理的系统类型与标准订单处理流程。

能力目标

能通过复合型渠道寻找客户；
能运用拜访客户技术独立完成拜访；
能根据场景识别成交信号，跟进销售进程；
能够熟练地跟进并完成订单的处理。

素质目标

能及时为客户提供支持，具备较强的服务意识；
具备自我激励和疏导压力的调节能力；
养成记录工作日志、注重细节、及时复盘的职业素养。

学习任务

任务一　寻找目标客户
【寻找客户的方法、筛选客户的标准、客户信息资料编录】
任务二　拜访目标客户
【拜访准备事项、预约客户技巧、客户拜访技巧】
任务三　促成有效交易
【促成交易模式、促成交易的关键要素、识别成交信号、处理客户异议、促成交易话术】
任务四　处理销售订单
【销售订单信息系统、标准订单的处理流程、订单处理的关键要素】

项目情境

销售新手的闯关过卡
——你准备好赢取订单了吗？

小霞从市场营销专业毕业后去了某办公设备公司的区域分公司，公司对所有的新销售组织了高强度的入职培训学习。经过一个月的学习，小霞考试合格，正式走上销售岗位，负责为指定区域内的中小企业客户提供办公设备购买等服务。

加入销售团队的第一天，小霞被直属领导王经理约谈销售任务，王经理在电脑上打开一张有密密麻麻标识的地图说："小霞，公司实行'井田制'管理，这一块是你负责的客户开发工作区域！记住，你负责的是这个区域内的中小企业客户，大客户你不要碰。你是新销售，所以给你定的是半年赢取30万元订单额的销售任务。这是销售任务承诺书，你先看看，没问题请签字，销售承诺书要归入人事档案。"

销售承诺书很快就归档了，小霞惊觉自己只有不到5个月的时间去赢取销售订单——因为培训已经花了一个月的时间。"我现在知道的只是地图上的一个区域，在剩下的5个月时间，平均每个月要完成6万元订单，每月卖一台中高端的设备能完成任务，如果是低端的设备，需要每月卖2台才能完成任务。怎么才能完成销售任务呢？"小霞陷入了沉思。

接下来的两周时间，小霞对自己覆盖的区域客户进行了地毯式梳理，建立了客户信息清单，准备拜访客户。对于初入职场的小霞，摆在面前的问题是：在拜访陌生客户前该准备什么？如何才能约见到客户？在与客户沟通过程中该谈什么、怎么谈？如何评价一次拜访的结果？拜访了客户就能成单吗？想着这一系列的问题，小霞逐渐意识到赢取订单的难度远远超出了自己的预期，可这是自己的选择，再艰难也得继续前行，要相信"车到山前必有路"。

时间飞快，快到月底了，期间小霞走访了筛选出来的12家客户，对每位客户完成了首轮拜访，对客户的基本需求情况进行了一次摸底。通过面对面的沟通再加上自己的分析判断，小霞梳理出5家相对优质、意向比较明确的客户。这让小霞看到了完成销售任务的希望。小霞不敢有丝毫的松懈，如何才能破零签下第一个订单，如何让客户跟着自己的节奏尽快签单，对于小霞而言都是需要去攻克的难关。

请思考以下问题：

1. 赢取简单交易型订单是件容易的事吗？
2. 在赢取订单完成销售任务的过程中，小霞要攻克哪些难关？

任务一　寻找目标客户

学情问卷

1. 假如你需要去拓展一个全新的行业或领域，你将通过哪些途径寻找自己的目标客户？

○ 网络　○ 行业协会　○ 熟人朋友

○ 展会　○ 同行　○ 其他：________

2. 当你接到陌生电话时，你通常会怎么做？

○ 陌生号码直接挂断

○ 听对方介绍后，直接挂断

○ 听完对方介绍，礼貌表达无需求

○ 耐心听完对方介绍，对感兴趣的部分进行交流

○ 其他：________

3. 你认为通过网络推广寻找客户的成功率有多高？

○ 1%～5%　○ 5%～10%

○ 10%～20%　○ 20%～50%

任务描述

寻找客户线索是销售人员的基本岗位任务。F公司是一家商贸企业，主营智能办公、家居用品等产品的销售渠道开发与拓展。请以小组为单位，在自主选定的区域范围内为F公司寻找不少于5个新客户，建立新客户信息档案，并记录工作过程。

任务指引

假如你在一方没有鱼的池塘里捕鱼，无论付出多大的努力，你也不可能捕到鱼。寻找客户也是如此，如果思路不清晰，只顾顺着梯子往上爬，可能爬到了墙上才发现原来梯子搭错墙头了。

在寻找客户的任务中，可以先通过头脑风暴挖掘寻找客户的有效方法。一定要结合特定的产品和服务特点，通过划定区域图，确定目标客户画像。

寻找客户要建立在清晰目标客户特征的基础上，依据客户特征评估、筛选出目标客户，建立客户档案，记录客户清单信息。客户清单信息通常包括：客户名称、地址、联系人、联系方式、联系人部门及职位、客户基本情况及潜在需求描述。

在寻找客户的任务中要注意记录任务过程，便于复盘与总结。

表 2-1 “寻找目标客户”任务要素及评估指标

任务要素	评估指标
新客户开发	寻找客户方法的种类，复合型程度，新客户开发数量
客户档案建立	客户档案内容的完整度，档案格式的规范性，信息的精确度
任务过程记录	过程记录的实效性，详细程度

任务实践要点：

1. 认识到寻找客户是销售岗位的基础性工作，没有捷径可走；
2. 结合产品特点与区域特点探寻开发客户的有效方法；
3. 对市场保持敏锐度，对关键信息进行提取加工；
4. 注意细节，养成实时记录整理客户信息的习惯。

知识要点一　寻找客户的方法

通过向产业链下游提供产品和服务来获取认同及收益是企业发展的基石。在市场上，很少有企业可以将产品的功能丰富到可以服务于对同类产品有需求的所有客户。也就是说，能够吸引所有的人产品是不存在的。销售人员需要结合企业、产品及自身的能力寻找特定的客户，向目标客户提供有特定内涵的产品价值。

学习者对话

学生甲：“我只是个学生，没有人脉，到哪儿找客户啊？”

学生乙：“是啊，我也犯愁。听毕业的师兄、师姐说，到了工作岗位，单位也不会提供多少资源，客户开发仍然得靠自己去拓展。”

学生组长：“开发客户总要从无到有，我们可以考虑从现在开始搭建客户资源库。”

学生丙：“要是我能认识网络上和我同时在刷视频的人，那就不愁没有客户啦！”

学生组长：“这是个很好的思路，我们可以从探索社交销售线索入手，一起来开发客户。”

学生甲、乙、丙：“那就从搭建社群入手吧！”

搭建社交销售线索

寻找并开发客户是销售人员的基本功，发掘潜在客户的渠道和途径通常包括网络搜索、客户引荐、资料查阅、中心人物、主题活动链接、电话寻找、媒体广告开拓以及地推式访问等八种类型。

一、网络搜索法

网络搜索法就是销售人员运用各种信息技术与互联网平台来搜索潜在客户的方法。

近些年来，随着互联网技术的不断发展与完善，各种形式的电子商务和网络营销也开始盛行起来，交易双方都在利用互联网搜寻信息。互联网的普及使得在网上搜索潜在客户变得十分方便，销售人员可以借助互联网的强大搜索引擎搜寻潜在客户。

在通过网络搜索时不要局限于搜索引擎，要善于运用不同的检索策略和工具搜集相对完整的客户信息。

二、客户引荐法

客户引荐法又称转介绍法，是已经签单的客户介绍亲友或者同行客户的方法。这种方法由于有客户为销售人员做背书，成功率相对较高，也被称为黄金客户开发法。

销售人员邀请已有良好体验的老客户，通过口头、微信、电话介绍等方式获取潜在客户信息。值得注意的是，客户引荐只能为双方建立起初步的信任，之后的信任积累则取决于销售人员的专业技能与素养。

三、资料查阅法

资料查阅法是指销售人员通过查阅、收集及整理各种文献资料寻找潜在客户的方法。这种方法是销售人员利用他人提供的资料或机构内已经存在的可以为其提供线索的一些资料，快速了解到大致的市场容量及潜在客户的分布等情况。

销售人员常用的资料主要有四类：

1. 名录类资料：如客户名录（现有客户、老客户、丢失的客户）、工商企业目录和产品目录、行业名录、同学名录、会员名录、协会名录、职员名录、名人录、电话黄页、公司年鉴及企业年鉴等；
2. 大众媒体类资料：如电视、短视频、大屏广告、电梯广告及杂志等大众媒体；
3. 统计资料：如国家相关部门的统计调查报告、统计年鉴、行业在报刊或期刊等上面刊登的统计调查资料、行业团体公布的调查统计资料等；
4. 其他资料：如客户发布的消息、产品介绍、企业内刊等。

四、中心人物法

中心人物法是指销售人员在某一特定销售范围内发展一些有影响力的中心人物，并在其协助下把该范围内的组织或个人变成潜在客户的方法。

一般来说，中心人物包括具有一定影响力的声誉良好的权威人士，对行业技术和市场有深刻认识的专业人士，以及有广泛影响力的关键意见领袖（key opinion leader，KOL）。中心人物通常为相关群体所接受或信任，并对该群体的购买行为有较大的影响力。

五、主题活动链接法

主题活动链接法是指利用各种形式的展览会、交流会、行业会议及主题峰会寻找潜在客户的方法。广交会、高交会、进口博览会及航空展等展览展示交流会是获得潜在客户的有效方法。

参加展览展示交流会能让销售人员在短时间内接触到大量的潜在客户，获得相关的关键信息；参加有影响力的展览会，能获得该行业的极有价值的潜在客户信息。销售人员可以把相关行业的展览会列出并在工作日程表上进行标注，提醒自己按时参加。

销售人员还可以通过参加招聘会、各个主题的峰会等大型活动派发和搜集名片获取信息，通过加入行业协会、商会、俱乐部、读书会等团体联系客户或取得客户的联系方式。

六、电话寻找法

电话寻找法是指销售人员在掌握了潜在客户的名称和电话后，用打电话的方式与潜在客户联系的方法。电话最能突破时间与空间的限制，是最经济、最有效率的接触潜在客户的工具。根据调研计算，销售人员获得 1 次面谈机会，通常需要拨打 15 通电话。

七、媒体广告开拓法

媒体广告开拓法是指销售人员利用各种广告媒介寻找潜在客户的方法。如电视广告、电台广告、报纸杂志广告、招贴广告、路牌广告及户外广告等传统形式，以及搜索引擎营销（search engine marketing，SEM）、搜索引擎优化（search engine optimization，SEO）及自媒体广告投放等网络广告形式。

八、地推式访问法

地推式访问法也叫逐户拜访法，顾名思义就是地毯式搜索潜在客户的方法，业界也叫“金三扫”，即“扫楼”“扫街”和“扫巷子”。“扫楼”就是对某栋写字楼，逐楼层、逐门逐户去拜访客户拿到相关的信息；“扫街”“扫巷子”就是沿着某条街或某条巷子，挨门挨户去拜访客户，获取相关的客户资料。

寻找客户要善于整合各种方法，多管齐下。比如通过网络搜索可能获得了潜在客户的联系方式，如果要知道具体部门的负责人信息，可能就需要通过电话寻找法获取。销售工作是经营和积累资源的过程，积累的资源越丰富，就越能事半功倍。

表 2-2　获取客户信息方法示例

渠道	具体来源	方法及途径
网络资源	专业项目网站	购买专业网站 VIP 账号
	客户网站	登录客户网站，查看资讯
	搜索引擎	关键词检索
	政府网站	查看审批等情况
	行业网站	登录行业站点，查看资讯

（续表）

渠道	具体来源	方法及途径
传统媒体	行业杂志、报纸	获取相关资讯
客户	老客户引荐	老客户引荐新项目
	老客户内部项目清单	老客户提供内部项目清单
	新客户介绍	新客户引荐新项目
友商	其他厂家销售人员	交换项目信息

知识要点二 筛选客户的标准

随着市场经济的发展与成熟，市场细分程度越来越高，目标客户因不同的产品和服务定位而有所不同。评估和筛选目标客户，可以从四个维度展开。

一、客户的支付能力（money）

客户的实际支付能力是筛选客户的重要指标。如果客户对产品或服务很满意，具有采购决策权，但是没有资金，则需要筛除。

图 2-1 客户支付能力评估指标

对于组织客户而言，如果资金充足，销售人员还需要评估相关项目是否有预算，这是核心，如果预算下不来，不管双方配合有多好，项目也将寸步难行。销售人员通常要去分析预算的来源，并判断预算是否充足。

即使客户有预算，具备支付能力，销售人员也还要对客户的商业信誉进行考察，考察客户是否有拖欠货款的习惯、客户的商业信用状况等，这是筛选客户时很重要的因素。

二、客户有无决策权（authorize）

如果产品或服务满足了客户的实际需要，还需要确定客户是否具有购买决策权。销售人员需要准确判断哪个具体个人为购买决策者，清楚谁有权做出购买决定，并根据客户的决策能力制定沟通策略。

表 2-3 客户决策权分析

人物	角色	决策影响度		沟通策略
A	决策者	❑ 比较有影响	❑ 有重大影响	
B	决策者	❑ 比较有影响	❑ 有重大影响	
C	参与者	❑ 轻，分量不重	❑ 有一定分量	
D	参与者	❑ 轻，分量不重	❑ 有一定分量	

在组织客户中，决策权可能会发生变化，常见于原来的决策者调换岗位等，销售人员要反复筛选，准确判断。

三、客户有无需要（needs）

通常可以从两个方面判断客户有无需要。一方面是客户是否有真实需要，另一方面是客户的实际需要与销售人员所提供的产品与服务是否匹配。如果销售人员提供的产品和服务不能满足客户的需要，就要果断地放弃。只有产品和服务能满足客户的实际需要，才有进一步成交的可能。

分析客户的需要越全面、越深入越好，这样既能找到明显的目标客户，又可以发掘潜在客户。

四、客户购买的时间（time）

当销售人员对客户的需求、采购决策权、支付能力及信誉等问题进行全面考察之后，还应当考虑目标客户可能签单的时间。从签单时间上分析，将资源优先分配给更有可能尽早达成合作的潜在客户。

销售人员在筛选目标客户时，要全面考察，综合判断。客户需要是基础和前提；决策权是关键，没有决策者的支持很难成功；支付能力是保障；在资源安排上还要考虑购买时间。总之要对客户进行全面的分析考察，这样才便于评估目标客户的质量，及时甄别客户类别，以便快速地调整应对策略。

知识要点三　客户信息资料编录

在“以客户为中心”的数字化时代，建立健全客户信息资料有助于捕捉更多的商机，获取新客户，加强客户服务，与客户建立长期、稳定、相互信任的关系，提高效益和竞争优势。

客户信息资料通常包括客户基本信息、联系人信息、项目相关信息等三大类。

表 2-4　客户信息资料类型及内容

信息类型	具体内容
客户基本信息	客户地址（省份、城市及详细地址）、客户类型、客户所在行业、客户等级和客户来源、客户基本介绍等
联系人信息	联系人姓名、所在部门、联系方式、联系记录等客户联系人档案信息
项目相关信息	沟通结果记录、提交的解决方案、报价记录、往来订单、应收账款、销售费用、首次下单日期、上次下单日期、累计销售额、销售毛利、平均采购周期、预计下次采购日期等多种统计指标

编辑客户信息资料可以参考客户信息清单样例，如图 2-2 所示。因行业不同、销售模式不同、销售产品不同，编录的客户信息情况会有差异，通常需要根据实际情况适当增减。

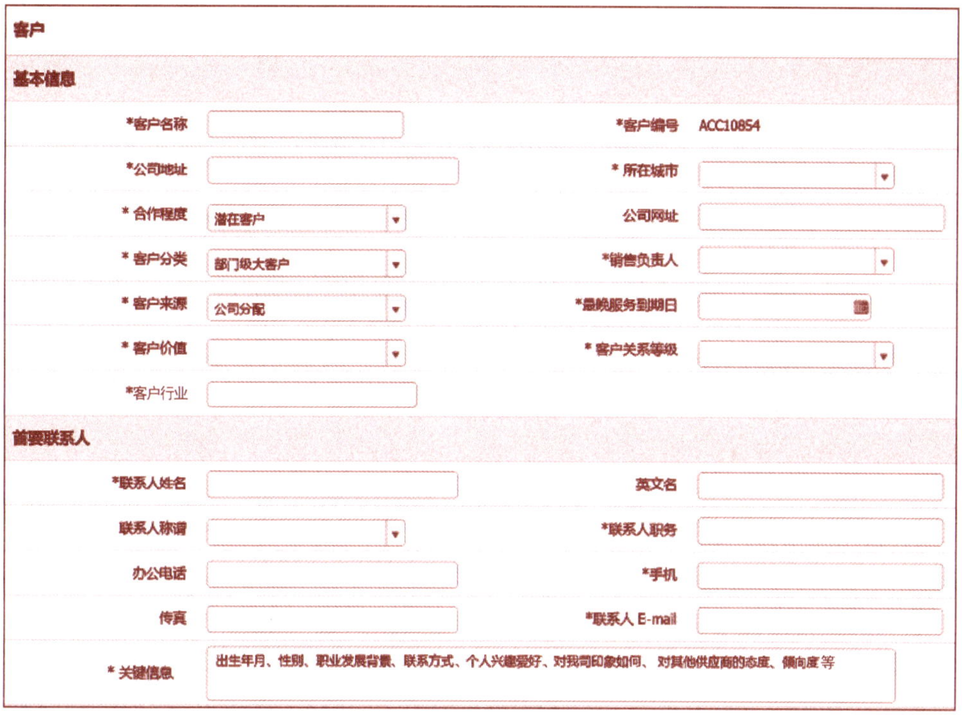
客户

基本信息

*客户名称		*客户编号	ACC10854
*公司地址		* 所在城市	
* 合作程度	潜在客户	公司网址	
* 客户分类	部门级大客户	*销售负责人	
* 客户来源	公司分配	*最晚服务到期日	
* 客户价值		* 客户关系等级	
*客户行业			

首要联系人

*联系人姓名		英文名	
联系人称谓		*联系人职务	
办公电话		*手机	
传真		*联系人 E-mail	
* 关键信息	出生年月、性别、职业发展背景、联系方式、个人兴趣爱好、对我司印象如何、对其他供应商的态度、倾向度等		

图 2-2　客户信息清单样例

任务二　拜访目标客户

学情问卷

1. 想要对销售进程有所推动，你通常需要拜访客户多少次？

○ 1～2 次　　○ 2～3 次

○ 3～4 次　　○ 5 次以上

2. 拜访客户前的准备事项包括哪些？

○ 了解客户公司经营情况　　○ 了解拜访对象个人情况

○ 准备公司资料　　○ 准备成功案例

3. 客户拜访目标包括哪些？

○ 赢取交易订单　　○ 搞好客户关系

○ 获取客户承诺　　○ 完成工作任务

任务描述

A 公司的主营业务是职业技能培训，近期将开设直播电商运营、跨境电商实战、网店美工设计等公益性免费技能培训课程。请以小组为单位，为 A 公司该系列公益课程招募学员。选择特定目标客户完成 2 次以上的客户拜访，并用文档或视频的方式记录拜访目标、拜访准备、拜访过程，提交拜访复盘总结。

任务指引

不论是面向消费者还是企业客户，不论是销售新手还是销售精英，拜访客户都是重要的岗位工作技能。拜访客户既有电话拜访，也有面对面拜访；既有陌生拜访，也有对老客户的需求进行挖掘。促成交易、商务谈判与签单实施都离不开拜访客户。

图 2-3　拜访客户流程及要点

做好客户拜访，需要关注的关键步骤和注意事项有以下几点：

1. 确定拜访目标客户及对象；
2. 完成拜访准备工作（包括但不限于：设定拜访目标、制订问题清单、准备资料、预约客户）；
3. 模拟拜访：在首次拜访前，对关键性的对话进行演练；
4. 记录拜访过程：拜访中做有效的书面记录；
5. 评估拜访效果：回顾拜访过程，进行有效评估。

表 2-5 “拜访目标客户”任务要素及评估指标

任务要素	评估指标
确定目标客户	明确客户信息及拜访对象
拜访前准备	客户的认知与期望描述清晰，客户拜访目标明确，约见客户的理由清晰有效
拜访过程	倾听技术的运用频次，提问的运用频次，时间节奏的掌控
拜访复盘与评估	评估有效信息，优化提升建议

任务实践要点：

1. 注重客户拜访与沟通技巧的积累与提升；
2. 培养市场敏锐度和关键信息的提取能力。

知识要点一 拜访准备事项

俗语常说的“凡事预则立，不预则废”“磨刀不误砍柴工”等，都说明了准备的重要性，当然拜访客户时也不例外。拜访客户并与客户进行有效沟通，是销售迈向成功的关键一环，必须要做好充分的准备。

学习者对话

学生甲：“我在网上看到某企业有培训需求，我们可以试试给对方打电话。”

学生乙：“好呀，那我来打电话预约。”

学生组长：“打电话预约，你准备说些什么呢？”

学生乙：“就说我们这有培训服务提供呀！”

学生组长：“如果客户说不需要，你怎么办呢？”

学生甲：“网上都写了有需求，应该不会不需要吧！”

学生组长：“我们在电话预约方面要具备专业技能，多准备、多练习，这样才能提高成功率。”

学生甲、乙：“好吧，那我们先演练吧！”

陌生电话邀约技巧

进行客户拜访准备通常需要做好以下几方面的工作。

一、了解客户整体情况与拜访对象相关信息

1. 客户整体情况

客户整体情况包括当前发展情况、行业地位、业务板块、人数规模、组织架构、经营状态、上下游企业及竞争对手等。对客户的了解越多，就越容易和客户拉近距离，从而能够与客户同频互动。

2. 拜访对象相关信息

拜访对象基本信息包括姓名、性别、年龄、联系方式、部门、职位、权限、专业知识熟练程度、工作态度及性格特点等相关信息，这些基础信息必须提前了解。如果前期有过接触，还可以了解其民族、学历、籍贯、经历、兴趣爱好及家庭情况等信息，当然还有和自己产品服务相关的信息。对所拜访的目标客户对象了解越多，成功的机会也就越大。

在拜访客户前要完成对客户整体情况与拜访对象相关信息的收集并录入到表单中。

表 2-6 拜访客户信息登记表

一、客户的整体情况信息
1. 是否首次拜访？A. 是　　B. 否 （若非首次拜访，需补充过往拜访信息：　　　　　　　　　　　　　　　　　　） 2. 此次拜访发起：A. 客户邀请　B. 主动拜访 3. 客户全称（如果是企业客户需注明集团/子公司）： 4. 客户所处行业、特点、困境、机遇等： 5. 客户主营业务： 6. 客户主要竞争对手：
二、拜访对象的基本信息
1. 姓名、职位、联系电话： 2. 兴趣爱好： 3. 性格特点： 4. 重要纪念日：
三、客户所处的阶段
A. 潜在客户分析　B. 需求梳理　C. 项目立项　D. 共同制定标准　E. 呈现方案、竞标
四、合作历史与合作情况
1. 过往与我方合作历史： 2. 与其他供应商的合作历史：

二、明确拜访目标

拜访客户之前，要设定清晰的拜访目标，要明确最理想的目标和最低目标是什么，其中最低拜访目标是一定要达成的。

1. 设定拜访目标的作用

设定拜访目标可以使得拜访沟通有主题，拜访的节奏和流程可以按预设进行，帮助销售人员获得更深入的信息并取得卓著成效。

拜访目标是让客户为推动项目进展而采取的具体行动，对同样的客户，在不同阶段，拜访目标可能不一样，如表 2-7 所示。

表 2-7 拜访目标

项目阶段	拜访目标示例
需求分析阶段	客户负责人做的事情可能是组织公司内部相关部门负责人一起讨论、评估具体的需求和要求，输出达成共识的需求清单列表
方案阶段	客户负责人做的事情可能是组织公司内部相关部门负责人开方案评审会、确定解决方案，输出符合公司要求的解决方案，内容包括参数、标准、实施及成果
商务谈判阶段	谈判后客户可以按照最终成交价、约定预付款比例、尾款支付期限来签署合同

2. 设定拜访目标的原则

设定拜访目标通常遵循的方法是 SMART 原则。

Specific，明确的。“明天我要去拜访客户”，这个目标不具体，应该明确是回访老客户还是开发新客户，是见大客户还是见小客户。

Measurable，可衡量的。“我这周要拜访老客户中的 A 客户”，此目标无法衡量，可衡量是指要拜访 3 位客户，10 位客户，还是 15 位客户。

Attainable，可实现的。“我这周拜访客户的数量要达到上周的 20 倍，拜访 200 位客户”，这个目标显然很难达到，失去了目标的意义。

图 2-4 SMART 原则

Relevant，相关的。拜访目标通常要与财务目标和市场目标相关联。

Time-bound，有时限的。目标要有时间截止点。

例如：拜访某公司进行技术交流，公司信息部负责人王经理将在下周三上午 11 点组织公司主管副总、技术部负责人、使用部门负责人参加技术交流会，共同确定技术参数要求。这个拜访目标就符合 SMART 原则。

三、确定参加拜访的人员

常规的初次拜访与重要的、对技术含量要求高的拜访，参加的人员及其规模会有所不同，有的由拜访销售人员独立进行，有的则需要有其他人员随访。国内外知名企业在对客户进行正式拜访时，往往都是以团队的形式出现的。“术业有专攻”，团队拜访可以彰显公司实力，体现对客户的尊重和重视。拜访团队中的“铁三角”分工如图 2-5 所示。

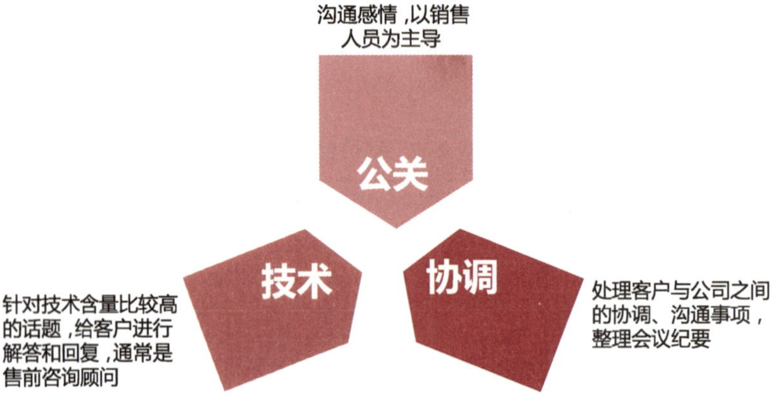

图 2-5 “铁三角”分工

四、约定拜访时间与地点

与客户见面的时间与地点是非常有讲究的，进行行程规划时不仅要参考工作计划，更要考虑拜访对象的实际情况。

拜访客户前，要与客户约好拜访时间，便于双方安排时间，同时让客户有所准备。拜访时间包括：确定见面的时间、预计拜访的时长。没有与客户约好就直接登门拜访是对客户不尊重的表现，是一种非常鲁莽的行为，会使客户对销售人员产生反感或不信任感，从而导致合作受到影响。

提前和客户约好地点也是非常关键的。通常是销售团队去客户办公室上门拜访；因交流人数、项目阶段、沟通内容的不同，项目现场、人流不大的咖啡厅、茶室等也是常见的约见地点。销售人员与客户就拜访地点形成共识后，需提前确认交通方式等信息（航班、交通路线时长等）。

通常情况下，销售人员应该提前 10～15 分钟抵达拜访地点。如果销售人员到达拜访地点的时间很早，那么可以先熟悉一下周围环境，缓解一下紧张情绪，梳理拜访措辞等。拜访迟到的销售人员非常不受客户欢迎，而且很难成功。

五、预备资料及礼品

销售人员应提前准备好相关的拜访资料，包括公司宣传资料、个人名片、笔记本电脑（演示文稿、视频及其他需要展示的资料）、笔记本（最好是公司统一发放、印有公司标志的软皮笔记本，显得大气和规范，用于记录客户提出的问题和建议）等。如果有必要，还需要带上公司的合同文本、产品报价单等。

“知彼知己，百战不殆。”优秀的销售人员在进行正式拜访前，会做好大量的准备工作，不仅准备好己方的资料，也通过各种方式了解客户行业动态以及竞争对手的相关信息。对客户和竞争对手的了解越多，自己的分析和见解越深入，越会使客户觉得你是站在他的身边，真正地帮助他采购。

销售人员还可以随身携带一些小礼物赠送给客户，小礼物价值不宜太高，表达的意思是“礼轻情意重”。可提前准备印有公司标志的文具、活页本、收纳包等，到现场后酌情处理。

六、销售访谈准备计划

制订销售访谈准备计划是一项事半功倍的工作，不仅能够抓住客户的关注点、引导谈话方向，还能提高沟通效率。

在制订计划时可以从以下几个方面来思考：

1. 了解拜访对象的处境、现状、需求及潜在解决方案，包括拜访对象内心的感受、感想、评价、愿景和期待等。

2. 了解项目所处的阶段及在该阶段客户在做哪些事情。

3. 整理收集的信息，包括项目信息、竞争信息等。

4. 准备拜访话术。

小知识

销售访谈前需要计划的事项

(1) 客户的关注点是什么，准备拜访的客户是谁，是否有决策权，影响力如何；

(2) 此次拜访计划获得的客户理想承诺与基础承诺是什么；

(3) 拜访采取什么样的策略；

(4) 拜访准备了解哪些信息；

(5) 客户是否存在我们可以解决的问题，如果无法解决会有哪些影响；

(6) 准备提供哪些有针对性的产品或服务；

(7) 客户会有哪些异议，针对这些异议有哪些应对策略。

知识要点二　预约客户技巧

预约客户的成功率将会直接影响客户拜访的数量。要想提高预约客户的成功率，通常需要确定有效的约见理由，并熟练地运用预约方式。

一、有效的约见理由

想让客户接受拜访，最关键的就是销售人员要提供一个客户乐于接受的拜访理由。约见不同的客户，理由各有不同，要提升约见理由的有效性，需明确以下几点：

1. 这次见面的目的是什么？
2. 这次见面谈话如何开展，客户要谈什么内容，销售人员要谈什么内容？
3. 这次见面对双方的价值是什么？

销售人员要能清晰地表达出包含以上三点的信息，并让客户产生认同，才能形成有效的约见理由。有效约见理由示例如下：

王总，您好！我们希望就您关心的拨测数据报表及系统性能监控管理进行一次沟通，主要想听听您目前的关注点，然后一起探讨相应的解决方案，以便确保我们的方案能够更好满足您及贵公司的需求。时间定在后天上午11点，您看方便吗？

李总，我们希望就您关心的营销团队赋能做一次交流，重点就您公司的营销现状进行深入交流，包括主要产品和解决方案、主要目标客户群体和购买特征、目前营销团队和业务现状，并就您希望在哪些方面系统提升突破，听听您的意见，然后我们共同探讨有什么方式方法或资源能够协助您，也可以有针对性地分享一些实践和做法。这样在彼此深入了解的基础上，共同探讨可行的改进方案，找到我们可以协助共赢的开端，时间定周三上午10点，您看这样安排可以吗？

二、常见的预约方式

销售人员可以通过微信、手机短信、电子邮件或者是电话进行预约。在预约时可以灵活借鉴以下预约方式。

1. 直奔主题预约法

在和客户打电话时用简洁的语言在短时间内清楚介绍自己，直奔主题表达想要上门拜访的目的、见面谈话的主题、谈话的流程及这次拜访能给双方带来的收益。通常这种方法适用于对客户情况基本不了解，除了客户姓名、电话、职务之外没有任何其他辅助信息的情况。大部分的销售人员拿到客户名单，基本上只有这些基本信息。针对这种情况，销售人员的目的是尽快从中筛选出能见到的客户，就适合采用直奔主题法。

> 王先生，您好，我是××公司的销售，我负责××市场，据我了解，贵公司正在考虑如何解决员工的考勤管理问题，我们希望就这个话题跟您做一次交流，主要想听听您的想法和您希望达成的目标，一起分析探讨切实可行的解决方法。同时我们也可以给您分享一些最新的解决思路供您参考，以便您能够理清解决方案思路，同时也便于我们全力配合您。您看是下周三下午3点还是下周四上午10点来拜访您合适呢？

直奔主题法的话术非常直接，简洁明了地告诉客户你是谁、要干什么，客户根据他自己的需求来选择答应还是拒绝。需要注意的是，打完电话不代表预约就结束了，不管客户是否同意见你，你都需要再发一条短信或微信给客户。如：“××总，我是刚给您打电话的××，感谢您的接听，这是我的电话号码，请惠存！下周三下午3点我们见面细聊。”

打完电话后发短信或微信，可以加强客户对你的印象，帮助客户加深对你的记忆。通常在通话过程中是不容易记住姓名的，通过发送短信等方式，可以增加客户记住你并保存你的电话号码的概率。即使客户拒绝了你，他也知道你是谁、是做什么的，比一个干巴巴的被拒绝的电话效果要好。

2. 转介绍法

如果客户信息是从其他客户或朋友那里获得的，最理想的情况是这位朋友也同意你把他的信息告诉客户，那么你在和客户预约的时候就相对简单了，直接说是该朋友介绍的。进行转介绍法时要经过客户或朋友的同意。

如果你的朋友不让你告诉客户是他介绍的，那么你在话术上可以做以下一些优化：“××总，您好！您的联系方式是朋友给的。我是做××产品的，希望周三下午2点去拜访下您，就××话题做一次交流探讨，主要想听听您的想法，同时也可以给您分享一下行业的最新情况，您看可以吗？”这样的表述通常能增加约见的成功率。

也有客户会比较细心，会继续问你具体是哪个朋友介绍的，这个时候可以不直接回答，参考类似的话术：“他也是你们的供应商。我们周三下午 2 点钟左右去您公司拜访您，见面细聊，您看可以吗？”

3. 通过第三方预约

第三方预约是通过第三方中间人的预约方式。这种情况下可以利用中间人来建立初步的信任，以增加预约的成功率。

一般来说，销售人员可以通过自己认识同时又与客户有联系的第三方进行预约，如客户的亲属、朋友、上级、同学及同乡等，或者是客户所在行业的权威专家或者企业等。同时，销售人员的老师、领导、同事及其他熟人也都可以充当中间介绍人，通过他们给客户带口信或打电话等方式预约客户。第三方介绍人与客户的关系越密切，预约的成功率越高，交谈会更融洽，效果也会更好，目的越容易达成。

第三方帮你成功预约客户后，应立即和客户取得联系，核准约见的时间、地点，并及时与第三方联系沟通，反馈你和客户的通话情况。必要时，需要邀请第三方陪同你参加与客户的会谈，营造一种亲切、熟悉、友好的会谈氛围，增加会谈成功指数。

通过第三方间接预约客户，使双方都能通过介绍人事先了解对方的有关情况，做好充分准备，有助于深入洽谈。对销售人员来说，也有助于其制订会谈计划和行动方案。比如，根据已经了解的有关客户的一些情况，推测客户对自己可能的态度，可能提出的一些问题，有针对性地做好准备，这将为会谈和销售的成功奠定基础。对客户来说，也让他们有时间理一理思绪，考虑销售人员想要了解的信息。在双方都有准备的情况下，会谈可获得更大的成功。

4. 共同经历法

有时候通过展会、活动等方式联系到客户，或者通过其他渠道了解到要拜访的客户和你相同的爱好或者相似的经历，能够引起与客户的共情。比如大家来自同一个地方，都曾在某个城市有差不多的奋斗经历，都当过兵，都喜欢篮球，都爱看书，都喜欢钓鱼，都喜欢茶文化等共同经历或兴趣。可以参考以下话术：

“××总，您好！我是××公司的××，上次咱们在××活动现场认识的，我也是××的人，咱们还是老乡呢。我记得当时您说想了解××的情况。今天下午您有时间么？我过来聊一下这个话题，了解一下您的想法和期望。您看可以吗？”

以上是常见的几种方式，大家都可尝试使用，如遇客户拒绝也可补充一句：“您手机号是微信么，我稍后加您，分享一些行业资料给您，等您有时间或感兴趣时再约见您。”客户拒绝销售人员是一种很正常的心理，要记得我们不是推销产品的，而是帮助客户解决问题、帮助客户购买产品，做客户的采购顾问。有了这样以客户为中心的心态，再加上合适的方式，预约客户就变得轻松简单了。

知识要点三　客户拜访技巧

引导案例

小林的客户拜访

王总经理是一家中小民营企业的负责人，公司主要经营计算机软硬件、网络安全软硬件产品。小林是某办公自动化有限公司的销售，了解到该客户在用的几台文印办公设备都比较老旧，有意向进行更新。小林经过多番努力，约到王总经理进行拜访。

拜访目的：小林想了解王总经理对项目的想法，然后将客户资料给他，告诉王总经理自己所在的公司有能力帮助他，争取安排对公司文印现状进行调研。

拜访过程：

小林：王总您好！我是M公司的小林，这是我的名片，来之前跟您预约过。非常感谢您这么忙还能抽出时间跟我见面。王总，我们公司是做文印办公设备和服务的，听说贵公司想更新文印设备，是吗？

王总：是的！

小林：那王总您想更新什么设备？有哪些具体的功能或服务要求吗？

王总：嗯！我们公司的设备有些年头了，故障比较多；而且现在公司规模大了，设备功能太简单不便于管理；人来人往也容易出现信息泄露的风险。

小林：您真专业！根据我们的经验，公司达到一定规模后加强文印管理对公司业务的发展也很重要！那王总，您对哪些功能感兴趣呀？

王总：小林，你有什么建议啊？

小林：是这样的，王总，我们可以通过先进的文印管理服务软件，帮助咱们提升设备使用效率，控制整体文印成本，提升用户满意度，加强文印信息安全……那王总，您看您重点想解决哪些方面的问题呢？

王总：你们做了那么多的客户，你觉得我们应该解决什么问题？

小林：我们确实做了很多客户，这份是我们的客户资料，里边有我们客户选用的产品，以及他们当时遇到的问题，还有我们带给他们的价值，都写得很详细。

王总：哦……这是你们的宣传资料。

小林：嗯，是的。王总，您看要不您什么时候方便，我请您到我们公司展厅详细了解一下设备及相关服务！

王总：去你公司展厅就不必了，我最近比较忙！

小林：那……王总，哦，对了，我还有一件事不知道能不能说？

王总：什么事？

小林：是这样的，王总，我有一个老客户，他以前是做贸易的，后来公司发展壮大了，开始发展自己的品牌，文印办公设备逐渐跟不上公司发展要求，导致员工效率低下，有一次还差点因为一名员工粗心将重要的研发文件遗留在复印机上导致重大损失！后来在使用我们公司的产品和服务后，权限管理功能帮助客户避免了信息泄漏的风险，也不用再担心设备停机，员工满意度也提升了不少！

王总：这样的问题，我们以前也碰到过呢！

小林：那个客户能用好，我相信咱们公司能比他用得更好！王总，我觉得吧，您可以尝试使用我们的产品服务。您看咱们下一步怎么安排？

王总：得多少钱呀？

小林：主要看您选择什么样的设备、功能、服务标准和印量。配置不一样，价格也不一样。王总，要不我先给您出一个……

王总：嗯，再说吧。我一会儿还有个客户，要不今天就先这样……

小林：哦……行……王总，那要不这样，我先给您安排做个调研……

王总：再说吧，这个资料先放这儿。

小林：行，那以后有什么事的话您再随时跟我联系。

王总：嗯，好。

讨论：

1. 你认为小林此次客户拜访成功吗？为什么？
2. 结合客户拜访的流程，总结小林此次拜访哪些做得好，哪些需要改善。

市场调查、新品推广、项目推进、客情维护等都需要拜访客户，甚至有人说，没有拜访就没有销售。成功的客户拜访对于建立信任、实现合作至关重要。在客户拜访中赢得信任通常有以下技巧和注意事项：

一、开场介绍

开场介绍自己、公司和产品时，要注意简洁、清楚且保持自信状态，突出重点。简洁清晰的介绍能让客户在最短的时间内记住你和你介绍的内容，并为接下来的工作留下足够的时间和机会。让客户在最短的时间内建立初步的信任，才能取得接下来提问的机会。自信能感染客户，有利于把握拜访的节奏。

二、有效提问

在销售行业有一句老话：“销售高手应该是一位提问高手。”专业销售人员最重要的销售工具不是产品手册，不是电脑和投影，不是名片和着装，也不是样品和客户证言，而是提出好的问题。

“善问者，如攻坚木，先其易者，后其节目，及其久也，相说以解；不善问者反此。”善于提问的人，就像木工砍伐坚硬的木头，先从纹理较顺的部位着手，再砍坚硬的节疤一样，要先问容易的问题，再问难题，这样，问题就会容易解决；不会提问的人却与此相反。在提问时可以参考图 2-6 的巧妙提问图谱，确定适合向客户提出的问题。

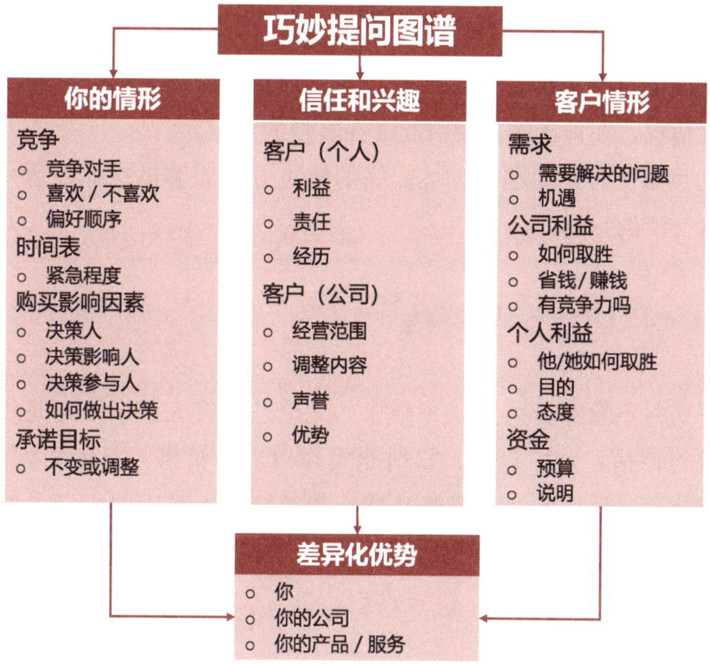

图 2-6 巧妙提问图谱

三、有效倾听

倾听时要保持空杯心态，专注、全身心地投入。见客户时手机静音屏幕朝下放在桌面上，不碰手机。停下手中事情，放下固有想法，不预设答案，随时准备发现有价值的信息。

倾听并不是客户说什么就记什么。有效的倾听不是单纯地接收信息，而是关注并思考客户说话背后的原因、动机以及期望，并适时给予有效的回应与反馈。

倾听时可以穿插提问，例如“为什么”“怎么样”“如何”，还可以通过点头、微笑、热情的眼神等肢体语言回应客户。倾听时的肢体语言也有讲究，要做到 SOFTEN（smile，微笑；open posture，开放的姿态；forward lean，身体前倾；touch，肢体接触；eye contact，眼神交流；nod，点头回应）。

四、激发客户兴趣

通过“抛出利益点”引起客户注意。销售人员在与客户交谈时，谈话要始终围绕客户所关心的话题展开，这样才会激发客户的兴趣。任何销售都是在“推”与“拉”的过程中完成的，除了需要站在自身的角度去“推”，还要站在客户的角度去“拉”，通过点明客户利益的话术，促使客户主动了解和采购。以下三种方式可以引起客户注意。

1. 请教客户的见解。请教见解是吸引潜在客户注意的一个很好的方法，特别是你提出一些与业务相关的问题时。当客户表达看法时，你不但能引起客户的注意，同时也能了解客户的想法；另一方面，你也满足了潜在客户被人请教的成就感。

2. 告诉潜在客户一些有用的信息。每个人对身边发生了什么事情都非常关心、非常注意，这就是新闻节目一直维持最高的收视率的原因。因此，你可以收集一些行业、人物或事件的最新信息，在拜访客户时引起潜在客户的注意。

3. 提出能协助解决客户问题的方案。好的解决方案能够迅速抓住客户的眼球，激发其继续深入探讨交流的兴趣。

知识要点四　拜访复盘与评估

结束客户拜访并不意味着拜访任务结束，无论是销售人员个人还是销售团队，都需要及时对拜访进行评估，做好复盘。归纳此次拜访当中销售人员做得好的方面是什么，有哪些方面可以改善，拜访的目标是否达成，帮助销售人员看清问题并制订接下来的行动计划。

一、拜访复盘的注意事项

进行拜访复盘时有以下几个关键事项需要注意：

1. 复盘一定要对事不对人。复盘是通过对事件进行回顾来帮助人进行改善。

2. 复盘要能动态地呈现实际情境。复盘要尽可能真实地还原当时的语境与行为。

3. 复盘一定要总结、提炼经验。把通过复盘提炼出来的经验规律化，对销售人员的提升有帮助。

二、拜访评估的要点

拜访评估可以从信息收集、客户需求、倾听、优势呈现、承诺获取、信任程度等六个方面进行，如表 2-8 所示。

销售人员要重视评估环节，及时复盘。通过复盘评估明确自己采取了什么行动，客户和自己有什么反应，下一步要如何跟进。

表 2-8　客户拜访评估表

拜访评估类目	对应分值				
	1	2	3	4	5
客户信息完整度	未收集到新信息	了解部分信息	信息较丰富	信息全面透彻	超出原有预期
客户需求了解程度	不了解	了解部分需求	客户明确表达需求	双方达成共识	双方深度认同

（续表）

拜访评估类目	对应分值				
	1	2	3	4	5
倾听情况	还可以	非常用心在听	理解客户的处境	能进行延展信息反馈互动	情感共鸣
己方优势呈现	优势突出	针对客户需求呈现优势	客户认同优势	客户深度理解优势	客户对优势有迫切渴望
获得的客户承诺	没有达成	客户口头有表态	获得预期最低目标	获得理想的客户承诺	获得超出预期承诺
信任程度	不信任	不太信任	比较相信	双方充分信任	亲密战略伙伴

任务三　促成有效交易

学情问卷

1. 在进行讨论交流活动时，你通常会有什么表现？
   ○ 注意力集中于充分表达自己的想法　　○ 注意倾听、关注他人的信息表达
   ○ 关注他人的表达并能及时给予回应　　○ 容易被其他的信息干扰，注意力不太集中
2. 面对客户的异议，你会如何应对？
   ○ 感觉紧张害怕，不知道如何处理　　○ 选择回避或是换个话题
   ○ 平常心态，异议是成交的机会
3. 你认为客户的成交信号可以从哪些方面识别？
   ○ 客户的表情和体态　　○ 客户询问价格、注意事项等
   ○ 客户行为发生变化，突然严肃起来　　○ 销售人员谈交货条件时，客户很配合

任务描述

F公司是一家商贸企业，主营智能办公、家居用品等产品的销售、渠道开发与拓展。请以小组为单位，为F公司在自主选定的区域范围内促成交易，获取订单。请选择相关产品，制订销售目标与计划，在4周时间内实现5 000元以上的销售额。

任务指引

营销界用这样一句话来表达促成交易的难度："世界上最遥远的距离就是从你的口袋到我的口袋间的距离。"促成交易是赢取订单的临门一脚，只有形成专业技能的积累优势，才能实现突破。

在促成交易过程中，销售人员要十分清楚销售目标，团队中的每位成员都要明确将在何时卖一定数量的什么给谁以实现多少的收入。

根据目标制订销售计划，将目标分解成任务，具体分解到每个工作日、每周、每月。

为了促成有效交易，需要归纳推销中的关键要素、常见的异议类型以及成交信号。清楚一笔交易的全流程中具体有哪些步骤，每个步骤需要做什么；整个过程中有什么风险，如何规避风险；还有可能会遇到什么阻力，该怎么处理等，最后完成交易。

表 2-9　"促成有效交易"任务要素及评估指标

任务要素	评估指标
销售目标	可衡量，有挑战度，有时间性
任务计划	分工明确，权责不重叠

（续表）

任务要素	评估指标
成交信号	信号类型清晰，样例需具有普遍适应性
异议处理	广度、深度

任务实践要点：

1. 清楚推销的关键要素，能根据客户差异进行权重调整；
2. 对成交信号敏感，能快速做出反应；
3. 熟悉反对意见类型，能专业化应对。

知识要点一　促成交易模式

根据推销活动的特点以及顾客购买活动各阶段的心理演变，促成交易流程会有所不同，爱达模式、迪伯达模式、埃德帕模式等具有很强的可操作性，有利于提升促销效率。

一、爱达模式

爱达模式即 AIDA 模式的音译，AIDA 是四个英文单词首字母的组合：第一个 A 为 attention，即引起注意；I 为 interest，即诱发兴趣；D 为 desire，即刺激欲望；最后一个字母 A 为 action，即促成购买。

它的具体含义是指，一个成功的推销员首先必须有能力把顾客的注意力吸引或转移到产品上，并使顾客对其所推销的产品产生兴趣，这样顾客的购买欲望也就随之产生，而后再促使顾客采取购买行为，最后达成交易。

通常人们的购买行为都是从注意开始的，因此，推销的第一步就是要引起顾客的注意，然后在了解产品的诉求点的基础上，以顾客的需求为出发点，唤起顾客的购买兴趣，刺激他们的购买欲。由于以吸引顾客的兴趣为特色，爱达模式比较适用于展销会推销、店堂推销、柜台推销等，也适用于一些便携的办公用品和生活用品的上门推销。

二、迪伯达模式

迪伯达模式即 DIPADA 模式，第一步：D（definition）意为确定、界定，准确地发现顾客有哪些需要与愿望；第二步：I（identification）意为结合，引申为把推销的产品与顾客的需要及愿望结合起来；第三步：P（proof）意为证实、证明，引申为证实所推销的产品符合顾客的需要与愿望，即证明所推销的产品正是顾客所需要的；第四步：A（acceptance）意为接受，引申为促使顾客接受所推销的产品；第五步：D（desire）意为欲望，引申为刺激顾客做出购买或成交的决定；第六步：A（action）意为行动，引申为促使顾客做出购买或成交行为。

迪伯达模式与爱达模式有相似之处，但它更强调“顾客需要”这个关键性环节，使推销工作更能有的放矢，因而具有较强的针对性。它适用于老顾客及熟悉顾客的推销，保险、技术服务、咨询服务、信息情报、劳务市场上无形产品的推销，以及有组织的单位或集团购买者的推销。

（三）埃德帕模式

埃德帕模式即IDEPA模式，其五个步骤是：identification，把推销品与顾客需要结合起来；demonstration，向顾客示范产品；elimination，淘汰不合适的产品；proof，证实顾客的选择正确；acceptance，促使顾客接受产品。

在这个模式下，推销员不必去发现和指出顾客的需要，而是直接提示哪些产品符合顾客的购买目标。因此，这一模式比较适合于零售推销或向熟悉的中间商推销，也适用于主动上门购买的顾客。在推销员给顾客划定范围后，通过示范给顾客产生一个直观的印象，帮助顾客淘汰不符合其愿望的产品，最终证实顾客选择的正确性，并提供优惠的条件，促使顾客达成交易。

小知识

在说服客户购买的过程中，突出产品给客户带来的利益十分重要。销售人员应在了解顾客需求的基础上，把产品能给顾客带来的利益尽量多地列举给顾客。利益不仅要包括产品外表上、实体上的利益，更要突出产品或服务给顾客带来的内在的、实质上的利益。专业的销售人员通常会把产品/服务的特征、优点及带给顾客的利益等列出来，这样就能使顾客更好地了解有关内容，节省顾客产生疑问的时间，减少顾客的异议。

知识要点二　促成交易的关键要素

在促成交易过程中，针对不同的客户可能需要采取不同的推销策略。但是影响推销的关键要素是有规律可循的，通常可以归纳为三方面：需求的重要与紧急程度；价格与价值的相互影响；信任与体验的相互影响。

一、需求的重要与紧急程度

（一）需求是推销的核心要素

没有目标就没有需求，而没有需求就没有买卖。无论是消费者的需求，还是企业要实现的业务目标，这些都是影响推销的核心要素。

1. 消费者需求

为什么消费者会去购买产品或服务？根据托尔曼S－O－R模式，用户在受到外部因素的刺激时会产生心理决策活动，从而会做出购买决策及行为。S即stimulus，指外部因素的刺激；O 即 organism，指有机体的内部变化；R 即 response，指面对变化的反应，包括做出的决策、采取的行动。例如：

S-因刺激而产生了需求：情人节要到了（刺激因素），我需要为女朋友挑选一份礼物。(产生需求)

O-了解和收集相关信息：朋友告诉我可以送口红或者香水，我去搜索相关产品。(心理决策活动)

O-对信息进行评估和对比：对比了所有产品的品牌、价格、评价、售后的信息。(心理决策活动)

R-做出购买决策及行为：最终选择迪奥 999 色号，在淘宝上下单了，支付成功。(做出购买决策及行为)

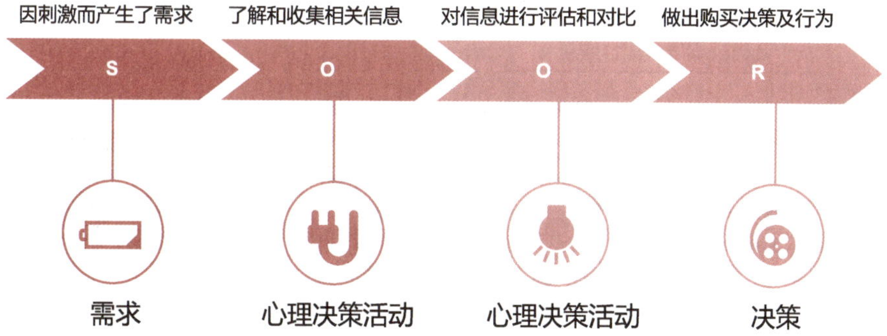

图 2-7 托尔曼 S-O-R 模式

通过对 S-O-R 的梳理，从用户的购买决策模式中不难发现，促成交易的关键要素源于顾客的需求，而影响消费者需求的主要因素有：

(1) 消费者偏好。消费者偏好支配着在使用价值相同或接近的替代品之间消费者的选择。

(2) 消费者的个人收入。消费者收入一般是指一个社会的人均收入。收入的增减是影响需求的重要因素，一般来说消费者收入增加将引起需求增加。

(3) 产品价格。价格是影响需求的重要因素，一般来说价格和需求是反向变化的。

(4) 替代品的价格。相互替代商品之间某一种商品价格提高，消费者会把需求转向可以替代的商品上，从而使替代品的需求增加。

(5) 互补品的价格。互补品是指使用价值上必须相互补充才能满足人们某种需求的商品，如汽车和汽油、家用电器和电等。某一种商品价格上升会引起需求量下降，也会引起互补品需求量下降。

(6) 预期。预期是人们对于某一经济活动未来变动趋势的预测和判断，如果消费者预测价格会涨，就会刺激其提前购买。

(7) 其他因素。如商品的品种、数量、广告，甚至是国家政策。

2. 组织机构客户需求

对于组织机构客户而言，购买的关键因素是生产经营等业务需要，通常称之为业务需求。业务需求产生的原因相对消费者需求会更为复杂，可能是源于组织中高层制定的目标；也有可能是组织的中层对工作流程的调整；有些是因为基层碰到了无法解决的问题。用户需要、外部环境变化、竞争对手策略变化或者政府政策调整等，都是营销组织客户需求产生的原因。

对于组织机构客户的需求，除了要进行需求挖掘、分析和定义，还要进行需求验证来确定。需求验证就是进行需求检验和需求确认，是对需求完成过程的检查和对需求完成的测试，通常用需求跟踪矩阵进行验证。示例如图 2-8 所示。

用户需求项标号	用户需求标题	用户需求变更标识	需求列表编号	需求列表功能标题	软件需求变更标识	需求状态	变更序号	当前状态	概要设计状态	对应概要设计章节	详细设计状态	对应详细设计章节	单元测试用例	集成测试用例	系统测试用例	对应代码	系统编码状态	备注说明
B5HIS	医院管理	增加	7.1	病人身份管理	增加	已批准		系统验收										
			7.2	挂号管理	原始	已批准		系统验收	修订		评审通过	6.1.2	E1	E5	T3.1	emis导出业务代码	已单元测试	
			7.3	网上挂号预约管理	增加	已批准		系统验收	修订		评审通过	6.1.3	E2	E6	T3.2	emis导出业务代码	已单元测试	
			7.4	系统管理	增加	已批准		系统验收	修订		评审通过	6.1.4	E3	E7	T3.3	emis导出业务代码	已单元测试	
			7.5	费用管理	增加	已批准		系统验收										
			7.6	处方管理	增加	已批准		系统验收	评审通过		评审通过	6.1.5	E4	E8	T3.4	emis导出业务代码	已单元测试	

需求类型	数目
原始的需求	1
增加的需求	5
修改的需求	0
删除的需求	0
未变更需求	5
现有需求总数	6
需求变更总数	5

图 2-8　医院信息管理系统项目需求跟踪矩阵

(二) 需求的优先层级

客户不是有需求就一定会购买，只有客户感知到需求的重要性和紧迫性时，才会采取购买行动。需求的优先层级是根据客户对需求的重视度与需求的紧迫度进行划分的。根据客户当时所处的环境和实际情况，通常将客户需求划分为四个层级，如图 2-9 所示。

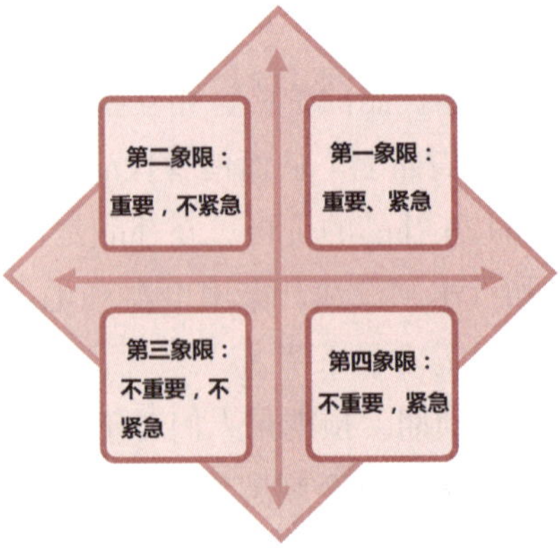

图 2-9　需求优先层级

1. 需求重要且紧急

这是最优的需求状态，销售人员只需要在适当的时间提供匹配需求的产品和服务即可。

例如家里水管突然爆了，水像喷泉一样喷流，这时你会去选择最快提供服务的商家解决爆管的问题，而很少再去货比三家，犹豫不决。

2. 需求重要，但不紧急

需求很重要，但是不紧急。例如，改善性住房需求，客户的需求确实很重要，但是现在有固定的居住场所，所以不太着急，会用比较长的时间去选择。销售人员需要按照时间、预算、业务价值、业务和技术风险、实施难度、成功可能性、规范和政策等去计划销售资源的配给。

3. 需求不重要，不紧急

客户有需求，但是不重要，不紧急。遇到这个状态的客户确实很难成单，如果销售资源有限，建议把这个层级放在最后。

4. 需求不重要，但紧急

网络购物平台上的日用品的“秒杀”活动等，就是针对这种需求状态。在这个层级中，对销售人员专业推销能力的要求不高，主要是通过营销推广等活动进行促销。

二、价格与价值要素的影响

价格是价值的货币表现。在产品和服务满足需求的情况下，价值与价格将直接或间接地影响成交的比例与成交的速度。价格和价值的相互关系十分敏感。

（一）价格层次

价格的形成受价值的生产条件、价值的实现条件和价值的分配条件等多重影响，从而使价格的形成区分为三个不同层次：基础价格、供求价格和目标价格。

基础价格反映了生成价格的价值基础；供求价格反映了货币价值、商品供求等客观因素对价格形成的影响；目标价格反映的是在基础价格和供求价格这两个层次的基础上，其他的主观因素对价格形成的影响。在基础价格、供求价格、目标价格这三者之中，基础价格是价格形成的核心。

在市场上有两种观念误区，其一是消费者越有钱对价格就越不敏感，另一种则是认为企业客户对价格不敏感。

用更低的价格获取想要的产品或服务，这是消费者的普遍心态，与收入高低无关。组织客户购买时，价格是一个在商务指标中非常重要的因素，很多企业在进行项目评估时商务价格的权重比超过 50%，甚至高达 70%，价格的高低起到了决定性作用。

（二）价值因素

1. 价值是客户的感知

只有客户认同的价值才是价值，这一点十分重要。很多销售人员向客户展示产品的功能、特点和优势，可能在客户眼里最低的价格所提供的最大的成本节省才是最重要的价值；也有的销售人员反复强调提供的是全网最低价，但可能客户更关注的是服务的细节与品质。

2. 价值平衡公式

专业的销售人员不仅能传播价值，更要会创造价值。价值的最简单表达就是价值平衡公式：价值＝利益－成本。

创造价值，既可以通过增加利益来实现，也可以通过降低成本来达成。客户角度的感受就是回报率和产品性价比。

注重产品性价比的通常是交易型销售。顾客专注于单次或多次交易的效率问题，其关注点更多在于产品本身的内在价值，也就是利益和成本的比值。当行业内通行的产品质量水平相对稳定时，成本便成为最重要的决定因素。

关注回报率的顾客偏好更多的利益，如果利益高，价值就高；如果利益与成本偏差不大，客户就会犹豫。

价值与价格是赢取订单非常重要的因素，销售人员需要根据客户的特点突出性价比，或者是强调回报率，获得客户的认可。

三、信任与体验要素的影响

对于客户而言，购买在某种程度上就是一次冒险，金额越大，客户要承担的风险就越高。信任是销售人员向客户提供了安全保证，也是推进客户忠诚度和商业成功的关键。

小知识

“信任背摔”是团队拓展训练项目。背摔，就是一个人站在大约 1.5 米高处，身体平直着向背后摔下去，团队的其他成员用手臂相互交织构成一张网，顺利接住摔下来的同伴。背摔者要克服自身的胆怯心理去挑战，要完全相信同伴的力量，否则难免有会身体弯曲，造成重心偏移，给同伴的安全网增加压力。

“信任背摔”这个项目的关键在于建立信任。信任是在自己的利益有可能会受到损害的前提下，仍然对对方保持正面期待。

（一）客户信任的类型

客户的信任分为对组织的信任和对销售人员个人的信任。比方说，消费者购买化妆品时通常会有自己青睐的品牌，品牌就是对组织的信任；同一品牌的化妆品由不同的销售人员进行推销，经验丰富、专业的销售人员更易获得成交订单，这就来自于消费者对个人的信任。客户信任源构成如图 2-10 所示。

无论是对组织的信任还是对销售人员个人的信任都十分重要。在大型企业中，对组织的信任作用较大，而在中小微型企业中，销售人员个人信任度的影响力更大。很多以前在大公司、大平台做销售，后来离开平台的销售人员，会发现赢取订单没有以前得心应手，就是因为以前是所在公司的品牌和平台资源对促成交易有着关键的影响力。所以销售人员在建立客户信任时既要善于突出平台的影响效益，更要注意提升个人魅力和专业度。

图 2-10　客户信任源

小故事

森林里，啄木鸟很专注地用嘴在树上"咚咚咚"地凿了几下，很快就凿出一个小洞，把藏在里面的蛀虫一口吃掉了。啄木鸟很高兴自己是一名捉虫能手。

有一天，啄木鸟和往常一样在树上捉虫子，它没有注意到乌云密布、天色大变，仍然像往常一样地凿木头。突然一个闪电过来，树被劈成了两半，啄木鸟很得意，以为自己能把树木凿成两半。

（二）客户信任与用户体验的关系

通常而言，客户是由于信任才会去体验产品或服务，也会因为良好的体验而增强信任。用户体验是一个需要持续跟进的过程，从客户接触了解品牌到决定购买，再到产品使用、售后维护，每一个接触点的体验都十分重要。

在优化客户体验感、促成购买方面，需要做好客户体验感提升与客户信任度强化。

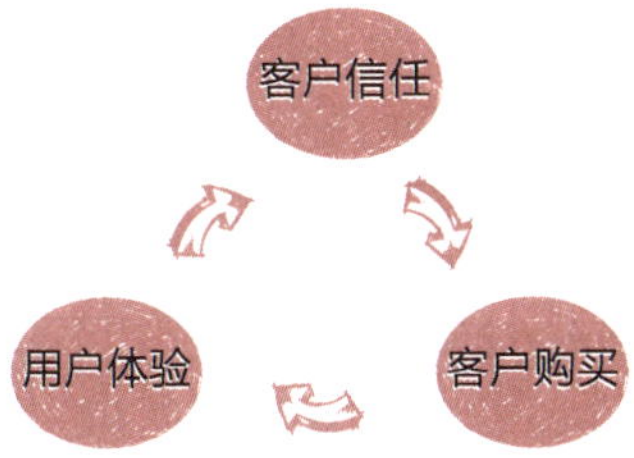

图 2-11　用户体验与购买模型

1. 实现客户个性化体验

消费者期望个性化的服务，在消费过程中更加注重体验感。只有获得客户数据，熟悉与客户的互动历史，销售人员才能提供量身定做的客户体验。

客户数据只有在客户信任的情况下才能获得。在获取客户数据时，既要建立信任，又要遵守法规，保护客户信息，不得滥用、分享或出售客户的个人数据。

2. 加强客户连接

加强客户连接的关键在于做好情感联系与捕捉客户反馈。

（1）建立情感联系。销售人员需要在各个阶段都尊重客户的需求，以客户为中心，持续提供卓越的品牌体验；像对待朋友或家人一样与客户保持联系，在客户最常使用的社交渠道上保持互动。在与客户的连接过程中要做到言行一致。

（2）捕捉客户反馈。定期通过客户喜欢的渠道征求反馈意见，发送电子邮件或短信发布调查，或在社交媒体上创建投票。征求客户的反馈意见也是在向买家表明你关心他们的意见，而不仅仅是他们的购买。当你给客户提供机会和渠道来分享他们的想法时，你会让他们觉得自己是有价值的合作伙伴，从而帮助客户建立信任。当企业认真对待客户的反馈并积极采取行动时，才会赢得客户的信任。

知识要点三　识别成交信号

在实际销售过程中，想要实现成交并不容易。成交会受产品/服务的卖点、客户的需求以及销售人员的服务质量这三方面的影响。有时候产品/服务优势明显，销售人员在前期工作进展也很顺利，客户确实也有需求，可是到了签单成交阶段仍然没能赢取订单。

促成交易阶段中，有效识别销售人员与客户对成交的看法和传递的信号十分关键。在通常情况下，客户是不会率先提出成交的，也就是说大多数客户不愿意主动明确地提出成交，这是客户自然的心理保护意识。客户即使很想成交也不愿先开口，会把自己的这种心理隐藏起来，以期望自己获得更有利的价格优势。

学习者对话

学生甲：“销售太难了，我接触的客户都不买。”

学生乙：“是啊，可能咱们的产品没有优势，我的客户也没有意向。”

学生组长：“按照概率，如果拜访的客户足够多，通常会有客户释放了成交信号。我们是不是应该梳理一下客户有哪些成交信号，避免信号就在眼前，而我们却视而不见。”

学生甲、乙：“好啊，我们一起了解有哪些成交信号吧！”

有效识别购买信号

虽然客户不会主动提出成交，但是销售人员和客户在交流过程中，通过一系列的沟通、碰撞，逐渐走到了成交的临界点。因为内心的变化，客户在语言、表情、行为等方面会表现出与之前不一样的状态，这些表现形式多种多样，但都是打算购买产品的暗示，这就是成交信号，归纳起来可分为表情信号、语言信号、行为信号等。

一、表情信号

表情信号是从客户的面部表情和体态中所表现出来的一种成交信号，如在洽谈中面带微笑、下意识地点头表示同意你的意见、对产品的不足表现出包容和理解的神情、对推荐的产品表示兴趣和关注等。例如，客户在听取销售人员介绍产品时，表情专注，不断点头，或者面带微笑，这些表情信号说明客户信任或接纳你的销售建议，应抓住时机，及时提出成交。

二、语言信号

语言信号是指客户通过询问价格、使用方法、保养方法、使用注意事项、售后服务、交货期、交货手续、支付方式、新旧产品比较、竞争对手的产品及交货条件、市场评价及说出“喜欢”和“的确能解决我这个困扰”等表露出来的成交信号。例如，客户对你销售的产品产生兴趣时，会进行语言询问，如“可以再试一试产品吗”“公司的产品售后服务有保障吗”等。销售人员应该从客户的话语中，捕捉其信号，推动与客户之间销售的完成。

三、行为信号

行为信号是由于人们的行为习惯经常会有意无意地从动作行为上透露出一些对成交比较有价值的信息。当有以下信号发生的时候，销售人员要立即抓住良机，勇敢、果断地去试探，引导客户成交：①反复阅读文件和说明书；②认真观看有关的视听资料，并点头称是；③查看、询问合同条款；④要求销售人员展示样品，并亲手触摸、试用产品；⑤突然沉默或沉思，眼神和表情变得严肃，或表示好感，或笑容满面；⑥主动请出有决定权的负责人，或主动给你介绍其他部门的负责人；⑦突然变得热情起来；等等。

小知识

根据订单的大小，通常会有如下结果：

销售结果	订单类型	
	小订单	大订单
成功	成交	成交
		进展
失败	没成交	阻碍
		没成交

在大订单中，销售进程的进展也是一种成交信号，所有客户发出的推动销售进程的行为都是重要的信号。在销售进行过程中，客户有以下行动便是在发出进程信号，这是客户进一步做出购买决定的前兆表现：

主动联系销售人员，要求提供详细资料，或是要求降价折扣等；客户主动到展厅看演示，参观成功案例；销售人员提出进行合同条款审核时，客户同意或没有表示反对；销售人员询问交货或安装条件时，客户很配合地回答或与销售人员进行商讨。

成交不会无缘无故地发生，销售是一个过程，是由不同阶段组成的有机整体。客户在不同的阶段也会有不同的行为表现，它们都在为最后的成交做铺垫。销售人员要克服害怕向客户提成交的心理障碍，积极主动地争取成交机会，通过识别客户的言行，发掘出客户的成交意愿。

知识要点四 处理客户异议

客户异议是指在销售过程中客户对销售人员的不明白、不赞同、提出质疑或拒绝的意见。乐观的销售人员认为客户有异议是好事，说明客户对你和产品有兴趣。有异议的客户才是有心成交的客户，处理客户异议的过程就是一步步走向成交的过程。

其实并不是所有的客户异议都是销售机会，客户异议是销售机会还是风险，根据时机、情境的不同而有所不同。

表 2-10　客户异议的机会与风险

	机会	风险
客户提出异议的阶段	客户评估风险阶段	潜在需求阶段
买卖双方的信任程度	有共识	不了解

无论异议是机会还是风险，销售人员都要掌握应对的方法。通常而言，应对异议的方法可以归纳为两种：异议防范和异议处理。

一、异议防范

中国有句俗语："防患于未然"，异议防范就是减少或者避免客户的异议。在实际销售活动中，销售人员往往会遇上各种各样的异议，这些异议可能是针对销售人员本身的，也有可能是针对产品质量、价格、服务、规格、使用方法、交货期、付款方式、公司信誉等的。最常见的异议主要是两种类型：一种是价格异议，另一种是对销售人员能力的异议。

价格异议是指客户认为产品价格过高或价格与价值不符而提出的异议。销售人员能力异议是客户针对某些销售人员并表示对他们不信任而提出的异议。针对这两类异议通常是用策略性提问来应对。

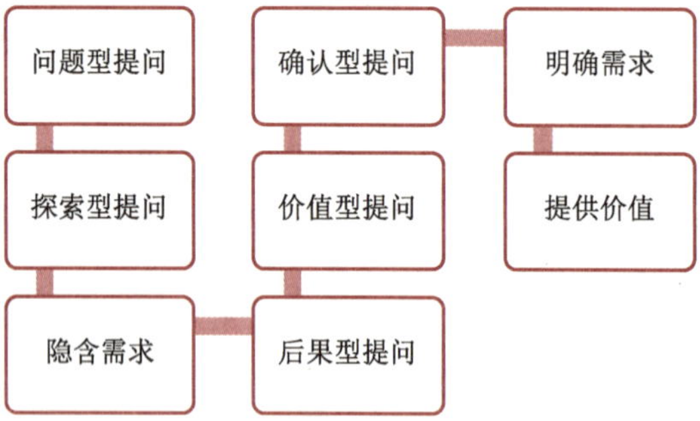

图 2-12　异议防范策略性提问

策略性提问法首先通过问题型提问发现客户的问题与不满，然后通过后果型问题呈现问题造成的后果的严重程度，一次性增强所提供的产品和服务的价值。接下来再通过价值型提问使客户能自行解释其所获得的利益与好处，消除客户的不满或对抗心理。当客户认识到价值大于成本时，提出价格异议的概率就会大大降低。当销售人员能对客户需求进行诊断、解决客户问题时，客户自然会对销售人员的专业度产生信任，相关的异议也会相应地减少。

提问示例：

问题 1：您不打算购买一定有原因，您可以告诉我吗？

问题 2：还有其他原因吗？

问题 3：假如……您会继续购买吗？

问题 4：那肯定还有其他原因，那是什么呢？

二、异议处理

如果无法减少或避免客户异议，就需要有效地处理异议。处理异议技巧主要有以下几类：

1. 破解客户的秘密异议

一般来说，购买异议有公开异议和秘密异议之分。公开异议是指客户用各种方式直接向销售人员提出的各类购买异议，秘密异议则是隐藏在客户内心深处的相关购买异议。由于某些特定的原因，客户对销售产品和销售行为的反对意见不愿外露，不愿轻易向销售人员表达出来，这实际上加大了销售人员处理客户异议的难度。

在实际销售过程中，有的客户一方面明确提出种种无关异议或借口，另一方面又隐藏真实的异议，声东击西，妨碍成交。对于客户的秘密异议，销售人员的首要工作就是设法破解，通过各种手段把这些秘密异议转化为公开异议，并在此基础上找出异议的根源。如图 2-13 所示。

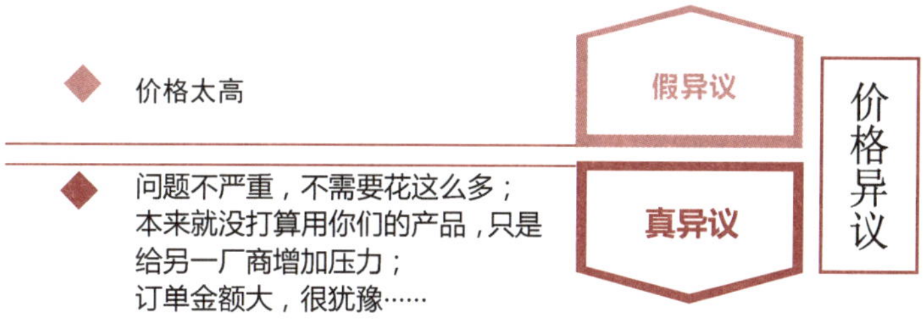

图 2-13 价格异议示例

2. 3F 法则

3F 技巧，指感觉（feel）、感受（felt）和发现（found）三方面。在解决客户异议时，可以第一人称或第三人称的角度来应用 3F 技巧。feel，“开始的感觉和你的是一样的”，首先表示出对客户的认同；felt，“其他顾客以前也有这种感觉”；found，“不过最后他们发现顾虑是多余的”。

（1）从第一人称方面表述举例

例如：“我理解您为什么有那种感觉。”“我开始也有这种感受。”“因此，我调查了为什么我们的×××比×××公司稍微高一点，并发现我们比较受欢迎。”

使用此种方法，起初在情感上和客户保持一致，认同客户；其后给出一些出乎意料的发现，从而使问题的讨论向利于我们的方向发展。

（2）从第三人称方面表述举例

例如："我明白您的这种感受。"（获得缓冲）"在开始的时候，其他人也是这样认为的。""但是后来他们就发现，长期收益远远高于最初的这些花费。"

在运用此种方法的过程中，结合产品的"发现"一定是实事求是的。在表述中，要按照自己的习惯做适当的调整。当然，问题的解决是关键，同样一个问题，在不同的时机，需要多种不同的方法。

3. YES...IF 法则

在沟通过程中，销售人员面对的都是感性的人，即便你就异议本身处理的方法是对的、客户也知道你的解释说得通，但只要客户有情绪、有不满，就会产生新的异议。所以在处理异议时要及时地消除负面情绪，不要正面反驳客户。销售人员在表达不同意见时，建议采用"是的……如果"的句式，首先对客户的意见表示赞同，减轻对方的抵触情绪，然后用"如果"表达自己的真实想法，这样有利于说服客户。

在处理异议的沟通过程中，销售人员要始终保持积极的心态和得体的肢体语言，善于倾听，永不争论——赢了争吵，会输了订单。

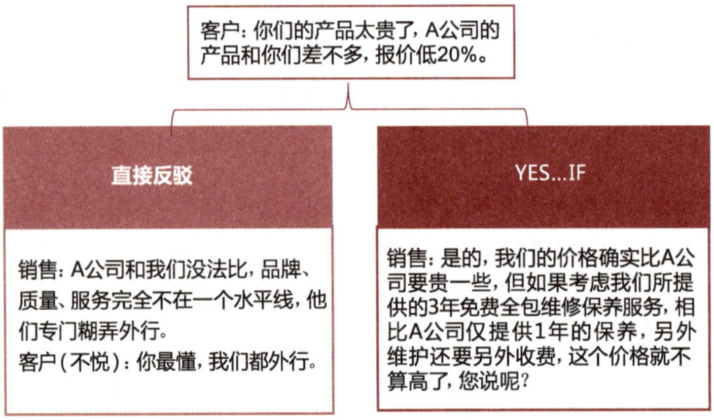

图 2-14　处理异议示例

知识要点五　促成交易话术

销售中，成交是最重要的一环。成交就是客户很肯定地做了购买决定。当销售人员取得了客户的信任，满足了客户需求，客户对所解决的问题有紧迫感时，就要主动地要求订单。要求成交的方法或话术主要有以下几种：

一、直截了当法

直截了当法就是销售人员用简单明确的语言直接要求客户购买。例如："这是订单，请您确认，我们现在就安排送货。”

成交时机成熟时销售人员可以及时采取此办法。此办法有利于排除客户不愿主动成交的心理障碍，加速客户决策。但如果时机不成熟，此办法容易给客户造成心理压力，引起反感。直截了当法适用于客户有意愿但是犹豫的时候。

二、选择成交法

选择成交法是提供给客户两个可选择的成交方案，任其自选一种，无论客户选什么，都是你想要达成的结果。这种办法可以用来帮助那些没有决定力的客户进行交易，将选择权交给客户，没有强加于人的感觉，利于成交。

选择成交法的本质是让客户避开“要还是不要”的问题，进入“要 A 还是要 B”的问题。让客户选择，主动权仍然在销售人员手中。例如：“王先生，您看是周一发货，还是周二发货?”“您是要买一个还是买套装?”

注意，在用选择成交法去引导客户成交时，不要提出两个以上的选择，因为选择太多，客户容易犹豫不决。

三、总结利益成交法

总结利益成交法是销售人员把产品特点与客户内心需求点密切结合起来，把客户最关心的利益汇总总结，重申给客户带来的利益和价值，激发客户的购买欲望，从而促成交易。但此办法必须准确把握客户的内在需求。例如：“我们都认同隔天送货能极大地减轻贵公司的库存压力、提高现金周转速度，下周一我们先签订一份供货协议，您意下如何?”

四、即时优势法

即时优势法是给客户提供即时的成交机会，促使其购买的一种办法。机不可失，时不再来，让客户觉得“再不买就得不到了”来加速成单。通常的即时优势是指在限定时间内享有优惠、赠品；购买数量有限，欲购从速；指定的数量内会享有一定的增值服务，适用于要涨价的商品。例如：“受疫情影响，最近航运压力很大，您现在下单，我们能保证在月底前到货。”需要注意的是，如果说“原材料马上要涨价，现在不买，下周就涨价了”，这不是即时优势，而是“逼单”型的最后通牒，容易引起客户的反感。

五、从众心理法

面对一款知名度不高、自己也不太熟悉的新产品，客户都会有“恐惧”心理，大部分情况下会持有一种怀疑态度，不敢轻易购买。但对于很多人都认可的产品，客户就容易产生信任和喜欢。这时，就可以利用“从众心理”引导客户下单。

例如：“这款产品最近特别畅销，不少老客户都指名要这款产品!”先说产品很畅销，再拿名人或熟人举例强化。总之，让客户相信这款产品正被越来越多人使用，这样很容易让客户有信任感，促使其更快购买。但此法不适用于自我意识强的客户。

六、以退为进法

当客户说“我再考虑一下”时，很多销售人员都会束手无策，但一名优秀销售通常会使用“以退为进法”来促成购买。

首先赞同客户，例如：“买东西就应该像您这么慎重，多花时间把价值考虑清楚。看来您对这个产品还是很有兴趣的，不然您不会花这么多时间去考虑。”客户一般会认可这种观点。

接下来可以询问，例如：“我很想了解一下您主要考虑什么?”当客户提出他所担心的价格、付款条件等问题时，以退为进：“您的要求我会向经理申请，但我需要您给个承诺，如果经理批复了我的申请，您今天就能决定下单吗？您还需要再请示其他人吗?”“今天就决定吗？预算没问题吧？您自己可以决定吗?”这些是常用的话术。

在实际工作中，促成交易还有小点成交法、小狗成交法、欲擒故纵等方法，需要销售人员根据实际情况灵活使用。

任务四　处理销售订单

学情问卷

1. 销售订单处理一般包括哪些流程？
   - ○ 客户档案管理　　○ 销售订单输入
   - ○ 订单需求展开　　○ 订货装运事宜
2. 订单完成的标志是什么？
   - ○ 签订合同　　○ 完成验收　　○ 回收货款
3. 下列哪一项对企业的负面影响最大？
   - ○ 无法回收货款　　○ 销售费用过大　　○ 丢失订单
4. 企业建立销售管理系统的原因有哪些？
   - ○ 维护老客户，寻找新客户　　○ 销售业绩预测
   - ○ 评估销售个人及团队能力　　○ 销售商机诊断
   - ○ 掌握销售人员工作状态

任务描述

请以小组为单位，列举当地市场占有率排名前三的销售订单信息系统，选择其中之一绘制“处理销售订单思维导图”。

任务指引

在获得客户的购买承诺后，进入订单处理环节。各公司使用的销售管理系统会因为软件供应商的不同而有差异，但是销售管理信息系统对企业经营带来的价值是有目共睹的。

熟悉订单处理系统的目的在于了解销售订单管理的全流程，包括订单的生成、订单的流转与订单的管理。

在进行订单处理时要关注处理原则，控制时间节点，并有意识地发掘下一次销售机会。

表 2-11　“处理销售订单”任务要素及评估指标

任务要素	评估指标
列举订单处理信息系统	系统的市场占有率，使用该系统的代表性企业信息
订单处理关键要素分析	案例丰富、有理有据
绘制“处理销售订单思维导图”	结构清晰、内容完整

任务实践要点：

1. 理解企业销售管理信息系统的功能和作用；
2. 理解每家企业自身的订单处理的特殊性；
3. 掌握标准订单处理流程的关键节点。

知识要点一 销售订单信息系统

一、销售订单的定义

销售订单是指企业进行销售业务时，预先给客户发出的含有所销售商品的名称、数量、规格、价格、交付日期及地点等信息的业务单据，表明企业与客户间的购销契约关系。

销售订单是企业和客户间签订的一种销售协议，销售订单实现企业与客户间的沟通，实现客户对企业待售货物的一种请求，同时也是企业对客户的一种销售承诺。销售订单是销售管理系统实质性功能的第一步，向上承接销售合同，向下传递至销售发货。通过订单信息的维护与管理，企业实现对销售的计划性控制，使企业的销售活动、生产活动、采购活动处于有序、流畅、高效的状态。

二、销售订单信息系统的概念

销售订单信息系统是指企业内部根据合同信息来生成订单、流转处理订单、管理订单的信息系统。它可以是企业 ERP 系统或者 CRM 系统的一个模块，也可以是独立的一个信息系统，每家企业的情况都不同。市面上有很多成熟的 ERP 系统或者 CRM 系统可供选择，当然很多企业也会自己做定制化的开发以满足企业特殊的需求。

三、信息管理系统的主要结构

信息管理系统对企业的影响是很广泛的，对以销售为主导的企业的影响则更加明显。使用系统化的管理可以大大提高企业各个部门人员的工作效率，对企业进行有针对性的市场活动推广，做各种分析报告，完善内部管理等，并带来可观的效益。系统从客户多项目管理、团队协同销售、项目跟进、多角色分析、赢单机会与风险分析、客户拜访、销售日志、销售周报及业绩预测管理等维度实现系统应用目标。

表 2-12 信息管理要点

信息管理要点	具体内容
客户信息记录	客户基本信息、主要背景信息及联系人信息，进行统一存档和管理
客户分类管理	将不同客户群体进行分类管理，如按学校的中职、高职、双高、本科等，银行的国有行、全国股份制、城商行、农商行、信用联社、村镇行等，以不同维度标签字段进行管理

（续表）

信息管理要点	具体内容
客户项目分享	同一客户会有多个不同业务单位或多个不同项目分别立项申报，由不同人跟进和销售，需将客户的多个项目分开管理
项目编号管理	针对每个项目进行统一编号定义，作为后续所有跟进、资源支持、合同、发票、回款等以及与管理、财务对接的唯一标识
项目信息展现	展现的项目信息包括客户名称、项目名称、项目编号、产品或方案、使用部门、产品数量、金额、预计成交时间、预计实现业绩、销售参与人、客户方参与人、所处阶段、竞争形势及友商等
赢单策略分析	分析客户组织结构图、决策影响者和决策链，对每位决策影响者的身份角色、积极程度、支持度、影响力、参与度及业务绩效目标、个人动机进行分析，组合评估决策结构、覆盖度及风险点
专业拜访设计	为每次销售拜访做好项目、时间及参与人等信息关联，针对拜访主谈内容等进行设计和准备，并在拜访结束之后进行拜访总结、拜访效果评估和信任度评估，提高每次拜访效率
项目跟进记录	可以看到项目跟进记录、跟进时间、跟进周期和阶段停留周期，管理者对每个销售的每个项目跟进情况可视、可控
协同日程管理	销售团队和个人可以将每周、每天工作计划通过协同日程和个人任务统一登记，形成个人日程看板、团队日程看板
智能任务提示	根据销售团队和人员业绩完成情况、漏斗充足情况、项目状态、阶段推进任务、阶段停留时间以及组织内相关经验与成交信息，向当事人进行智能跟进任务提醒，起到智能教练辅导作用
销售周报展示	根据日程任务、重要客户拜访、客户或项目的跟进记录以及对重要项目的操作维护更新，可以自动形成每个销售人员、部门的销售周报，体现工作量与工作成果
销售收入报表	根据不同部门和机构、产品线、行业等多个维度，提供单维度统计表、交叉维度汇总表（如部门产品表、产品部门表等），进行多维度的收入统计分析
销售业绩预测	根据客户和项目具体情况，自动生成销售漏斗和销售预测表，对于跟进多少客户、有多少项目、合计金额多少做到一目了然；对于有业绩缺口的团队和个人，可以及时反馈和加强管理或支持
商流财务对接	通过项目唯一标识号，实现销售合同签署、发票信息提供、回款计划与回款信息、应收账款核对等功能，根据业务和财务需要进行相应信息的传递和对接，提高各方沟通效率和工作效率
分权限查询统计	基于客户、业务、区域之间的交叉关系，需要面向某些业务团队进行特定客户群体、特定业务及特定产品的授权，在查询过程中分权限进行查看和管理

知识要点二 标准订单的处理流程

学习者对话

学生甲："赢单确实不容易，但是我觉得处理订单应该是比较简单的。"

学生乙："是呀，处理订单不就是把信息发给商务人员嘛！发送的时候核对一下信息，没有啥难度。"

学生组长："处理订单是一个销售项目的结束，说不定还是另一个销售项目的开始，我想应该有很多专业知识点和技能需要我们这些销售新手去理解和学习。"

学生甲、乙："说得也是，我们确实要认真地去了解处理订单的知识。赢取订单过程中的每一个细节都很重要。"

如何处理销售订单

订单处理（order processing）是有关客户和订单的资料确认、存货查询和单证处理等活动。具体包括从接到客户订货开始到着手准备，再到见货为止的作业阶段，多为对客户订单的品项数量、交货日期、客户信用度、订单金额、加工包装、订单号码、客户档案、配送货物方法和订单资料输出等一系列信息进行确认的技术工作。

订单处理的核心业务流程包括订单准备、订单传递、订单登录、按订单供货、订单处理状态跟踪等活动。订单处理是实现企业顾客服务目标最重要的影响因素。改善订单处理过程，缩短订单处理周期，提高订单满足率和供货的准确率，进行订单处理全程信息跟踪，可以大大提高顾客服务水平与顾客满意度，同时也能够降低库存水平，在提高顾客服务水平的同时降低物流的总成本。

一般的订单处理过程主要包括六个部分。

一、订单准备

订单准备是指搜集所需产品或服务的必要信息和正式提出购买要求的各项活动，即决定供应商、由客户或销售人员填写订单、决定库存的可得率、通报订单的信息等，可通过信息技术可大大加快这一过程的完成速度。

二、订单传输

订单传输指订货请求从发出地点到订单录入地点的传输过程，可分为两种基本方式来完成：人工方式和电子方式。

人工方式在中小微型企业中比较普遍。一些中小微型企业供应商没有部署 ERP 管理系统，其客户下订单的方式是填写纸质订单，然后发送扫描件，原件通过快递送达。

电子方式是通过管理系统进行订单传输。大中型企业供应商都会部署 ERP 管理系统，给获得认证的客户开通客户端账号，客户只需从客户端登录系统即可从系统上下单，与此同时供应商会同步更新客户订单状态。

三、订单录入

订单录入是指在订单实际履行前所进行的各项工作，主要包括：核对订货信息的准确性；检查所需要的商品是否可得；如有必要，准备补交货订单或取消订单的文件；审核客户信用；必要时转录订单信息；开具账单。通过信息技术录入订单可获得巨大效益。

销售订单系统一般都提供订单输入功能，支持迅速、方便地输入订单，并对订单进行维护。

（一）销售订单录入内容

订单录入的主要内容有：①订单号；②客户代码；③订单类型；④订单内容，包括项目号、描述、数量、价格、需求日期、交货日期、税收、单独装运等；⑤日期信息，包括订货日期、登记日期、确认日期；⑥客户信息，包括客户采购号、采购员姓名等；⑦运输信息，包括交货地点、运输路线等。

（二）确认录入内容

在销售订单的输入过程中，必须对订单的输入内容进行确认，只有被确认的订单才能作为最终需求纳入系统，销售订单的确认包括以下几个方面：

1. 可供货情况确认

可供货情况确认是对客户提出的供货要求进行确认，确认是否能按时提供客户所需的产品和数量。

2. 价格确认

根据客户提供的定价表，系统能自动对销售项目进行标价。标价通常是根据项目号、产品类型、客户类型、信用级别来确定的，但有时也需根据特殊情况做出调整。

3. 信用确认

在系统中，客户或销售订单可以被挂起。客户被挂起通常是因为信用问题，销售订单挂起则涉及信用证明收不到等特殊情况。当然，客户要求延期交货也会引起订单挂起。

四、订单履行

订单履行是由与实物有关的活动组成的，主要包括：通过提取存货、生产或采购员购进提供客户所订购的货物；对货物进行运输包装；安排送货；准备运输单证。其中有些活动可能会与订单录入同时进行以缩短订单处理时间。订单处理的顺序可能影响某些订单的处理速度，尤其是重要的订单。如果订购的货物不能立即得到，可能会出现订单分割的问题（订单分割会带来额外的信息处理和运输成本，但等到货物配齐后再执行会降低服务水平）。

订单被确认并输入系统后，就会对可用库存量和计划中的产品订货产生影响。如果计划供应量不足以满足客户订货需求，系统将在主生产计划中生成附加的需求，安排新的生产。

客户需求在产品的制造过程中有可能发生变化，如要求延期交货、订货数量调整、交货期提前等。因此，必须始终跟踪销售订单，根据变化对订单进行维护，提高销售服务水平。

当计划交货期临近时，系统会支持客户生成装运文件以加速调度。在装运文件中除了提供订单号、订单开始日期、交货期、客户代码和名称、装运信息之外，还提供一份装箱单，用于通知运输部门实施物料的装运。对于不能按期交货的销售订单，系统会自动生成一份“过期销售订单”报告。

五、订单跟踪

订单处理过程的最后环节是不断向客户报告订单处理过程中或货物交付过程中的任何延迟，确保优质的客户服务。具体而言，包括：①在整个订单周转过程中跟踪订单；②与客户交换订单处理进度、订单货物交付时间等方面的信息；③运用条码技术、互联网和相关软件随时报告何人、何时、何地收到了货物，客户可以通过互联网随时跟踪货物到了何处。

六、回收货款

回收货款指按照合同约定订货、备货、发货、安装调试和验收，以及按照合同约定支付相应款项。该阶段对应客户采购流程中的收货付款阶段，签约后客户需要做产品安装调试的准备工作，如安装环境电源和网络等。安装调试完成后，准备验收和付款。

知识要点三　订单处理的关键要素

销售订单管理的目的是规范操作流程，对整个订单执行过程实行流程化管理和责任化管理，提高工作效率和服务质量，明确各部门责任并协调合作关系。

订单处理是交易完成的最后一环，也是发现新的销售线索的第一站。订单处理的及时性、订单处理的准确性、订单处理的效能以及对完成的订单进行复盘与评估是订单处理的关键要素，对销售人员的专业度与职业素养有较高的要求。

一、订单处理的及时性

订单处理的及时性包括订单处理的先后顺序、并行处理和批量处理。

（一）订单处理的先后顺序

确定订单处理的先后顺序。例如在某造纸厂，当订单处理繁忙时，处理人员先处理订货量小、相对简单的订单，结果导致较大的订单压到最后处理，但公司往往是从这些大订单中获得更多利润。确定先后顺序的关键是把有限的时间、生产能力及人力资源配置到更有利可图的订单上。

确定订单处理顺序就是要确定优先权，常见的优先顺序遵循的原则包括：①先收到，先处理；②使处理时间最短；③预先确定顺序号；④优先处理订货量较小、相对简单的订单；⑤优先处理承诺交货日期最早的订单。

（二）订单合并与批量处理

如果完全依次按照流程来完成各项工作，订单处理时间比较长；如果几项工作同时进行，总的订单处理时间就会缩短。并行处理订单就是把几项工作同时进行，总的订单处理时间就会缩短，提高处理效率。

合并处理是根据订单买家信息，把多个订单进行汇总，然后统一发货。已经合并的订单也可以进行还原。如图 2-15 所示。

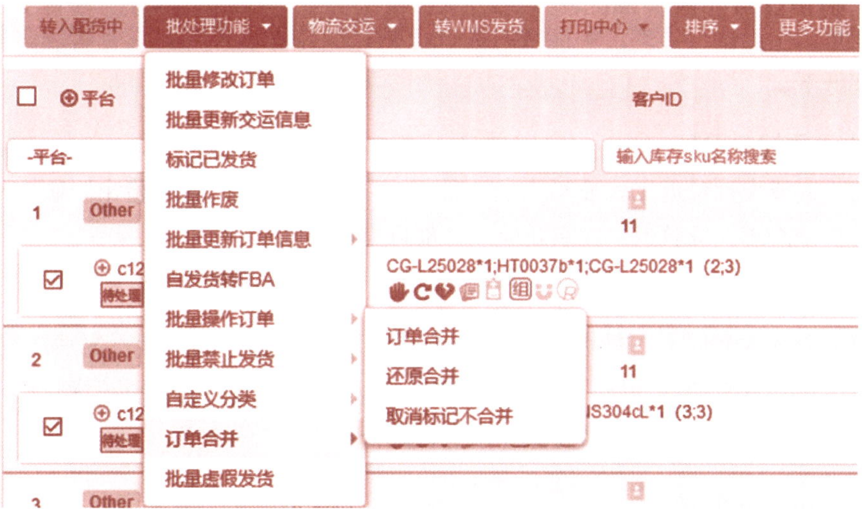

图 2-15 订单合并与还原示例

在订单较多的情况下，一个个对订单进行审核处理需要耗费大量的人力，成本也是比较高的。批量处理订单就是批量地对订单进行各种操作，比如批量标记、批量延时发货、批量打印标签、修改拣货单、改产品详情、打印发货单等。这些都可以通过 ERP 或者其他的软件工具来完成，节省时间，提高工作效率，降低运营成本。

二、订单处理的准确性

订单处理的准确性需要关注影响订单准时交货的各项要素。影响订单准时交货的因素包括从接到客户订单、原材料采购、安排生产和品质检测等至货物到达客户手中这一过程的各个环节，其中任何一个环节出现纰漏都有可能影响到准时交货。常见的影响因素有以下几个方面：

（一）接单因素

接单响应速度慢、订单分解处理周期过长、订单转换成的物料需求不够明确等导致不能对原材料进行采购，订单也就无法进行。

（二）采购因素

影响准时发货的采购因素包括原材料采购不及时、对供应商产能掌握不足、进度掌控与督促不充分、来件质量问题、物料调度时间过长等。

（三）计划与物控因素

计划、生产及物料进度协调性不强；物料计划不准，物料控制不良；物料供应跟不上生产进度，以致经常性地停工待料，交期自然变短，造成生产时间不足。

（四）生产因素

生产过程管控能力差，班组生产安排、人员配置不合理，个别工序出现严重瓶颈问题；一线员工生产执行力差，不能按时完成计划；操作管理不当，设备管理欠佳，导致生产效率低下。

（五）品质控制因素

品质不良或大批量返工，质检人员未能及时检验或疏忽大意未检出隐蔽问题，检验标准与客户标准不一导致返工或重新生产，都将最终影响出货。

（六）发货因素

拣货作业的效率低下，有遗漏的未完成的拣货单等问题导致配货不成功或发错货物。在这种订单驱动的生产模式下，需要保障整条供应链上的每一个环节正常运转，这样才能保障订单按时交付，给企业减少库存压力，降低成本，带来利润。

三、订单处理的效能

订单处理的效能包括订单的批处理和集中运输，以降低处理成本和运输成本。

（一）订单的批处理

批处理订单可以降低处理成本，不过在等待成批处理的过程中会增加相关订单的处理时间。订单批处理通常可以按接单时序、配送区域路径、流通加工需求及使用车辆需求等进行划分。

1. 按接单时序划分

按接单时序划分就是将整个接单时段划分成几个区段，若一天有多个配送批次，可配合配送批次将订单按接单先后分为几个批次处理。

2. 按配送区域或路径划分

按配送区域或路径划分就是将同一配送区域或路径的订单汇总一起处理。

3. 按流通加工需求划分

按流通加工需求划分就是将需要进行相同流程加工处理的订单汇总一起处理。

4. 按车辆需求划分

如果配送商品需要特殊的配送车辆或客户所在地卸货有特殊要求，可以将特殊形态的车辆需求订单汇总合并处理。

（二）订单货物集中运输

与订单批处理类似，为了提高处理订单的效能，可以保留客户订购的货物直至达到一定的经济运输批量，即将几个小订单的货物集中在一起，组成较大的运输批量以降低运输成本。这能较好地节约成本，但有延长订单处理时间的风险。

四、订单复盘与评估

订单到达客户停止流转后，还应该做好订单复盘与评估工作。销售人员可以对固定时间周期内从接单到结单的流程进行梳理，分析效率、总结经验，为后续订单处理的优化提供建议。

销售人员还需要对完成订单的客户进行维护，并做出潜力评估，判断是否能找到新的商业机会。对成交客户的评估需要结合公司的产品、服务、资源优势以及客户的特点等展开。通过评估，在成交客户中建立重点关注客户名单，开启新的销售流程。成交客户评估参考要点如表 2-13 所示。

表 2-13 成交客户评估参考要点

评估要点	具体内容
客户信息	使命愿景，核心业务，经营模式/赢利模式，关键指标，发展规划，组织资产规模
外部环境	从政策法规、科技进步、客户需求和竞争压力等维度评估客户的处境、所面临的挑战以及带来的机遇
业务场景	客户的业务举措、业务目标及具体的工作场景

【拓展资源】 百年老店“东生源”

“人无信不立，业无信不兴。”一个人如果失去信用，就无法在社会上立足；一个企业如果没有信用，就不会兴旺。二十四史中“信”字被频繁使用，集中表现为“信用”“信任”，还包括“自信”“诚实”“信仰”“威信”等。

在《原工商业者口述实录》中记载了深圳百年老店“东生源”的第四代传人梁柏合的事迹。该书以口述实录的形式，从全国遴选了自觉践行“以义为先、义利兼顾”，回报社会，为祖国建设做出重要贡献的工商业者。

在谈及“东生源”为何能成为百年老店时，梁柏合强调：“用现在的话说就是诚信经营，从小我父亲就告诉我，信用就是做生意的本钱。”从清末的染布、卖布，到日本投降后的布料批发，再到转战中国香港澳门地区，“诚信”二字始终与“东生源”紧紧相连。在香港借朋友的3 000元港币，梁柏合第二年就连本带息全部还清。随着“东生源”的不断壮大，经营范围扩大到金银首饰、尼龙床加工、太空衣制作、蚕丝棉被制作等，“东生源”始终以诚信和质量维护着自己的名誉。直到今天，每年仍有许多远在美国、加拿大、法国等地的华侨老客户汇款过来购买“东生源”的蚕丝棉被。梁柏合说：“卖任何东西都一样，顾客觉得物有所值才会回头，这样才会有生意。”

货真价实，童叟无欺；信任不足，成事不易。百年老字号就是本着诚信为本的经营理念，代代传承！

课后习题

1. 知识小测

【简答题】行为信号是客户在销售洽谈过程中通过其行为表现出来的成交信号，试列举三种以上的客户行为成交信号。

2. 行动学习实践

促成交易，复盘推销实战

复盘是动态连续的，是对过去所做的实战项目重新“过一遍”。复盘的步骤通常包括回顾、反思、探究、提升。

回顾：对比当时定的目标和现在执行的结果，找到结果和目标之间的差距。

反思：找出过程中主要的亮点与不足，分析亮点和不足产生的主观、客观原因。

探究：总结规律，并对规律的结论进行判断。

提升：明确后续的行动计划，以实现复盘的当下显性价值。

复盘可以帮助梳理当下的事实情况，理清当时做决定的逻辑，找到成功或失败的关键。

请以小组为单位，结合推销实战任务展开复盘，探究提升的规律与经验。

3. 同辈行为评价

罗小君是添某星办公用品有限公司的销售，正在为约见某培训机构的负责人王总经理做准备。周一公司有内部例会，周五大学同学聚会，罗小君决定周三见王总。他在时间日志上标记：周二找时间给王总打电话，约周三见面。

确定好时间，罗小君开始在电脑上列相关准备细则：

1. 客户的认知期望清单

公司提供的设备比较新，价格优势明显，还可以给客户承诺有 24 小时的维修保养服务。

2. 电话约见内容

“王总，我是添某星公司的销售代表罗小君，周三上午 9:30 到您公司给您看看我们公司最新的产品彩页，您看方便吗?”

3. 其他准备事项

注意仪表仪容，带上笔记本和小礼品。

请评价罗小君的拜访准备工作情况。

4. 案例分析

请阅读案例故事，根据小霞的情况，辅导她做好拜访准备，同时在拜访结束后，一起复盘总结评价拜访的质量。

小霞的故事

小霞：入职销售行业3个月的销售新手。王经理：小霞的直属销售经理。

小霞："王经理，我花了2周时间把区域内的客户梳理了一遍，梳理出来12家有潜在机会的客户。正在思考接下来该怎么开展工作呢。还要请老板多多指点。"

王经理："很棒！2周时间梳理出来12家目标客户！那么接下来怎么推进呢？"

小霞："王经理，我想先去拜访这些客户，一方面可以面对面地了解客户的现状，包括可能的问题和痛点，同时也可以了解关键人的想法和期望，之后再根据了解到的信息做进一步的安排。您看这样可以吗？"

王经理："不错！思路很清晰！不过，小霞，拜访前要做好充分的准备，拜访中要做好记录和确认，拜访后要及时复盘总结，如果需要帮助，随时联系我。"

小霞陷入沉思之中……

5. 自我认知测评

在推销中，获取信任是了解客户需求的前提，也是实现成单的关键因素。在和客户沟通联系时，如何知道自己获得的信任得分呢？

请结合表2-14中的主题列项，进行自我测评。

表2-14 信任得分自我测评表

评估项	说明					分值
	1	2	3	4	5	
沟通目标	不太清晰	随便聊聊，看有何价值点	比较明确	非常明确且一致	客户有所延伸和增加	
信息分享	客户保持沉默或只有只言片语	分享一些事实信息	客户分享个人看法	讨论产品方案与客户业务的问题	分享了很多公司信息	
沟通状态	质疑我们的思路	经常打断并提出挑战性问题	提出一些具体需要解决的问题	探讨需求方案的很多细节	非常专注	
会面时间	会面很快结束	基本按约定	超出一些时间	客户意犹未尽	严重超时，客户推掉其他事	
总体感觉	敌对性/防卫性	较为开放和自然	比较熟悉和坦诚	双方互相欣赏并认为有价值	双方无所不谈	

项目三

进阶复杂型项目销售

知识目标

了解复杂型销售决策链，掌握组织客户分析的基本方法；
理解规模客户的价值诉求类型，熟悉客户需求调研工具；
熟悉复杂销售采购阶段变化，掌握竞争态势研判的方法；
熟悉销售资源与销售行动的类型；
熟悉产品演示的作用、产品演示流程与技术。

能力目标

能对组织客户的决策链进行分析；
具备发掘客户需求的基本能力；
能够根据项目情境分析复杂项目态势；
能结合项目情境制订行动计划，调用销售资源；
能流畅地进行产品演示，掌控产品演示互动节奏。

素质目标

能换位思考地理解客户的价值诉求；
重视客户利益，具备以客户为中心的职业素养；
培养良好的团队协作意识；
具备较强的全局大局观念。

学习任务

任务一　识别客户角色
【复杂型销售的特点、组织客户决策角色、组织客户的需求类型、推销行动类型】
任务二　分析销售项目态势
【复杂销售的采购流程、复杂项目竞争态势、复杂销售分析工具、销售资源的类型及运用】
任务三　举办产品演示会
【产品演示的作用、产品演示流程、产品演示技术】

项目情境

商海变幻，输赢有道

——你能应对复杂销售项目吗？

电话铃响了，小霞手机显示了一个座机号码，没有备注信息，显然不是小霞经常联系的客户。这半年来，小霞都在忙一个软件销售的大订单，今天结果就能见分晓了，如果顺利拿下，今年她的销售业绩能成为公司第一，也许还会得到梦寐以求的升职机会。

对于这个项目，小霞还是很有信心的。这个大订单的采购方是S公司，当地某知名企业。随着行业竞争压力持续加大，竞争对手的产品售价接近该公司的成本价，S公司全力投入新产品研发，希望借助新产品摆脱困境。与此同时，S公司通过采购软件项目、升级软件以提高工作效率，降低成本。

小霞在这个项目中的主要竞争对手是B公司和C公司。B公司销售的能力很强，不过B公司的软件与客户的系统不兼容；C公司的软件与小霞所在公司的相比也没有优势，而且C公司的销售是个新手，销售能力不行。

小霞接通了电话，确实是S公司打来的，只不过不是小霞一直对接的李经理，是另外一位负责人赵经理。小霞与S公司的李经理的合作一直很顺畅，前期的拜访、技术交流过程中，李经理也一直对小霞有很好的印象，在多个场合都对小霞及小霞公司的服务给出了高度评价，而赵经理一直是对B公司表示支持的。此时，小霞有了一种不好的预感。

果然，赵经理在电话里通知：因为公司有其他的选择，所以取消与小霞约定的商务合同签约。

小霞挂了电话，立刻联系她在S公司的朋友，确认了S公司最后选择的是B公司的产品。小霞实在想不明白为什么最后选择的是B公司提供的产品，明明B公司的软件与现有的系统不兼容。

此时小霞要向她的销售总监回报这个项目的情况。“该从何说起呢？”小霞陷入了沉思。

请思考以下问题：

1. B公司赢取项目订单的可能原因有哪些？
2. 小霞失去项目订单的可能原因有哪些？
3. 如果你是小霞的销售总监，你会给出怎样的建议？

任务一 识别客户角色

学情问卷

1. 你认为复杂项目销售中客户的哪些行为表示了对你的支持？

○ 对产品和服务感兴趣　○ 和你的认知趋同　○ 拥护你提供的产品和服务

2. 你认为复杂项目中的关键人通常是谁？

○ 公司的总裁　○ 项目业务负责人

○ 财务负责人　○ 行业专家

3. 你认为复杂销售项目的特点有哪些？

○ 项目周期长　○ 参与决策人多

○ 需求波动大　○ 客户忠诚度低

任务描述

请根据任务情境，识别客户关键人角色，并判断关键人对项目的反馈。

M公司经营状况很好，现有办公环境多年未整修，打算重新装修一下。公司划拨了500万元专项预算。市场部、销售部、行政部、财务部经理和总裁、总裁助理是该项目的关键影响者。目前已知关键人对装修项目的反馈如下：

市场部何经理：目前的装修不能体现跨国公司的形象，期待能有更优美时尚的办公环境。

销售部丁经理：现在的装修很陈旧，几次带客户来公司都觉得很没面子。

行政部马经理：正好借此机会扩大公司面积，重新规划一下办公空间。（马经理刚升任行政经理不久，希望有所作为。）

财务部马经理：装修还可以，没必要在这方面花太多预算。

唐总裁和史助理未表态。

任务指引

在复杂营销的场景之下，销售员面对的往往是由多个人组成的决策团队。因此，弄清楚每个人在项目中的角色以及关键人对购买引发的变化的反馈，是制定销售策略的重要依据。

识别关键人的角色就是要判断项目中哪些人是最终决策者、哪些人是使用型购买影响者、哪些人是技术型购买影响者，分别用EB、UB、TB来表示。在进行关键人识别的同时，还需要考虑在关键人中的培养指导者（coach）是谁。

关键人对项目的反馈就是关键人对采购引起的变化的看法和态度。通常的态度表现为：主动改变、遇到困难想解决、多一事不如少一事、自负不接受等，分别用 G 态、T 态、EK 态、OC 态来表示。

表 3-1　“识别客户角色”任务要素及评估指标

任务要素	评估指标
分析决策团队的构成	列出客户决策团队的成员，覆盖要全面
识别客户角色	角色识别的准确性
分析角色反馈	反馈识别的合理性

任务实践要点：

1. 根据项目情境识别客户角色；
2. 根据客户的角色特点判断客户的反馈。

知识要点一　复杂型销售的特点

根据消费对象的不同，将市场划分为消费者市场和组织市场。对于面向组织市场的销售而言，往往会面临一种更为复杂的销售局面。组织市场是指工商企业为从事生产销售等业务活动，以及政府部门和非营利组织为履行职责而采购产品和服务所构成的市场。大多数组织设有专门的采购部门，有的时候其他部门的人也直接或间接地参与决策过程，共同形成决策团队。这种必须由一定数量的人进行批准或者确认之后才能做出采购决策的销售业务就称为复杂型销售。

复杂型销售往往具备销售金额大、参与决策人数多、决策周期长、需求波动大、合作关系稳定等特点。

一、销售金额大

复杂型销售中的购买者主要是企业、团体或组织，购买目的往往是为了满足其生产、经营或日常运作的需要，因此采购金额往往比个人或家庭采购者更大。而且，为了削减成本和提高效率，越来越多的企业倾向于集中采购，因此单次采购量相对较大，有时一张订单金额就能达到数千万元甚至数亿元。

二、参与决策人数多

很多组织为了规避腐败等道德风险，采购团队往往由多个人组成。有的时候，采购决定甚至由跨部门采购小组共同做出。这一跨部门采购小组由来自各个职能部门的代表组成，涉及的职能包括产品工程、质量工程、验收、采购、材料管理、运营、设计和产品研发等。因此，如图 3-1 所示，销售与采购之间的关系由简单型销售的“1 对 1”，变成“1 对多”甚至“多对多”。

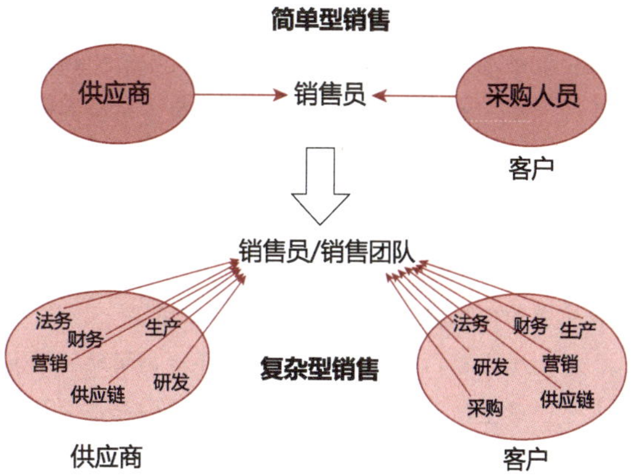

图 3-1　简单型销售与复杂型销售

三、决策周期长

参与决策的成员来自不同的职能部门，由于各部门职能不同，部门级的小目标会有不同偏重。例如，销售部的目标是完成销售指标，哪怕花费一定的销售费用；财务部的目标可能是要节省成本，这就可能产生矛盾。这些矛盾将影响部门之间的协调工作，从而导致决策周期变长。

四、派生需求，需求波动大

派生需求也称为衍生需求。组织市场的用户并非最终消费者，他们对商品或服务的需求是从消费者对消费品的需求派生出来的。例如，消费者对手机的需求将引发手机制造商对手机配件或相关材料的需求。而根据统计，若消费者对某种消费品的需求增加某一百分比，生产厂家的投资数量会以更大的百分比增加来满足这一增加的需求，西方经济学称之为加速原理。

五、合作双方关系稳定

对于供需合作双方而言，最有利于双方价值最大化的做法是达成长期合作，因为交易成本会随着交易量的增加而减少。供应方与需求方从而成为利益的共同体，供应方需要长期稳定的销路，需求方也需要源源不断的货源。供需双方能否长期合作，取决于能否通过公平和共赢建立信任，以及能否减少短期价值不对等的情况。

当销售人员进阶到复杂型销售时就会发现，“靠服务一个人就能获得订单”的思想已经不适合当前的状况了，销售人员将面对更加复杂的销售环节。真正专业的高阶销售人员，能够完美融合“关系”和“知识与方法”，并且把它们应用在解决客户问题之上。销售工作的成功，需要销售人员综合多方面条件和因素，妥善运用，逐步实现既定的销售目标。

知识要点二　组织客户决策角色

学习者对话

学生甲：“赢取简单交易订单已经不容易，现在要做复杂销售，难上加难啊！”

学生乙："销售就是要和人联结，复杂销售如果找对了人，应该也不难。"

学生甲："可是怎样才算找对人？客户的组织架构图中那么多人，要联系谁呢？"

学生乙："要找关键人！可是谁是关键人呢？"

学生组长："在复杂销售中，我们通常要根据项目来找关键人，每个项目中都有通用的关键角色，我们的首要工作就是把这些关键人识别出来。"

学生甲："咱们先从了解复杂项目中有哪些关键人角色开始吧！复杂项目中要有最终决策者、主要的使用者，还有制定采购标准者。"

学生乙："是不是还得有指导者，帮助了解客户内部的决策过程。"

学生组长："我们通过案例情境一起来分析每个具体的关键人，找到突破口。"

一、客户角色

在复杂型销售中，客户采购是一个结构化的决策过程，通常有多人参与、多角色分工和分权制衡，属于流程推进的过程。通常，销售人员在面对一个项目时，要考虑可能有哪些人参与，他们在决策中起什么作用以及他们以什么方式影响决策。基于这三方面的考虑，我们将购买角色分为四大类：

（一）最终决策者或者经济购买影响者（economic buyer，EB）

最终决策者就是我们通常说的最终拍板人，“最后签字的那一支笔”。这种人的特点是拥有最终的决策权，一旦做决定不需要再请示其他人。这类人未必是老板，也可能是一位副总、中层，甚至是一位员工，这取决于所采购的内容、金额大小、对组织的重要程度。

（二）使用型购买影响者（user buyer，UB）

使用型购买影响者作为使用单位或使用部门参与需求提出、方案评估，参与决策意见，是需求的源头，应用需求由他们提出。作为产品或方案的使用部门，他们会关注此次购买对他们后续工作方式或绩效的影响。相比于价格和规范性，易用性、功能、便捷性等对他们更重要。在具体销售过程中，业务部门主管、主管业务的高层领导，他们站在管理和商业价值的角度，更关注产品和服务对总体业务运营带来的结果和影响。下属用得好，他们的绩效自然会更好，他们是使用受益者。

（三）标准把关者或者技术型购买影响者（technical buyer，TB）

技术型购买影响者是指负责采购和评估标准制定与把关的人。他们是采购标准和规范的制定者、评审者。他们负责筛选符合标准、要求和规范的产品或方案，或许他们不是业务的行家，但他们遵守特定的标准，负责严格把关。这些特定的标准或要求可能涉及技术专业、财务要求、法务规范、采购流程等某些特定标准，所以，为了更加清晰实用，在企业级销售中，根据其职权和负责的范围分为三种细分角色。一种是标准把关者，负责产品和服务相关的专业领域内的技术标准或相关规范；一种是预算支持者，是指对预算来源与出处、对预算和支出进行审批的人员，他们或拥有相应预算资源、或负责列支预算、或负责审批相应资金、或负责检查资金合规性；一种是流程审批者，负责采购流程的组织、实施、主持，如采购中心、招标办，或者是拟采购方案或文件的流程审批者，如投资审查、法务审核等，在实际工作中，TB 更多表现为“就事论事”“公事公办”，通常就是跟着流程走。

（四）销售指导者或教练（cocah）

指导者在复杂销售中是一个非常关键的角色，对销售员具有指导作用，是销售成功的引路人。一个好的指导者会发自内心地希望销售员成功，并给予其最真实有效的信息，真心地指导销售员如何做后续的工作。一般而言，指导者与销售员构建了非常深厚的信任关系，这种关系需要结合指导者以及销售员本人自身的诉求和价值，通过合作带来双赢的结果。教练是由销售人员在销售过程中通过不断接触、不断建立和加强互信而发展来的，可能来自客户内部，也可能来自于客户外部等第三方。真正的教练，要能够给销售提供真实、独特、有价值，甚至其他任何地方都无法获得的有效信息，能够帮助销售员核实相关信息的真实性和有效性，能够反馈和评估关键人的真实态度。

值得注意的是，这四类角色不是四个人，可能是四十个人，也可能只有三个人。企业内部在长期的决策过程中，这些人都可能会给出意见，直接或间接对决策产生影响。对任何一个潜在角色的忽略或未知，可能都意味着不确定性或存在未知的风险。列出这些角色，不是说每个角色都要拜访到，销售也很少有这样的精力和实力。实践中我们有些是通过直接拜访，也有很多需要通过指导者、在拜访沟通中提问探索确认，或者通过经验观察推测验证，扫描这些角色的影响力与态度，可以让销售列举出影响结果的相关因素，直接或间接施加一些影响。

大项目之所以复杂，就是因为参与的角色太多，每个人的层次不同、想法不同、利益不同，这些人之间还会相互斗争和博弈。但是，站在销售人员的角度，销售人员必须清楚每个角色的职责和作用，来不得半点含糊。所以，分清角色的作用至关重要。

二、客户态度与支持度

（一）客户的反馈状态

态度是指各角色对“当下处境”的判断和对“未来发展”的期望。这种态度首先基于自身处境，现在是不是很好、有没有问题、有没有压力，这是一方面；同时又面向未来，可以是对未来的一种期望、期待，自己本身有什么想法、想怎么样。基于角色对现实与期望的认知不同，就会形成四种反馈态度：

1. 积极型（G 态）：我希望能变得比现在更好……
2. 被动型（T 态）：现在的情况我不得不变……
3. 佛系型（EK 态）：现在挺好的，不如不变……
4. 傲慢型（OC 态）：我比别人都好，不如以不变应万变……

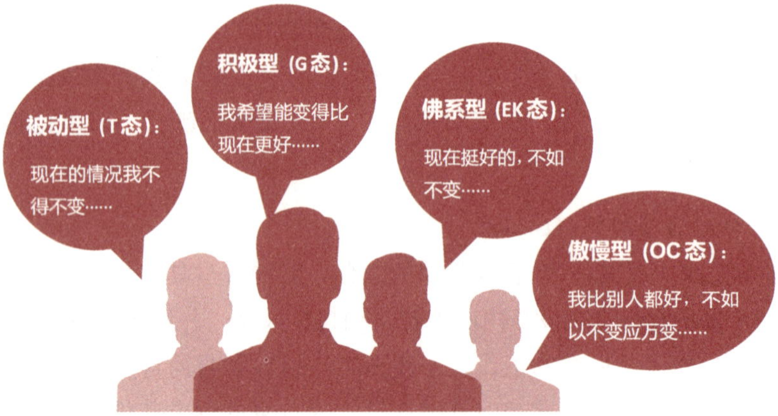

图 3-2　四种反馈态度

1. 积极型（G 态）

积极型又称为增长模式或 G 态，取自英文单词 growth。针对要决策的某个事项，这种态度的角色认为自己现状不差，没什么压力，没什么问题，但有更好的想法和期望，希望未来越来越好。而期望与现实之间的差距，就是客户希望达成和提高的地方，也是销售服务客户的机会。

2. 被动型（T 态）

这种态度的角色本来想平平稳稳过好日子，结果现实出了问题，给自己带来了损失，如果不改变，问题可能越来越严重。这种反馈态度叫“被动型”，又称困境模式或 T 态，取自英文单词 trouble。销售关注的就是他的期望和现实之间的差距，而这种差距是因为期望高、现状差而陷入了困境模式，不解决就会更麻烦，所以销售要考虑的是，是否真的知道客户问题在哪儿？我们能帮他去定义问题、提供问题的解决方法吗？我们的建议能减少或者消除客户现状和期望之间的这种落差吗？

3. 佛系型（EK 态）

有一种态度叫知足常乐、无欲无求，佛系型就是这种状态。针对某个事情，对现状满意，对未来也没什么想法、期望。佛系型又叫平衡模式或 EK 态，取自英文词组 even keel。在这种模式下的角色认为现实和期望之间没有差距，没有什么想法。这种人很难积极主动地采取行动，对当前所讨论或要决策的事情、准备采取的行动是消极态度，认为最好不要改变。销售需要了解客户真实的处境和态度想法，通过沟通和客户保持认识同步。针对这类态度的客户，销售要关注的是用什么方法或者计划可以让他的态度发生转变。

4. 傲慢型（OC 态）

还有一种态度是认为谈什么都不如现在好，说什么都黯然失色，怎么做都是班门弄斧。这种态度的角色对现状的感觉非常好，认为超过了自己的预期，不需要做任何改变，改变了不如现在。这种反馈态度叫傲慢型，又称 OC 态，取自英文 over confident。这种态度的人，行动的可能性为零。他抗拒改变，不会购买，不会接受你的建议，不允许你做出任何破坏目前良好状态的事情。这种态度是销售路上的障碍和阻力。针对这种态度的人，销售要思考的就是将他拉回现实的策略。

每一位采购决策影响者，面对提议方案或做出采购决策时都有可能持四种反馈态度中的一种。销售人员要识别他们并采取相应的行动策略。

（二）客户的支持程度

支持程度可以用来描述角色对企业的支持情况，如图 3-3 所示：用＋5 到－5 十个数字来表示不同层面的支持与反对程度。原则上，＋3～＋5 是支持的范畴，支持程度不同；－2～＋2 是中立的范畴，同时也有一些态度和倾向；－3～－5 是反对的范畴，反对程度不同。

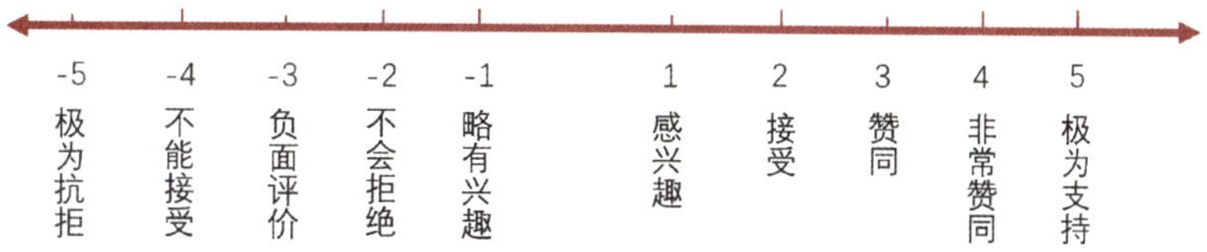

图 3-3　客户支持程度

支持程度不是对你个人也不是对你的公司，而是对你的建议和方案的反应。可能因为你们公司的实力、业界知名度，客户愿意和你所在的公司接触，但未必就一定会支持你成功；也可能他希望接触知名公司来增加自己的经验和阅历，同时知名公司有很多专业的资料和工具可以给他参考。这些都不是对你的真正支持。支持不是单凭感觉判断的，需要用证据证明他的支持度，需要用具体事件、具体情境和客户行为来描述其真实支持情况。不能臆断，不能猜测，更不能因逃避心态不愿直视，要通过与客户的沟通和探索，或向第三人了解客户的真实态度是什么。对态度的判断要基于客户的处境与动机，符合逻辑，符合常理，有理有据。

知识要点三　组织客户的需求类型

引导案例

A 公司是一家为企业提供 IT 服务的跨国供应商。近几年来，因为新技术的出现让传统的联网方式受到挑战，A 公司的核心产品市场不断衰退。

B 公司是 A 公司最主要的供应商，他们率先认识到了客户面临的困境。经过调研，B 公司认定其解决方案能够帮助客户应对其目前面临的挑战，并获得业务量长期增长的机会。

然而，由于这是一个全新的产品和技术，A 公司的管理层把它视为一个超前项目。

他们的CFO曾经表示，考虑到今年的预算问题，也许要将此项目延后。B公司的销售人员意识到，只有引起客户的紧迫感，才有可能促使A公司将采购提上日程。经讨论，B公司的销售人员推动成立了由A公司管理层、业务骨干以及外部专家构成的跨职能团队，并召开了一系列的研讨会，主要涉及市场趋势、商业价值、商业模型、客户目标等议题。不仅如此，B公司还举办了行业研讨会，使竞争者加入到技术推动的行列中来，这些行动都在传递一个信号：技术已经成熟，变革迫在眉睫。

之后，B公司制作了一个新方案的样本演示给客户的决策团队。很快，A公司做出了采购决定，并预期在接下来几个月里就将这项业务投放市场。

讨论：

B公司是怎样让A公司改变主意的？

一、组织客户的组织需求

为了完成某个既定的业务目标，企业客户会制定相应的策略和行动计划。一般而言，企业客户会首选采用内部资源解决问题，这时的需求称为内部需求；只有当客户不能单凭自己的力量解决问题，或者认为采用外部力量解决问题更有优势时，才会产生外部需求。外部需求才是销售员所盼望的“市场机会”的萌芽。然而，如果此时组织客户受到其他供应商的影响，那么外在需求也可能转变为他人的市场机会。从图3-4可以看出，培育适合本企业的市场机会是非常不容易的。

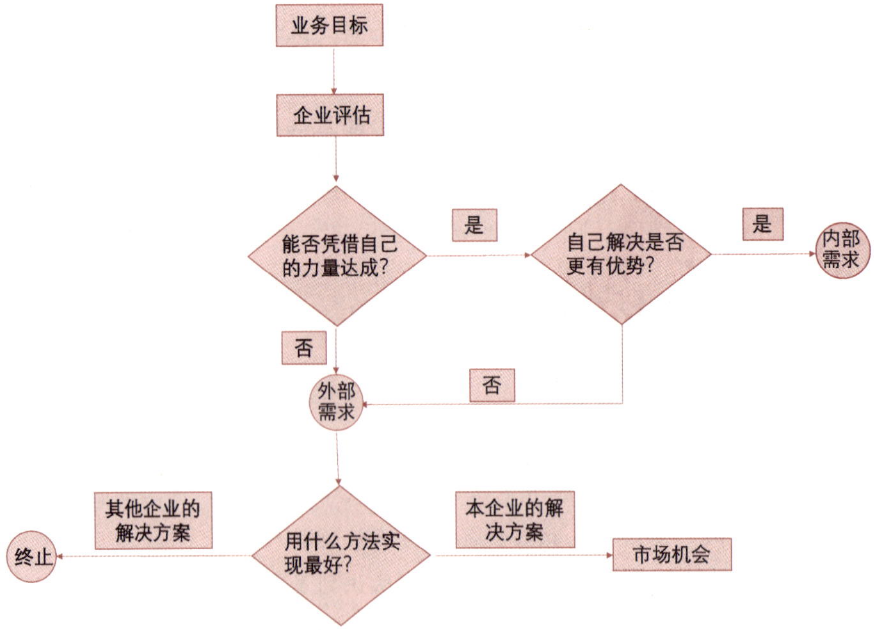

图3-4　市场机会的产生

（一）已明确的需求

当组织客户对需求十分清楚，并且在市场上已有被广泛认可的解决方案时，这种需求被称为“已明确的需求”。此时销售人员应当引导客户倾向本企业的解决方案，尽可能避免其他竞争对手的影响。在“已明确的需求”出现之后，能让销售人员发挥的空间已经不多了，与客户的交流将围绕在质量、价格、服务或品牌等与产品相关的要素上，突出本企业的产品或服务优势。

（二）未明确的需求

有的时候，组织客户虽然对需求已经十分清楚，但对于解决方案并不了解，这种需求被称为“未明确的需求”。大部分情况下，销售人员至少应该在此时接触客户，尽早让组织客户了解本企业的解决方案，突出本企业的亮点，引导组织客户将内部需求转变为外部需求，并更倾向于选择本企业的解决方案。

（三）隐性需求

还有些时候，组织客户并没有意识到自己的短板或者没有明确的业务目标，这时的需求被称为“隐性需求”。这时销售人员应该在日常拜访或者交流的过程中，让组织客户意识到自己的短板或者激活其需求，并通过论证外部有更好的满足方法以促使组织客户形成有利于本企业的外部需求。此时往往处于市场的培育阶段，只有对组织客户的业务非常了解并且与组织客户保持长期良好关系的销售人员才有可能抓住这一机会。销售人员可以通过分析客户、行业环境以及宏观环境对组织客户的需求进行挖掘。

二、组织客户的个人需求

需求是市场营销的核心。无论是个人消费市场，还是组织机构市场，明确购买者的需求都是销售人员的首要任务。在面对组织机构市场的复杂型销售中，决策单元除了承担组织赋予的角色之外，作为个人，他们不可避免地会有各自的个性和想法。销售人员千万不能忽视决策单元的个人需求。因为在组织环境中，“搞定人不一定就行”，但是“搞不定人则是万万不行的。”对于组织客户的个人需求，可以从需求层级、工作动机两个方面进行分析。

（一）需求层级

美国著名的心理学家亚伯拉罕·马斯洛在1943年发表的《人类动机的理论》一书中提出了需求层次理论。如图3-5所示，马斯洛把人类的需求分为五个层次：

1. 生理需求——指人类维持自身生存的最基本要求，包括食、衣、住、行等方面的要求；

2. 安全需求——指人类保障自身安全的需求；

3. 社交需求——包括归属于某个团体、与人交流、友谊等方面的需求；

4. 尊重需求——包括希望自己有稳定的社会地位，要求个人的能力和成就得到社会承认的需求；

5. 自我实现需求——这是最高层次的需要，它是指实现个人理想、抱负，发挥个人的能力到最大限度，获得自己认可的需求。

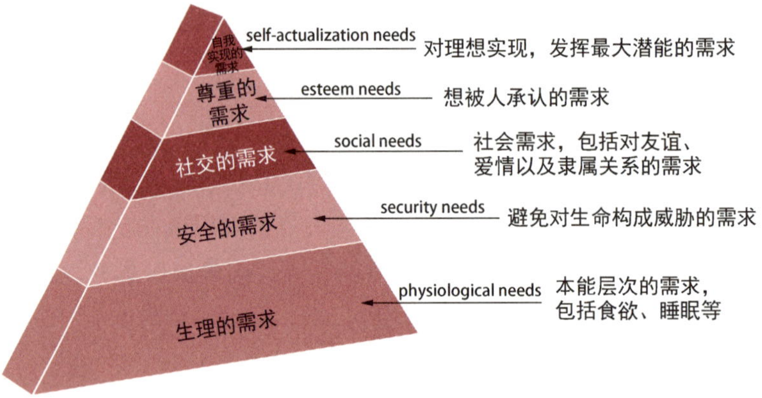

图 3-5　马斯洛需求层次理论模型

马斯洛认为，每个人都处在不同的需求层次上，当满足了该层次的需求时就会转向更高层次的需求，而已满足的需求就不再具有吸引力。也有观点认为，每个人都同时隐藏着这五种不同层次的需求，但在不同的时期表现出来的各种需求的迫切程度是不同的，人最迫切的需求才是激励人行动的主要原因和动力。例如，道格拉斯·T. 霍尔等人的研究显示，随着管理人员职位的升迁，他们的生理需求和安全需求在重要程度上有逐渐减少的倾向，但社交需求、尊重需求和自我实现需求有增强倾向。因此，销售人员必须认识到在不同组织中、不同时期的员工以及同一时期不同员工的需求充满差异，而且经常变换，只有随之不断调整销售策略，才能达成既定的销售目标。当然，满足客户的需求，必须建立在合法合规的基础之上，这是销售人员必须遵守的行动准则。

（二）工作动机

当一个人的某种需求达到足够的强度时，就会成为动机。动机将产生足够的动力驱使人行动。企业员工的工作动机各有不同，一般可以分为以下四种：

1. 奉献型，希望竭尽全力达成企业目标；

2. 进取型，想通过事业和工作的业绩提升自己，获得职业上的发展；

3. 被动型，尽量不在工作中犯错是其最重要的动机；

4. 利己型，不关心企业的目标和得失，只想通过项目使自己获利。

一个人的动机往往是深藏不露的，销售人员必须根据自己的观察判断决策单元中的每个人属于何种动机。奉献型和进取型的决策者往往是比较“激进”的，他们对新技术、新产品比较敏感，对提升企业的竞争地位感兴趣；进取型的决策者会配合企业的目标和流程以实现自己的个人目标；在管理好的企业中，奉献型和进取型员工的比例较高。被动型的决策者则比较“保守”，他们往往会选择已经认定可行的方案或已经成熟的产品，可能会为了规避风险而放弃创新。利己型决策者则是销售人员应该尽量避开的。尽管有时他在决策和采购流程中占据重要位置，销售人员也只能在合法合规的前提下把项目成功对个人的好处加以说明，做好说服工作，切不可因为眼前的利益迷失方向，违反法律法规和社会道德。不仅如此，销售人员还应该在决策团队中寻找其他的支持者，以降低项目决策对利己型决策者的依赖。

知识要点四　推销行动类型

学习者对话

学生甲：“我现在越发感觉到销售的专业性很强，以前对销售岗位的工作有误解。”

学生乙：“是啊，复杂型销售项目需要销售人员去排兵布阵，其烧脑程度不亚于做研发啊。”

学生甲：“当我们做好了项目的分析，通常可以对关键人做些什么呢?”

学生乙：“以前我可能认为就是要搞好关系，现在我知道得因地制宜地采取行动。”

学生组长：“是啊！我们要根据项目的阶段、客户的需求紧急程度、竞争的情况等制订行动计划，采取行动。我们可以先了解有哪些具体的行动类型。”

学生甲、乙：“是的，我们一起讨论吧！”

解析销售行动类型

根据客户角色、项目进程、竞争对手的反应以及销售资源等，销售可以采取不同类型的行动，包括客户拜访、需求调研、邀请客户参观、产品演示、技术交流以及方案呈现等。

一、客户拜访

客户拜访是指销售人员为了建立客户信任、促成客户行动承诺等目的拜访客户的活动。它是贯穿整个销售周期的一种行动类型。没有拜访就不会有成交，在 2B 行业尤其需要客户拜访。需要特别注意的是，在第一次拜访中销售人员要特别注意细节，建立良好的第一印象，为后续拜访奠定基础。销售人员在每次拜访客户时一定要清楚自己的目标，获取客户的有效承诺，结束拜访后要及时进行拜访复盘，评估效果。

二、需求调研

需求调研是指销售人员通过现场调研以及收集、整理和分析客户的各种信息资料或数据，挖掘客户的需求，力求与客户在问题和痛点上形成共识。不同的客户需求不同，哪怕是同一企业客户的关键人，都会因为自身职位的不同而对同一个产品产生不同的需求。比如 EB 关注的是产品的投资回报，UB 关注的是产品是否满足性能要求，TB 关注的是产品是否满足规范。因此，销售人员在项目的意向阶段应尽可能解析客户关键人的需求，关注客户需求的变化，及时响应。

三、邀请客户参观

邀请客户参观是指邀约潜在客户参观真实的样板客户。将真实的样板客户展示给潜在客户是获得潜在客户认可的最好方式。客户在做决策时，会习惯性地寻找同行业的成功案例，特别是客户首次与你方合作或是项目预算有一定规模时，客户会因为未使用过你的产品或服务、项目决策风险较大等原因而心里没底。参观样板客户就是给潜在客户提供决策的底气，让他知道同行购买了这个产品，这个产品为样板客户的商业效益或者商业升级带来了真实的帮助。

四、产品演示

产品演示指通过举办产品展示会或者现场直接演示产品等，让客户对产品有直观的了解，产生强烈的印象。在产品演示过程中要和客户有互动交流，关键步骤一定要与客户确认。对于客户的问题要仔细倾听认真回答。在演示过程中既要充分尊重客户在自身行业的权威，向客户学习，同时也要让客户感受到你的专业度。

五、技术交流

技术交流指通过技术交流会向客户展示企业的实力和最新研制的产品。客户在采购产品前，通常会去了解可能采购的各种产品的特点和益处，以便分析自己应该使用什么样的产品，因此往往会邀请相关的供应商进行交流。技术交流会是引导客户确定采购指标的关键时刻，销售人员和本公司的技术顾问与客户的 TB 展开技术交流，利用技术交流充分影响客户的采购思路。

六、方案呈现

方案呈现是指销售人员向客户展示自己的产品或服务为客户解决问题的能力，也就是展示解决方案。在当今的商业环境下，客户除了关注产品的功能和特点，更关注如何通过产品/服务来解决自己的问题。在项目的方案阶段，有效的方案呈现能提升赢取订单的概率。呈现解决方案时要注意数据化、结构化、逻辑化地呈现，清晰地展现项目的收益与回报率。

七、公关

公关指在商务、成交阶段，销售人员通过公关行动向客户的最终决策者争取支持。当客户的需求明确，你能为客户解决痛点时，恰当的公关活动可以帮助客户尽快做出购买决策。有的人认为公关就是送礼，让客户“吃人嘴软，拿人手短”，这是不正确的，上到国家规定，下到公司规章制度，都对送礼有明确的法规边界。

小知识

有人认为商人为了逐利不择手段，事实上，很多企业对销售过程有严格的管理规定。销售人员在进行推销活动时要熟悉廉政建设的各项法规。“不光彩”的销售行为将严重影响企业的声誉，也可能触犯了相关法律法规。

长城汽车公司的《合规准则》中明确规定：禁止任何员工在商业活动中收受、索取他人好处。禁止的行为包括但不限于：直接给付和收受，或通过第三方给付和收受现金、有价证券、贵重礼品、回扣、旅游、娱乐等费用，以及提供工作机会等其他非财产性利益。

《国有企业领导人员廉洁从业若干规定》第五条第二点规定，国有企业领导人员在职或者离职后不得接受、索取本企业的关联企业、与本企业有业务关系的企业，以及管理和服务对象提供的物质性利益。

《事业单位工作人员处分暂行规定》第十八条第三点也规定，事业单位工作人员在公务活动或者工作中不得接受礼金、各种有价证券、支付凭证。

有经验的销售人员将根据项目不同阶段的需要选择不同的行动。在项目初期，需求调研、技术交流或邀请客户参观会比较频繁，这些行动都是为了让我们对客户的问题及需求了解得更加细致，为提供解决方案做准备。产品演示和方案呈现是在对客户充分调研及沟通的基础上，项目到了方案阶段需要用到的行动类型。公关在销售周期的任何环节都有可能会用到，要针对不同客户的不同需求进行有利于自己的商业活动。

当然，除以上一些基本的行动类型外，实际工作中可以根据项目的发展情况制订更为适合的行动。

任务二　分析销售项目态势

学情问卷

1. 你认为谁会是企业的竞争对手？

○ 生产同类产品的企业　○ 定价接近的企业

○ 生产替代品的企业　○ 目标顾客相同的企业

2. 你认为企业的销售资源有哪些？

○ 资金　○ 销售人员　○ 管理人员

○ 外部专家　○ 时间

任务描述

请以小组为单位，结合情境，选择 A 公司或 B 公司分析项目态势，并进行项目态势汇报。

M 公司明确即将对公司进行装修，装修方案要体现公司开放、现代、专业的特点，装修预算 400 万，公开招标。唐总裁让行政部牵头，由销售、市场、财务等部门联合组织考察装修方案。选择的主要供应商为 A 公司和 B 公司。A 公司以设计见长，拥有国外一流的装饰设计团队，一直走高端路线，报价不菲，曾经与 M 公司有过合作；B 公司以施工质量组织严密见长，参与过很多重大装修工程施工。

A 公司安排设计专家到 M 公司进行了交流，在会上介绍其国内领先的设计理念，效果尚可。

市场部何经理：认为 A 公司的设计理念很好，能提升公司的市场形象。

销售部丁经理：对 A 公司的设计风格比较感兴趣，希望早日看到他们的方案。

行政部马经理：认为 A 公司还可以，在与 B 公司的接触中表示更关心环保和空间的综合利用，希望与两家公司进一步接触。

财务部马经理：认为 A 公司的设计理念先进，担心超出预算。如果实在要做，希望选择一家性价比较高的公司。

史助理旁听了会议，唐总裁未参加。

任务指引

项目进行过程中，销售人员需要分阶段对项目进行分析，对项目进行阶段性的总结，必要时还需要向上级主管汇报项目进展。销售人员必须能够准确描述当前销售项目态势。通常分析项目态势需要从客户、自己、竞争对手等三个维度展开。

首先，要清楚项目阶段在销售漏斗中属于意向客户阶段，还是方案客户阶段。

其次，要判断客户的急迫程度，客户是已经着手进行，还是以后再说。

“知彼知己，百战不殆。”最后，需要知道自己相比竞争对手在客户眼中的局势是优势、均势还是劣势。

销售人员需要根据对项目态势的判断，确定销售策略，制订行动计划，调配销售资源。

表 3-2 “分析销售项目态势”任务要素及评估指标

任务要素	评估指标
客户支持度确认	客户支持度与行动策略的一致度
项目所处阶段	阶段变化与角色影响力的匹配度
竞争态势分析	竞争态势的因果逻辑

任务实践要点：

1. 根据情境变化识别客户角色、需求及态度；
2. 准确判断项目当前所处阶段；
3. 根据竞争态势协调销售资源。

知识要点一 复杂销售的采购流程

相较于个人消费市场，组织机构市场上的采购不仅参与决策的人数更多，采购的过程也更为复杂。如图 3-6 所示，从客户企业的角度而言，复杂销售的采购流程主要可以分为六个步骤：发现痛点或提出需求；论证研讨，形成正式需求；物色供应商；确定供应

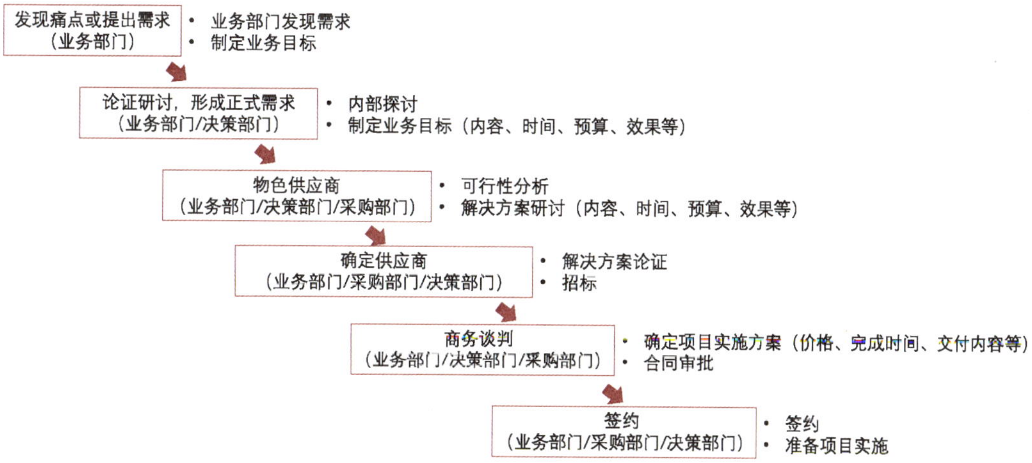

图 3-6 复杂销售的采购流程

商；商务谈判；签约。需要注意的是，这些步骤之间并没有明确的界限，有可能同时发生，也有可能会跳过其中的某个步骤。

一、发现痛点或提出需求

发现痛点或者提出需求一般发生在业务部门。业务部门在具体的工作当中发现需求，这时他们首先会判断这些需求是否能通过企业内部的资源满足，如果可以则形成内部需求，否则将形成外部需求，必须借助企业外部的资源满足。还有一种可能性是，企业的需求一直存在，只是之前客户并没有意识到或者没有发现好的解决方法。待需求明确时，业务部门会向决策部门提出需求，并明确业务目标，如“减少设备故障率”“降低顾客流失率”等。和客户保持长期良好联系的销售人员在这一阶段就会参与其中，甚至主导需求的产生或痛点的挖掘，并由此获得“先行者优势”，引导客户产生倾向本企业的需求。

二、论证研讨，形成正式需求

业务部门产生需求后会发起进一步的研讨，多方了解如何能够满足需求。业务部门会从市场上进行调研，或者邀请相关供应商进行研讨，从而形成对解决方案的概念和初步期望。在有了初步构想之后，业务部门会上报决策部门进行评估。决策部门召集各相关部门对采购大体方案、实施计划、实施难度、预算及时间目标进行可行性判断，有时也会邀请外部专家参与讨论。如果顺利通过可行性评估，客户的对外采购需求就会正式成立。此时，有经验的销售人员已经敏锐地意识到了市场机会，会通过举办研讨会或者非正式交流的方式积极地宣传本企业的解决方案。

三、物色供应商

正式需求形成之后，企业就会开始以举办研讨会、技术交流或者参观考察等方式接触潜在的供应商。此时，企业会根据采购规范成立跨部门的采购决策团队，将需求的技术部分和商务内容形成正式的需求文件。这个需求文件是后期招标方案的雏形，会对选择供应商和解决方案的结果带来至关重要的影响。各个供应商在这个阶段开始正面交锋，大家都使出浑身解数寻找自己的支持者，并不遗余力地宣传本企业的解决方案。因为在正式的招投标环境中，一旦形成正式的招标文件（标书），客户和所有潜在供应商的接触将会减少，留给销售人员施加影响的空间大幅缩水，因此销售人员必须争分夺秒在“最后时刻”前把本企业解决方案的优势表述清楚，并力争将关键优势写入招标文件。在这个阶段的最后，客户企业将会形成并发出正式的招标文件。

四、确定供应商

在规定的时间期限之内，各供应商将解决方案（投标文件）提交给客户企业，决策团队将会组织各部门进行评审，有的时候客户企业还可能邀请第三方专家参加评审工作。一般而言，为了体现公平、公正和公开的原则，评审工作往往将封闭进行，以避免任何供应商的干预。评审一般会从技术和商务两个方面进行排名。评分结果形成后，会经过各个部门尤其是决策者的最终“拍板”。一旦公开宣布，就算是供应商对结果抱有异议，能够“翻盘”的可能性也十分低。在这个阶段，销售人员只能在供应商允许的范围内与客户企业进行接触，或者从一些非正式的渠道了解信息，可以发挥的空间已经不多了。

如果客户企业采用非招标的购买形式，那么这一阶段有可能和上一阶段融合在一起。客户企业将通过不断与潜在供应商交流以确定最终的供应商和解决方案。

五、商务谈判

进入商务谈判的供应商可以说胜利在望了。但销售人员依然不可以掉以轻心，因为这时商谈的细节与后期项目的执行（交付内容、商务条款、时间期限等）息息相关。商务谈判一般会以客户或者供应商的合同版本为模板，加上双方认可的其他条款。在所有的问题都达成协议之后，供需双方会形成正式的合同文本并交由各自企业进行最后的内部审批。项目到了这一步，出现变数的可能性越来越小，但终究还没有签署合同，销售人员哪怕到了最后的一分钟都不能疏忽大意。

六、签约

在正式的合同文本通过审批之后，双方可以进入最后的签约阶段，此时项目合作正式开始。对于销售人员而言，此时并不是销售工作的终点，而是新的起点。项目的执行情况将直接影响后期客户关系的建立。

从组织机构市场的采购流程不难发现，相比于个人消费市场，复杂型销售是典型的“农耕式”营销。正如农民耕种需要开垦、播种、灌溉、除草除虫等一系列工作才能最终获得丰收一样，复杂型销售也需要漫长的市场培育。只有与客户保持长期良好的沟通和联系，建立互利互信的合作基础，才能发现更多的商机；只有未雨绸缪，谋篇布局，才能获得最终的胜利。

知识要点二 复杂项目竞争态势

一、竞争结构分析

企业竞争会以不同形态、不同方式和不同强度出现。进行竞争结构分析能够帮助企业提高对竞争的敏感度，掌握整个市场的竞争状况，更好地了解整个市场的竞争强度。在分析个人消费市场时，可以分别从行业的角度和市场的角度对市场的竞争结构进行分析：前者的理论是迈克尔·波特的五力竞争模型，后者则把竞争者分为品牌竞争者、行业

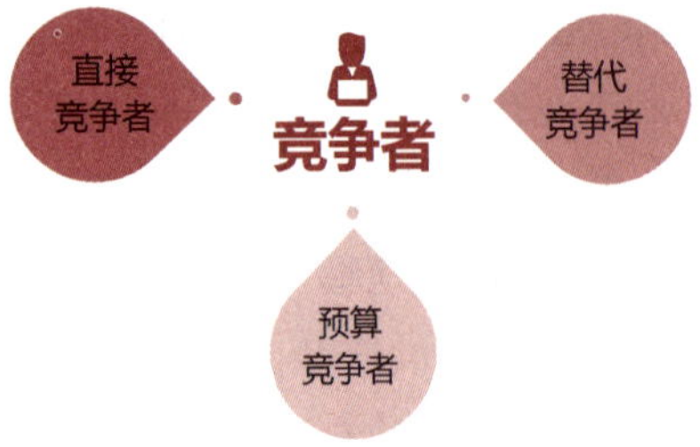

图 3-7 企业的竞争者

竞争者、需要竞争者和消费竞争者。而在组织机构市场中，由于客户企业的项目复杂性更强，预算控制更严格，因此组织机构市场中的竞争情况远比个人消费市场更为复杂。

根据竞争企业提供的产品或解决方案的不同，可以把企业的竞争者分为直接竞争者、替代竞争者和预算竞争者，如图 3-7 所示。

（一）直接竞争者

直接竞争者，是指那些使用相似的技术、产品或解决方案，与本企业在同一项目上展开竞争的其他企业。这种竞争有时又被称为迎头竞争（head-on competition）。一般而言，企业对直接竞争者会保持长期关注，对竞争对手的优势、劣势、工艺技术、研发能力甚至外部资源等都有非常清楚的了解，有些企业还会专门收集直接竞争者的相关信息并进行分析。与直接竞争者的竞争是非常激烈并且残酷的，它往往体现在细节层面，比如价格、交付速度、售后服务、客户关系等。有时为了争夺可观的利益，还会陷入“价格战”等恶性竞争，最后造成两败俱伤的局面。

小故事

在华为和中兴的官方文件中，双方都互称对方“友商”，然而在私底下，华为称中兴为“26”（ZTE 的首字母为 26 个英文字母的最后一个），中兴称华为“扇贝”（华为之前的品牌标志有点像扇贝）。假如你在电信或者移动的办公楼里遇见两个穿着西装、斜挎着笔记本电脑或者公文包、互相不打招呼的销售员，那极大概率是中兴和华为的员工。

得益于 20 世纪 90 年代初期国家一系列的扶持民族通信品牌的政策，华为与中兴双双快速崛起。在当时的电信市场，华为和中兴共同面对诺基亚、爱立信等国外“巨人”的竞争，但这并没有让两家本土企业“惺惺相惜”。相反，华为与中兴摩擦不断，常常在销售渠道和价格上出现各种各样的竞争，甚至有传言说，华为和中兴的销售人员如果在竞争中丢了单，如果遇到的是其他运营商，失去的可能是奖金，如果是被对方赢走订单，失去的就是职位了。

1998 年，华为为了抢占市场，在给客户的交换机说明书中加入了大量与中兴的对比数据。中兴知道后迅速反击，起草了一份中兴电源与华为电源的数据对比发给目标客户。接着，华为率先状告了中兴故意引用失实的数据来误导消费者，并且侵犯了华为的合法权益，要求赔偿 1 800 万元。中兴则用同样的理由要求华为赔偿 2 250 万元。这是两个运营商第一次真正大动干戈地“闹”上法庭。审判以华为共赔偿中兴 90.5 万元告终。

华为输了吗？表面上看好像是这样，但由于媒体的大肆报道，华为的知名度大大提升，相当于是做了免费的广告。

（二）替代竞争者

替代竞争者，指与本企业技术、产品或解决方案完全不同却可以实现相似功能的其他企业，这些竞争对手可能活跃在与本企业所在市场相关联的市场中，由于掌握了新的技术、开发出新的产品或者创造出新的解决方案才能进入当前市场。由于替代企业并未在当前市场进行运营，并且拥有完全不同的产品或服务，所以可能会被销售人员忽略，直到订单被抢走才“追悔莫及”。因此，销售人员应当建立一套早期预警系统，对行业中的新技术和新产品保持敏锐的嗅觉，对可能出现的竞争者时刻保持警惕；不仅如此，一旦出现替代竞争者，销售人员应该尽快了解它们的产品或服务形式，如技术、成本、效益、成熟度、优势及劣势等，这样才能够有针对性地制定后续的竞争策略。

（三）预算竞争者

预算竞争者，指与本企业不在同一行业却使用客户企业同一笔预算的其他企业。这是客户内部各种项目之间的竞争，在组织机构市场中比较常见。由于企业的预算相对比较严格，所以有时候企业会将不重要或者不紧急的项目延后执行甚至取消。销售人员一定要重视并防范这类竞争，这就需要对客户企业进行“全面覆盖”，不仅要关注业务部门、决策部门等与项目相关的部门，还要与财务部门建立良好的关系。面对“预算竞争”，销售人员要在采购流程的初期发现痛点或提出需求，并形成正式需求，就要明确预算来源、预算种类（资本性支出、费用开支、成本支出等）、预算申请部门等。当然，最为关键的是要充分论述项目的重要性并取得决策部门的认可，由此才能使项目从众多预算竞争者中脱颖而出。

综上所述，企业的竞争对手可能来自多个方面，销售人员首先应该对整个竞争结构有大致的了解，并对企业当前所面临的最严峻挑战做出判断，接下来对企业最主要竞争对手进行评估。

二、竞争者分析

根据竞争对手在客户企业业务中所处的竞争地位、竞争对手的目标以及对竞争对手的行动预测等方面的信息，销售人员应该能够判断并选择出企业最主要的竞争对手，对其进行全面、详尽的分析。可利用综合评分表或者 SWOT 矩阵进行竞争对手评估。

（一）企业竞争分析综合评价表

在大多数的情况下，销售人员可以从企业资质、技术、产品、服务、资源以及关系支撑这几个方面对竞争对手进行评估。根据客户企业的评价标准，为每个维度设置相应的权重，然后根据每一项的评分得出总分。通过不同竞争对手及本供应企业的得分对比，可以比较直观地看出本企业在项目中的优劣势。

图 3-8 是某个企业的竞争分析综合评价表。从中可以看出，在此次竞争中，A 企业具有最大的竞争优势，B 企业略逊一筹，而本企业居于两者之间。与 A 企业相比，本企业主要落后在技术领先、售后服务、客户信用条款的灵活度、外部专家支持和客户企业决策单元支持几个方面，而优势则体现在品牌优势、产品或服务质量、产品或服务价格

三个方面。因此，为了在竞争中取胜，本企业还需提升技术、改善售后服务、改变客户信用条款、寻求外部专家支持和提升客户关系，这为制订下一步行动计划提供了参考。

企业竞争分析综合评价表							
企业优势评价	评价要素权重	本企业评分		竞争对手 A 评分		竞争对手 B 评分	
		得分	得分×权重	得分	得分×权重	得分	得分×权重
企业性质（如外资、合资、国企、央企、民营等）	5	8	40	8	40	8	40
品牌优势	10	10	100	8	80	6	60
技术领先	10	8	80	10	100	6	60
产品或服务质量	15	8	120	6	90	7	105
产品或服务价格	10	9	90	6	60	10	100
售后服务条款	10	8	80	9	90	7	70
产品交付信誉	10	8	80	8	80	8	80
客户信用条款的灵活度	5	5	25	8	40	5	25
外部专家支持	5	8	40	10	50	6	30
客户企业决策单元支持	20	7	140	9	180	6	120
合计	100		795		810		690

图 3-8　企业竞争分析综合评价表示例

运用竞争分析综合评价表进行评估，可以对竞争态势进行直观全面的分析，但它的准确程度取决于销售人员能否掌握竞争对手的详细信息，以及是否了解客户企业对于各供应商的评价标准和权重占比，这要求本企业不仅要有强大的竞争对手分析团队，还要与客户企业建立和保持良好的关系。

（二）SWOT 矩阵竞争对手分析法

SWOT 矩阵是一种传统但是简单好用的分析方法，由美国旧金山大学管理学教授海因茨·韦里克在 20 世纪 80 年代提出。它原本是企业基于自身的视角对自己在某个环境中的竞争状态进行全面、客观的分析的方法。SWOT 由四个英文单词的首字母组成，SWOT 矩阵就是要把企业在所处的竞争态势中所拥有的优势（strengths）和劣势（weaknesses），并由此而面临的机会（opportunities）和威胁（threats）清晰地呈现出来，从而为企业的决策和行动提供实质性的指导。对竞争对手进行 SWOT 矩阵分析要站在竞争对手的角度，尽可能客观、全面地进行分析。我们必须认识到，任何一个竞争对手企业都是一个复杂的个体，只有广泛地获取信息，才能准确地勾勒出竞争对手的整体情况，立体地呈现出竞争对手的模样。

表 3-3 总结了 SWOT 矩阵中企业常见的优势、劣势、机会及威胁。销售人员在对竞争对手进行 SWOT 矩阵分析时，首先要考虑客户企业关注的重要因素，当然也不能忽略其他因素，应尽量保持客观和全面。在 SWOT 分析之后，销售人员应该尽量判断出竞争对手的目标和可能采取的战略。如果对手是客户企业目前最主要的供应商，那么它的目标很有可能是保护它的现有份额或者核心业务，因此也许会以防御型策略为主；如果对手是来势汹汹的替代竞争者，那么它的目标则有可能是推进创新技术或产品对传统供应商的替代，因此也许会以进攻型战略为主，或者仅仅瞄准某项业务或者某个领域展开行动。销售人员可以据此制订下一步的行动计划。

表 3-3　SWOT 矩阵分析法

外部因素	潜在外部威胁	潜在外部机会
	市场增长较慢	纵向一体化
	竞争压力增大	市场增长迅速
	不利的政府政策	可以增加互补产品
	新的竞争者进入行业	能争取到新的用户群
	替代品销售额正在逐步上升	有进入新市场的可能
	用户讨价还价能力增强	有能力进入更好的企业集团
	用户偏好逐步转变	在同行业中竞争业绩优良
	通货膨胀递增及其他	扩展产品线满足用户需要及其他
内部因素	潜在内部优势	潜在内部劣势
	产权技术	竞争劣势
	成本优势	设备老化、资金拮据
	竞争优势	战略方向不明
	特殊能力	竞争地位恶化
	产品创新	产品线范围太窄
	具有规模经济	技术开发滞后
	良好的财务资源	销售水平低于同行业其他企业
	高素质的管理人员	管理不善，相对于竞争对手的成本高
	公认的行业领先者	战略实施的历史记录不佳
	买方的良好印象	不明原因的利润率下降

三、竞争形势分析

分析竞争形势是为了更好地制定销售策略，任何对形势的误判都会直接影响到战术结果。通常可以将竞争形势分为以下四类：劣势、平手、优势、单一竞争。

（一）劣势

竞争中处于“劣势”是指在项目竞争中有很多不利的因素。比如竞争对手的方案已经赢得客户关键人的认可，或者支持你的关键人处于内部斗争的下风等。总之竞争对手已遥遥领先，必须做出策略性的改变。

（二）优势

竞争中有“优势”是指本企业在客户认知层面上领先于竞争对手。比如客户认为本企业的产品方案能更好地满足他们的需求，或者获得了更多客户关键人的支持等。在这种情况下，供应商要尽可能地加强自己的优势，同时关注竞争对手的行动，以自身优势平衡劣势，把项目向成交的方向推进。

（三）平手

“平手”，顾名思义，就是和竞争对手在项目中旗鼓相当。这种情况下，供应商必须找到让客户认为更有价值的地方，或者具有不可替代的优势，从而领先于竞争对手。

（四）单一竞争

“单一竞争”是指没有其他竞争厂商介入，项目中只有客户和独此一家的供应商。随着市场规范化程度的提高，这种情况越来越少，仅在一些特殊的采购条件下发生，往往可遇不可求。单一竞争并不代表供应商稳操胜券，客户只能选择你。即便是在单一竞争中，客户仍然可以将项目搁置，甚至不做，而这些其他的选择，都将是供应商面临的“潜在竞争对手”。

学习者对话

学生甲：“我最愁做销售项目态势分析报告了，有没有一劳永逸的项目形势分析啊？”

学生乙：“销售是没有硝烟的战争，不确定性太多了，没有捷径可走的。”

学生组长：“销售项目态势是不断变化的，不过分析项目态势是有方法可循的。”

学生甲：“那我应该从哪些方面分析呢？”

学生乙：“当然是要找到自己的优势、劣势。”

学生组长：“进行项目态势分析要有全局观，不能只见树木，不见森林。”

学生甲、乙：“那我们赶紧学习科学的方法，做好项目分析吧。”

三维动态观局势

知识要点三 销售资源的类型及运用

引导案例

A公司是一家主营办公信息系统的企业，它不仅向客户提供产品，还在产品保修期后为客户提供有偿的维修服务。B公司是A公司的一个关键客户。在使用信息系统时，B公司发现从A公司购买的服务器出现了故障，这个故障导致B公司近半年的考勤记录无法正常导出，将影响年终考核的进行。于是B公司立刻联系A公司的维修服务部提出服务申请。

A公司的服务部接到请求并查询系统后反馈：该服务器已过保修期，需要先购买延期保修服务，然后才能派工程师上门服务。此事关系到B公司所有员工考核和年终奖的按时发放，十万火急。而购买延期保修服务需要走复杂的审批流程，不可能立刻完成。然而，A公司的服务部坚持没有保修合同或不付费就不能上门服务。

无奈之下，B公司向A公司的销售经理提出“抗议”，指责A公司不为客户着想，并表示非常气愤。这一事件无疑将严重影响两个公司之间的合作关系。A公司的销售经理立刻向总经理汇报并请求帮助。为了这个关键客户，A公司的总经理马上协调资源，并做出担保，让服务部先解决关键客户的问题，立即派出工程师上门维修，此事才得以解决。在解决完问题之后，B公司非常满意，又继续购买了保修服务，并承诺进行下一轮新设备的采购。

讨论：

这个案例给你怎样的启示呢？

学习者对话

学生甲：“采取销售行动需要资源，初出茅庐，我好像没有啥可用的资源。”

学生乙：“你还有我呀，还有我们的学习团队，所以并不是一无所有，我们自己就是人力资源，而且我们有可以利用的时间。”

学生甲：“你说得有道理，你这种积极的心态也是很好的资源，向你学习。”

学生组长：“成功的销售专业人士，在资源调配使用方面也是很有效率的，专家、技术支持人员也是资源。我们再动动脑筋，看看还有哪些资源是可以为我们服务的吧。”

学生甲、乙：“好的，我们一起绘制我们的资源池吧！”

组织机构市场的销售是一种复杂型销售，即在大多数时候销售人员面对的是来自客户企业的决策团队，因此销售人员“单打独斗”几乎是不可能的，必须构建面向关键客户的销售资源。这些资源不光有内部资源，也可以使用外部资源。成熟的销售人员总是能够在恰当的时机调动适合的资源。但是，销售人员必须认识到动用资源有代价，因此一定要合理地调配资源，提高资源使用效率。

一般而言，销售资源由四部分组成：企业内部重要客户管理团队、客户企业关系支撑团队、企业外部专家团队以及客户管理信息系统。

一、企业内部客户管理团队

为了更好地为关键客户服务，很多企业会打破原有的部门界限，构建一支由多部门成员组成的客户管理团队。一般包括以下成员：

（一）高层管理人员

由于客户管理团队的成员来自不同的部门，所以任命高层管理人员担任团队的领导者才能更好地协调和管理各部门的资源。有时，为了更好地为重要客户服务，企业不得不做出艰难的抉择，以牺牲其他客户为代价将企业资源有侧重地分配给重要客户，这一点仅凭基层员工是无法完成的。不仅如此，有些时候只有与客户企业建立高层关系，即企业战略层面的关系，才能与客户企业构建“紧密”的联系。这种高层关系必须由双方地位对等的高层管理人员负责维护，而定期的高层拜访也是增进双方关系不可缺少的内容。

（二）重要客户经理

重要客户经理是整个客户管理过程的总指挥，他一方面要和客户企业保持良好沟通，另一方面也要与本企业内部各相关部门联系，协调各项资源；还要在合适的时候安排双方高层管理者之间的会谈和交流，甚至在必要时还要调动企业外部资源（如外部专家等）。随着外部环境的变化，重要客户经理还要积极向企业管理层汇报，并相应地改变战略。因此，毫不夸张地说，重要客户经理是整个客户服务过程的核心，必须选择有能力、有经验的员工担任这一职务。在很多公司，这一职位往往由销售总监或主管担任。

（三）关键客户经理

关键客户经理是日常客户管理工作的实际执行者，往往直接由销售人员担任。在不同的企业，他们的称呼会有所不同，比如服务专员、服务顾问等。关键客户经理一方面负责开发和管理客户关系、日常拜访客户、制订并执行重要客户行动计划、实现企业对重要客户的绩效目标以及管理重要客户信息系统；另一方面，他们要了解并向企业传达客户的各项需求，掌握竞争对手的最新动态并及时通报本企业，同时还要拒绝客户提出的有损企业利益的各种“不合理”要求。关键客户经理是重要客户与企业之间沟通的桥梁，是双方企业相互了解的窗口，一般由资深销售人员担任。

（四）相关部门员工

在复杂型销售场景中，为了与客户企业保持长期合作和良好关系，销售人员必须依赖企业内部的各种资源以实现对客户企业的售前、售中、售后的全流程覆盖。在售前，专家和售前技术支持是最大的助力，通过他们去引导客户或者解疑释惑；在项目实施的过程中，交付的时间计划、顺利部署实施、技术和使用问题等，都需要工程部或者研发部的同事予以支持；而在项目交付后，售后服务人员还要保持对客户的持续服务，才能保证“客户满意”，从而达到“客户忠诚”。由此可见，只有协调好各部门的资源，大家目标一致，才能更好地为客户服务。一个成功的销售人员，不仅要服务好外部客户，还要和“内部客户”保持良好的关系，这样才能在工作中事半功倍，游刃有余。

二、客户企业关系支撑团队

客户企业关系支撑团队是指那些在客户企业内任职、与本企业销售人员关系良好的人员。在很多时候，销售人员必须依靠客户企业的“内部关系”才能先人一步了解项目信息、竞争对手动态以及其他很多有价值的信息，有些处于关键职位的人员还会在采购决策过程中发挥重要作用。因此，客户企业关系支撑团队是销售人员不可或缺的销售资源。一个成功的销售人员不仅会和客户建立良好的工作关系，很多时候也会在长期交往中与客户形成私人友谊，基于此产生的信任感将帮助企业在客户选择供应商时获得加分。重要客户主管有时会根据销售人员的不同特点进行“排兵布阵”，从而形成针对客户企业的覆盖网。

客户人员（姓名，职位）	本企业人员（姓名，职位）	关系性质
Tony Jackson，总经理	张林，总经理	相识，共同参加过研讨会
Tony Jackson，总经理	李文，研发部经理	亲密的朋友，大学校友
Anthony Benton，运营总监	王伟，重要客户主管	良好的工作关系，共同执行过项目
Peter Wilson，采购主管	林立，外部专家	共同参加过研发项目，关系良好
William Harris，采购专员	刘亮，重要客户经理	有共同的留学背景，建立联系中
……	……	……

图 3-9　客户关系展示表示例

三、企业外部专家团队

现实中，第三方人士的评价总是比销售人员本人“自卖自夸”更容易获得购买者的信任。在组织机构市场中，有实力的企业会邀请业内知名的专家学者、有公信力的媒体人或者意见领袖甚至其他客户企业等为自己发言，这样更容易减少客户的抗拒心理，达到“润物细无声”的效果。

值得注意的是，企业之前的客户是销售人员很好的助力。以往的成功案例将激发客户的兴趣、增强客户的信心，是企业非常重要的经验和成功经历的佐证。企业可以把成功案例整理成宣传资料供销售人员使用。有些关系好的客户愿意接受企业的邀请，或者提供参观场地，或者接受采访，这将是最高级别的客户背书。

四、客户管理信息系统

在信息化的时代里，越来越多的企业开始使用信息化系统。作为专业的销售人员，为了确保信息的高效流动并从大量繁杂的信息中迅速提取有用信息，信息管理系统是必不可少的工具。客户管理信息系统的诞生，为销售人员提供了极大的帮助。它以客户为中心，集成了客户关系管理思想和先进技术成果，能够帮助供应商处理和管理与客户之间发生的所有关系。

任务三 举办产品演示会

学情问卷

1. 你参加过何种类型的产品演示会？

○ 线下产品演示会（展览会、产品发布会） ○ 线上产品演示会（直播、3D演示）

○ 都没有参加过

2. 企业举办产品演示会，销售人员至少要邀请多少名客户到场？

○ 1人 ○ 2～4人 ○ 5人以上

任务描述

请选择功能参数较为复杂的产品，例如多功能办公设备等，熟悉产品信息，以企业客户为目标客户，制订某主题产品展示会流程，并进行产品演示练习，录制视频，记录演示过程。

任务指引

产品演示会是面向企业客户的一种很好的促销方式，是促成交易最有效的方法之一。要举办产品演示会需要责任人对资源整合、流程梳理等有专业的理解。在产品演示会中做好专业的产品演示并不容易，需要反复练习，熟能生巧。

在进行产品演示前，建议先熟悉产品所在企业的信息、产品的功能信息以及竞争对手的相关产品信息。同时，需要结合目标客户的特点，分析目标客户的角色，准备产品演示的内容。在产品演示的过程中要有与客户互动的意识。特别重要的是在产品演示最后要有促成销售的动作，尝试成交。

表 3-4 “举办产品演示会”任务要素及评估指标

任务要素	评估指标
产品演示会筹备清单	丰富、完整
产品演示	流畅、互动性
演示视频呈现	“2＋20”法则的应用

任务实践要点：

1. 熟悉产品演示会的流程；
2. 能将复杂的信息进行图形化、简单化的呈现；
3. 产品演示需要反复练习。

知识要点一　产品演示的作用

一、产品演示的定义

产品演示就是对商品进行详细展现，包括产品的规格、款式颜色、功能用途以及操作方式等所有详细信息，以加深客户对于产品的了解，并促进其做出购买决策。

产品演示适用于个人消费品推销，也常用于企业客户的功能型产品的推销。

从广义上说，产品演示是现场介绍展示产品的特性与优势，以“眼见为实”促进消费者购买，是一种立竿见影的促销方式，适用于简单的个人消费型产品。但是对于企业级采购的复杂型产品，单单介绍产品功能是无法影响客户决策的。

在实际的销售工作中，尤其对于大客户销售，成功的产品演示对成交的帮助是显而易见的。演示产品的特点、性能和服务能针对性地解决客户的问题，满足客户的需求，而且在产品演示的过程中，通过观察客户的反应和客户的即时沟通可以及时调整演示的内容，取得客户的信任也是成交的关键所在。

这就需要销售人员掌握产品演示的流程及技巧，不断练习，产品演示能力的提升对销售人员销售素质的提升也有很大的帮助，因此很多大公司将产品演示作为销售人员基本功不断进行培训和考核。

需要注意的是，产品演示不是演讲，也不是答辩，更不是对客户进行培训。尽管在表达和现场互动技巧上，演讲、答辩、培训和演示都有相通的地方，但产品演示的核心在于推销产品和服务。

表 3-5　产品演示、演讲、答辩与培训之间的差别

	产品演示	演讲	答辩	培训
目的	展示产品，影响客户，产品推销	阐述观点	考核	传授操作
过程	形式多样	连续，不会被随意打断	不连续，随时可能被提问	以连续居多，偶尔会被提问打断

二、产品演示的类型

一般而言，产品演示可以包括实物演示和虚拟展示两种：实物演示，指通过产品发布会、展览展会、零售端展示、企业展厅甚至与客户合作等形式进行产品演示；虚拟展示，指通过宣传媒介进行展示，包括电视宣传、报刊杂志、网络媒介等形式。

（一）产品发布会

产品发布会，在很多时候也叫作新品发布会，是企业将新产品推介给客户时常用的宣传方式。对于企业而言，举办产品发布会也是联络、协调客户关系的一种重要手段。企业会将其相关的客户或者潜在客户邀请到一起，在特定的时间和特定的地点举行一次会议来宣布新产品的诞生。大家比较熟悉的苹果一年一度的新品发布会，被业界奉为“成功的典范”。

小知识

产品发布会最常见的邀请对象一般包括：企业的各类客户、媒体工作人员以及嘉宾。企业通过召开产品发布会向客户介绍新产品、拓展新客户以及维护客户关系。一次成功的产品发布会，能够引起客户对于新产品的兴趣，企业的销售人员应该抓紧这一机会，与客户约定随后进行更深入的交流。

媒体往往也是产品发布会不可缺少的邀请对象。媒体的宣传能够提升企业和产品的知名度和社会影响力。企业需要根据产品的特性和定位来选择合适的媒体，比如科技类的产品可以邀请腾讯科技、网易科技等媒体。

产品发布会的嘉宾往往能够成为发布会的加分项。比如业界的大咖出席可以令发布会增色不少，甚至有很多参会观众就是冲着活动嘉宾的分享而来的。

（二）展览和展会

自 1999 年国内正式提出会展产业开始，会展已经成为国内高速发展的产业之一。据统计，仅 2011—2016 年，我国举办的各类展览数量从 6 830 场上升到 10 519 场，展览面积从 8 120 万平方米上升到 13 264 万平方米。会展孕育着巨大商机，为会展组织者、参展商、观众提供彼此联系和交流的机会。在短短几天的会展期间，参展商可以接触整个行业或市场的大部分客户，可能比登门拜访等其他常规方式一年甚至几年所接触的客户还多。不仅如此，展会参加者在专业展会上还可以接触到行业主管部门领导、本领域专家、竞争者、代理商、用户等与其相关的各种角色，其中不乏决策人物、关键人物，有助于形成高质量的人际联系。除此之外，大部分的参展者有明确的目标，从而能够提高交易的效率，缩短交易的周期。正因为如此，很多企业也把参加展览和展会作为市场拓展、产品演示和促进销售的重要平台。

（三）产品的虚拟展示

随着信息技术的不断发展，产品的虚拟展示从二维发展到三维，从图片展示转变为图像、声音等全方位的展示，传播媒介越来越多样化。不仅如此，企业还可以通过虚拟现实技术实现用户与产品的交互式体验，从而让用户更加真实地了解产品。特别是当企业生产的是大型产品时，虚拟展示不仅使产品展示效果更直观，甚至可以对产品进行拆分和重组，便于有需求的消费者进一步了解产品的细节；同时还解决了大型产品在实体卖场展示的运输不便、展示场地要求高等问题。可以说产品的虚拟展示在未来很长一段时间内都大有可为。产品虚拟展示有以下几种常见形式：

1. 图片展示

传统的商品虚拟展示界面往往由静态的图片构成，报刊杂志、广告宣传单甚至大部分网站上的产品介绍均是这种形式。从图片展示的内容出发，产品呈现方式可分为产品图片和场景图片。产品图片指描述产品本身视觉表现的图片，主要反映产品的外观和客观属性，场景图片则主要描述用户使用产品的场景。

2. 视频展示

视频展示则是一种更新颖的产品展示方式。天猫、京东等电商平台上的部分商品将原有的静态图片替换成了视频形式，而直播带货更是一种典型的视频展示方式。对于店铺商家而言，视频介绍内容无论是前期制作还是后期处理均需花费更多的成本和精力，但其相比图片形式蕴含更丰富的信息，同时视频也会增加购物界面的生动性，从而在一定程度上更能激发消费者点击观看的意愿。

3. 基于信息技术的展示

小知识

对于产品虚拟展示的研究主要体现在展示方式、观众体验以及展示效果等方面。

(1) 基于场景的产品展示比单一的产品展示更能激发消费者的购买欲望

基于场景的产品展示主要反映消费者使用产品的场景，通过诱发消费者产生相关联想将消费者与产品连接起来，而单一的产品图片则相对比较抽象，不容易引发消费者联想，因而前者能更好地提升观看者的购买意愿。除此之外，当消费者在浏览商品时，由于在购买之前难以获得较多的产品属性相关信息，消费者通常会对其他消费者的使用体验投入更多关注和信任，此时基于场景的展示方式对其他用户使用产品的情形进行呈现，就会赢得受众更多的反响。

(2) 综合的感官体验能激发消费者的购买兴趣

有研究显示，消费者的触觉体验对其购买决策具有重要的影响，而网络购物中消费者触觉体验的缺失，将会给消费者的决策判断带来负面影响，甚至导致消费者放弃购买决定。学者们发现，在不能直接触摸的情况下，大脑可以通过对刺激信息的整合加工唤起触觉记忆，完成体验，这就是“虚拟触觉”。如果网站能够提供融合其他感官体验并具有视觉冲击效果的产品展示方案，那么就可以形成虚拟触觉，从而弥补消费者的触觉体验缺失，减轻消费者选购产品时存在的顾虑，增加其购买意图。由此可以得出结论，视频、直播或者虚拟现实等产品展示方式比传统的图文展示拥有更好的视觉感染力和传播效率，能够帮助消费者更好地了解产品，激发消费者的购买意愿。

(3) 信息技术的快速发展为产品虚拟展示设计提供了巨大的技术支持

不断发展和创新的产品虚拟展示方式和技术手段让人眼花缭乱。但是无论采取哪一种方式，都应该坚持“以受众心理为本而非以技术为本”的设计理念，满足消费者对于产品展示的个性化需求，以达到产品展示的根本目的，从而为企业带来效益。

基于信息技术的产品虚拟展示方式正在快速发展之中。按照用户参与的沉浸程度不同可以将其分为：全沉浸式虚拟展示系统，即利用电脑、位置跟踪器、数字手套等各种虚拟现实技术，让观众从视觉、听觉、触觉等多感知体验，创造出让观众感到身临其境的全方位展示情景；半沉浸式虚拟展示系统，利用计算机仿真，观众需佩戴立体眼镜，通过屏幕来享受虚拟世界；非沉浸式虚拟展示系统，利用计算机软件模拟真实的环境和物体，观众直接观看。目前，大多采用的仍是非沉浸式虚拟展示系统。随着技术的进一步发展，将来半沉浸式虚拟展示和全沉浸式虚拟展示都会普及开来。

三、产品演示的作用

在商超里经常能看到促销人员站在显眼处，现场演示拖把、洗涤剂等产品的使用效果，用事实证明推销品的功能、特点，这是语言提示所无法表述的信息，很好地促进了销量。在供应商组织的产品展示会上，演示者针对客户的需求进行产品演示，邀请客户体验产品，让客户充分了解产品的各项性能指标，并及时为客户答疑解惑，是企业的重要促销方式，能很好地推进销售进程。

产品演示满足了客户“眼见为实”的愿望，通过演示让客户切实感受到产品的特性，满足客户在视觉、听觉、嗅觉和触觉等方面的感受，从而促进销售。

知识要点二　产品演示流程

即使是经验丰富的销售人员，在面对客户的时候也难以做到面面俱到。为了保证产品演示的成功，不应只关注在产品演示本身，更要做足准备功课并在演示结束后做好后续跟进工作。产品演示的工作内容分为以下三部分：演示前的准备工作；演示中的产品演示；演示后的销售推进。

一、产品演示准备

（一）了解产品演示对象的情况

针对不同的客户或客户的不同人员，产品演示的重点应有所不同。客户行业不同，遇到的问题不同，不同部门的关注点也不同，对于产品或服务的需求也不同，这些都需要销售人员事先进行调查了解，并根据客户的不同情况有针对性地准备产品演示工作。

（二）准备产品演示稿并进行模拟演示

即使是经验丰富的销售人员，临场发挥也有失常的时候，更何况是初入行的销售新手。事先将演示过程、内容以及客户可能问的问题都准备好并进行模拟演示，对演示效果有很大的帮助。

（三）准备好产品演示环境

好的产品演示环境能让客户产生愉悦的心情。设计产品演示环境时要考虑企业品牌形象与演示的产品，参考企业品牌颜色和产品颜色选择合适的色彩，并结合灯光照明的调配，更好地表现产品，吸引观众眼球，打造情感空间，引起观众情感上的共鸣。例如，华为在中国医院信息网络大会（CHIMA 2021）上的产品展示区以白色为主色调，配以蓝色灯光，既符合医院干净整洁的整体形象，又能够很好地衬托出华为的红色标志，更体现出科技感十足的企业形象。

二、产品演示流程

通过数以万计的销售人员的实践经验，将产品演示过程进行总结和提炼后，固化成七个步骤，涵盖了从致词到结束的各个关键环节，简称“产品演示七步法”，如图 3-10 所示。“产品演示七步法”是在对客户现状和需求有一定了解的基础上，为了确认或促进客户采购意向/进程，而有针对性地为客户提供满足需求/解决问题/实现收益的产品演示，是一种专业化、流程化、策略化的产品演示方法，也是将客户的需求变为订单的重要“催化剂”。

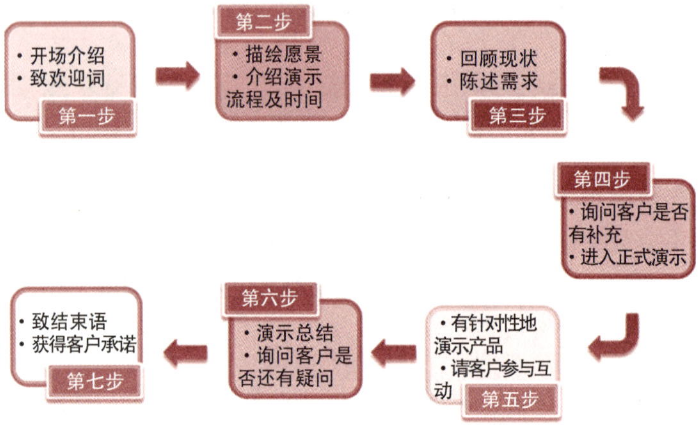

图 3-10　产品演示七步法

第一步：开场介绍，致欢迎词。演示人员应在产品演示正式开场时先进行自我介绍，并对客户的到来表示欢迎和感谢。在这一部分，演讲者需要迅速拉近与听众的距离，可以通过一些小幽默来缓和现场气氛。例如：

“各位领导、各位专家，大家好！我是××公司的行业客户经理小霞，非常感谢各位在百忙之中抽出时间来参加由我为贵公司提供的定制解决方案的演讲。今天早上进办公室的时候，有同事问我是不是遇到什么喜事了，看起来意气风发。确实啊！今天能在这么多领导、专家面前进行演讲，对我和我们公司来说都是莫大的支持和鼓励，你们说我能不兴奋吗?”

第二步：描绘愿景，介绍演示流程及时间。向客户介绍通过今天的产品演示，客户将会了解产品的哪些功能或相关的信息，这些产品功能或信息能解决客户目前面临的哪些问题及满足未来的哪些需求，让客户对产品演示的内容产生期待的心情。介绍演示流程和时间，可以让客户知道演示的大致过程和花费的时间。

第三步：回顾现状，陈述需求。这里回顾的是客户目前的情况，陈述的是客户未来的需求。这一步的目的一方面是对客户的情况进行说明，另一方面也说明我们已经了解了客户的情况，产品演示是有针对性的，显示了我们的专业性。

第四步：询问客户是否有补充，进入正式演示。在得到客户明确确认后再进入正式的产品演示环节。这一步是非常关键的步骤，因为上一步你介绍的是客户的现状，陈述的也是客户的需求，当然需要客户来确认，否则，如果来听你产品演示的客户中有你的反对者或者在演示过程中出现和客户情况不相符的状况，都可能使产品演示失败，甚至丢单。

第五步：有针对性地演示产品，请客户参与互动。这一步是整个产品演示过程中占比最大的一步，通过你的演示，客户能否认可你、你是否能帮助到客户都在这一步决定。所以，演示的内容需要提前规划好。演示哪些功能，先后顺序怎么安排都需要充分考虑客户的实际情况，而且在演示过程中还要随时观察客户的表情，适当的时候还要请客户进行参与，让客户更直观真切地感受产品。如果客户出现茫然或不耐烦的表情，一定要及时调整。这需要演示人员有足够的经验和临场应变能力。

第六步：演示总结，询问客户是否还有疑问。这一步和第三步“回顾现状，陈述需求”异曲同工，都是为了使客户明确表态。只有客户确认没有疑问的时候，才是我们产品演示可以结束的时候。否则，你将无法推进采购进程。

第七步：致结束语，获得客户承诺。这一步虽然只需要短短几句话，却也是决定产品演示是否成功的一个关键环节。获得客户承诺可以预设一个最佳承诺和最低承诺，客户是否认可你的产品演示或者是否能决定购买和给你的承诺息息相关。比如你可以询问客户：“我们是否可以就合同和安装的细节进行探讨？”如果客户的回复是肯定的，那说明今天的产品演示是成功的，签单水到渠成；如果客户犹豫不决或者顾左右而言他，说明客户肯定有顾虑，那么我们就要继续跟进，搞清楚客户的顾虑是什么，进而解决客户的顾虑直到客户签单。否则，我们就白白浪费时间和精力，最后还是一场空。

三、销售推进

客户能观看你的产品演示，也有可能去看了竞争对手的产品演示。到了这一步，意味着客户很快会决策，无非是选择你还是你的竞争对手。

产品演示的目的是销售推进，如果在现场未能与客户签单，在产品演示结束后要趁热打铁与客户保持紧密联系。只有了解客户的真实情况，搞清楚客户的顾虑所在并解决掉客户的顾虑，才能扫清签单的障碍。

不可否认，被客户追着签单的概率非常低。我们正确的做法就是主动寻找各种机会和理由不断地推进销售，帮助客户树立购买信心，直到客户签单。

小知识

产品发布会的常见流程包括：迎宾签到—主持人开场—主题演讲—产品发布演示—媒体采访等。由于发布会的规模、资源优势以及企业特点不同，可以由其中的一个或者某几个环节构成。

产品发布会的整体时长最好控制在4小时以内，环节不宜设计过多，在环节的设计上需要有所侧重，不能喧宾夺主。将发布会的环节确定后，需要制成一个发布会流程表派发给参会人员，以便大家安排时间。

其中迎宾签到环节是给参加者的第一印象，这个环节应该尽可能地简洁、高效。现在很多企业能够利用信息技术（比如二维码扫描签到等）替代传统的签到方式，极大地提高了签到效率，同时也能够很好地收集与会者的信息，为下一步的深入交流做准备。

知识要点三　产品演示技术

学习者对话

学生甲："你有没有做过产品演示，或是参加过产品演示活动？"

学生乙："我曾经参加过某银行组织的线下手绘工艺品活动。在做手绘之前，银行的理财经理用不少时间进行了理财产品的介绍。"

学生甲："银行举办手绘工艺品活动的实质，应该就是做理财产品介绍吧。"

学生乙："看来各行各业都需要产品演示的基本功啊！"

学生甲："现在随着技术发展，很多产品演示的活动改成线上了。"

学生乙："线上和线下应该没什么区别吧，都一样是做产品演示呀。"

学生组长："线上和线下有相同点，也有不同点，我们需要了解线上直播可能的突发状况，知道如何应去应当对。"

学生甲："我对直播遇到冷场怎么办特别感兴趣。"

学生乙："我想知道线上进行直播会有哪些突发状况。"

学生组长："那么我们就一起来学习如何应对这些吧！"

直播冷场巧应对

对企业而言，召开新品发布会不仅关系到产品的未来销售，还是与客户维系关系的良好时机，每一次发布会都是对公司整体实力的终极大考验。举办一场成功的展会对组织协调能力、沟通能力、执行力、应变能力、想象力、创新能力等都有更高的要求，需要协调时间、人力、物力等各项资源，是非常专业的技术活。

对于销售人员而言，产品演示会中主要的工作是首先确定邀请函名单并及时更新；在展会中进行专业的产品演示，给客户带来最佳的体验；展会结束后及时进行客户信息整理、汇总，对客户进行回访，筛选有价值的客户进行重点跟进。在这里重点介绍与产品演示相关的技术。

一、善用产品手册

为了产品演示的顺利进行，公司通常都会提前制作产品手册。销售人员要积极参与到手册制作过程中。有效的产品手册通常有两种，一种是折页产品服务手册，通常在8页以内，比较薄，方便客户翻看；另一种则是精装本，通常有上百页，让客户感觉到满满的仪式感。

不论是哪种类型的产品手册，都要能传递出客户需要了解的信息，如图3-11所示。

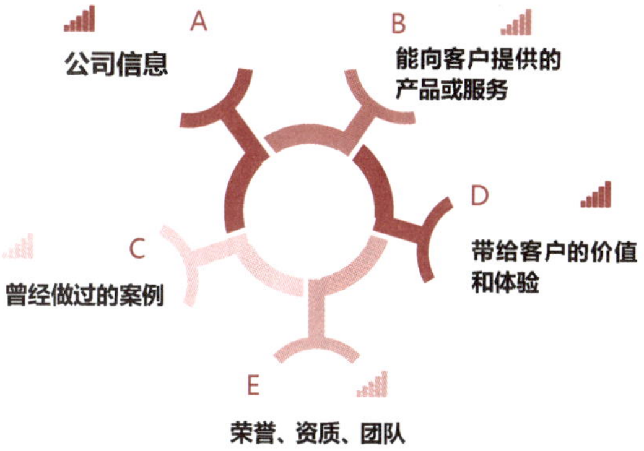

图3-11 产品手册信息要素

二、融合信息化技术

随着社交媒体的兴起，产品演示已经在很多场景下通过卖点视频来进行介绍。有不少企业在做卖点视频时主张内容多多益善，认为只有信息足够丰富才能说服客户，这是一个误区。制作卖点视频与印制产品手册一样，都要想明白需要向客户传递的信息要素。

如表3-6所示，产品演示卖点视频的制作可以参考“2+20”公式，这里的数值指的是视频时间与信息内容。

表3-6 卖点视频信息要素呈现

时长（分）	信息要素	观看受众
2	简单介绍公司信息，能向客户提供的产品或服务，曾经做过的案例，荣誉、资质和团队，带给客户的价值及体验	购买最终决策者
20	详细介绍公司信息，能向客户提供的产品或服务，曾经做过的案例，荣誉、资质和团队，带给客户的价值及体验	技术型关键人、使用型关键人

三、形象化、简单化的信息陈述

产品演示过程中要遵循“简单制胜”的原则。有的销售人员担心客户听不懂，于是滔滔不绝。其实客户越不懂，销售人员就要讲得越简单。通常建议用图形去传递复杂难懂的信息。2021年底，在新产品发布会之前，小米公司用了20余张海报进行市场预热，成功地吸引了消费者的眼球，也让消费者清楚地了解到新产品的相关信息。

小知识

主题对产品发布会的重要性不言而喻。发布会的主题主要有三个作用：确定整个发布会的宣传方向、明确邀请人员的范畴以及设计需要向目标用户传达出的信息。

2019 年苹果公司新品发布会的主题是 *To innovation*（致创新），在邀请函上有一个轻快鲜亮的五色立体苹果标志图案。从这个发布会主题来看，新 iPhone 将在某些体验或者设计方面有所创新。果然，iPhone 11 采用了有六款配色的设计，分别是紫色、白色、绿色、黄色、黑色、红色六种颜色，与以往的产品大不相同。

阿里巴巴旗下的 UC 优视科技有限公司举办的以“全新 UC，与媒共舞”为主题的产品发布会上，UC 宣布“UC 浏览器”正式升级为“UC”，向“大数据新型媒体平台”全面升级。从“与媒共舞”四个字就能看出这场发布会主要邀请的人员是各类媒体工作者。

【拓展资源】　知行合一，中国文化瑰宝

稻盛和夫是日本著名实业家，曾创办了两家世界 500 强企业，其经营哲学受到中外不少企业家的推崇。而实际上稻盛和夫最为推崇的是中国明代思想家王阳明的哲学思想。

“知行合一”是王阳明学说的立学宗旨，是中国传统文化中的优秀思想之一。

什么是知行合一？“知”是基础、是前提，“行”是重点、是关键，要以“知”促“行”、以“行”促“知”，做到知行合一。

王阳明在解释知行合一时曾这样表述：“知行原是两个字说一个工夫，这一个工夫须著此两个字，方说得完全无弊病。”（《答友人问》）

“行之明觉精察处，便是知；知之真切笃实处，便是行。若行而不能精察明觉，便是冥行，便是‘学而不思则罔’，所以必须说个知；知而不能真切笃实，便是妄想，便是‘思而不学则殆’，所以必须说个行：元来只是一个工夫。凡古人说知行，皆是就一个工夫上补偏救弊说，不似今人截然分作两件事做。”（《答友人问》）

“若会得时，只说一个知，已自有行在，只说一个行，已自有知在。古人所以既说一个知，又说一个行者，只为世间有一种人，懵懵懂懂的，任意去做，全不解思惟省察，也只是个冥行妄作，所以必说个知，方才行得是；又有一种人，茫茫荡荡，悬空去思索，全不肯着实躬行，也只是个揣摸影响，所以必说一个行，方才知得真。……今若知得宗旨时，即说两个亦不妨，亦只是一个；若不会宗旨，便说一个，亦济得甚事？只是闲说话。”（《传习录上》）

知行合一，说着容易，做着难，知易而行难。销售技能并不容易掌握，在书本和课堂上学习到的理论知识，需要在实践中去验证和提升。从事销售工作，要多学习，多思考，以获取认识；然后再把思考得来的认识，拿到实践中去检验，去修正；接下来，再用修正过的认识去指导自己的行动。这种循环往复、不断上升的过程，就是知行合一的过程，也是获取成功的过程。

将学习到的销售技能内化为个人的行为习惯及做事风格，才能真正对职业晋升、个人发展发挥作用。而养成一种习惯、树立一种风格，绝非一朝一夕所成，需要真切的落实、长期的坚持。在销售中养成“知行合一”的习惯是通向成功的康庄大道。

课后习题

1. 知识小测

【连线题】请将下列表述对应到与之匹配的关键人角色中。

EB	这对我的工作方式有什么影响？
UB	这次投资我会得到什么回报？
TB	我们怎样才能赢？
coach	这一项目能满足特定的标准吗？

2. 行动学习实践

使用“六面思考法”分析案例或项目

“六面思考法”强调分析问题要有不同的视角，通过六个方面进行极端的思考，得到对问题的完整认识。第一面：定规则，即如何对问题进行讨论；第二面：谈直觉，即对要讨论的问题第一时间的想法；第三面：搜信息，即还有哪些客观事实和信息没有考虑到；第四面：鼓士气，即进行积极正面的评价；第五面：找差距，即思考还可能存在什么问题；第六面：创新，即思考是否还有更好的办法。

3. 同辈行为评价

进行一次产品演示，请小组之间交互评价，评价指标参考表 3-7。

表 3-7 产品演示评分表

演示人员		演示时间/时长			
评价人员					
步骤	主题	评价要点	分值	有/无	得分
第一步	开场介绍，致欢迎词	仪态、语速	2		
第二步	描绘愿景，介绍演示流程及时间	在规定时间内完成演示	2		
第三步	回顾现状，陈述需求	客户规模及业务范围、关联产品使用情况，主要需求	3		
第四步	询问客户是否有补充	询问时的话术	2		
第五步	正式演示	根据产品特性进行演示	11		
第六步	演示总结，询问客户是否有疑问	客户疑问应对及时合理	2		
第七步	致结束语，获取客户承诺	流程的流畅	2		
总分合计（评语）：					

4. 案例分析

请和身边的亲朋好友一起阅读案例故事，并谈谈你的感受。

包拯拒礼为开廉洁

宋仁宗时，朝野上下弥漫着一股送礼之风。包拯对这股送礼收礼之风历来持反对意见，几次上书皇帝，请求颁昭禁止官员之间送礼收礼的现象，以开廉洁之风。

这一年正是包拯的六十大寿，寿辰前几天，他就命儿子包贵及王朝、马汉等站在衙门口拒礼。可谁知，第一个送寿礼的就是当朝皇帝，派来送礼的是六宫司礼太监。老太监到了门外，执意要面见包拯，要他接旨受礼。这下可难住了包贵，皇帝送来的礼不收，这不是抗旨不遵吗？可他又不敢违抗父亲的命令，无奈只好请老太监将送礼的缘由写在一张红纸上转呈父亲。老太监提笔在红纸上写了一首诗。“德高望重一品卿，日夜操劳似魏徵。今日皇上把礼送，拒礼门外理不通。”包贵让王朝把诗拿到内衙呈父亲展视。不一会儿，王朝带回原红纸交付老太监，只见原诗下边添了四句。“铁面无私丹心忠，做官最怕叨念功。操劳为官分内事，拒礼为开廉洁风。”六宫司礼太监看罢，半晌无语，只好带着礼物和那红纸回宫交差去了。

5. 自我认知测评

森林里有一所动物学校，一年级的新生有五个小动物：小鸟、小鸭、小兔、小马和小松鼠。学校为他们开设了飞翔、游泳、跳远、跑步和爬树五门课程。第一天上跑步课，小马兴奋地沿着体育场跑了好几圈，并自豪地说：“我太棒了，跑步我最在行！”而看看其他小动物，有噘着嘴的，有沉着脸的……放学后，小马回到家对妈妈说：“这个学校可太棒了，我太喜欢了！”第二天，小马开开心心地来到学校。上课时老师宣布，今天上游泳课。只见小鸭兴奋地跳进水里，而其他小动物只能呆呆看着小鸭表演。接下来，第三天是飞翔课，第四天是跳远课，第五天是爬树课……学校里每一天的课程，小动物们总有喜欢的和不喜欢的。到了期末，老师布置了一项任务叫作“天生我材必有用”，让小动物们组队分别通过飞翔、游泳、跳远、跑步和爬树等五个关卡去寻找“宝藏”。小动物们各显身手，顺利地完成了任务。

这则故事告诉我们，每个人都要知道自己的优势是什么，并将自己的工作和学习都建立在这个优势上，只有这样才能事半功倍，取得成功。

作为一名销售人员，你不妨认真思考一下，你最擅长的是什么？你最能承担团队中的哪一部分工作呢？可以用评分表对自己进行评价，找准自己在团队中的位置。

表 3-8 销售人员才能自我评价表

才能	分值				
与客户沟通	1	2	3	4	5
客户信息收集	1	2	3	4	5

（续表）

才能	分值				
竞争对手分析	1	2	3	4	5
解决方案撰写	1	2	3	4	5
谈判	1	2	3	4	5
演讲	1	2	3	4	5
……					

项目四

定制增值解决方案

知识目标

了解客户分析的基本方法及需求调研工具；
了解解决方案的基本架构；
理解解决方案中“客户价值”的含义；
熟悉解决方案呈现的基本流程。

能力目标

能够甄别客户痛点；
能撰写解决方案，并体现“客户价值”；
能够组织并进行解决方案的呈现；
能够根据产品特点选择合适的呈现方式。

素质目标

培养进行“解决方案式”销售的基本素质；
树立“客户价值”观念，与客户进行有效互动；
能及时为客户提供支持，具备较强的服务意识。

学习任务

任务一　甄别客户痛点
【客户现状分析、客户需求调研工具、回报率分析方法】
任务二　撰写解决方案
【解决方案的类型、解决方案的逻辑结构、解决方案撰写技术】
任务三　呈现解决方案
【解决方案呈现准备、解决方案呈现技术】

项目情境

选择机会，还是被机会选择?

小霞在公司内网看到了一个消息：大客户业务部需要招聘一位解决方案顾问。小霞对这个岗位很有兴趣。解决方案顾问接触的多是央企、国企、各行业大型企业、政府、金融、教育、能源、集团型公司等大客户。能做解决方案销售，既是对销售业务能力的肯定，同时也是职业生涯发展的重要机会点。

公司内网显示的解决方案顾问的招聘要求信息较简略：3～5 年销售经验，且销售业绩好，成交经验多。信息虽然简单，要求却是硬指标。小霞虽然不再是初出茅庐的销售新手，但是销售经验和成交业绩与解决方案顾问的岗位要求还是存在差距的。

所有成功的销售人员都会努力为自己争取机会。小霞主动联系大客户业务部的负责人李总监，向她表达了自己对解决方案顾问职位的渴望。

李总监对小霞的积极主动表示认可，不过解决方案顾问是要用专业能力来说话的，她表示愿意给小霞一个学习机会，在不影响现有的销售任务的情况下，为 M 公司做一份智能办公服务解决方案，如果解决方案做得好，可以考虑破格让小霞加入解决方案顾问团队。

智能办公服务项目尚未在 M 公司立项，小霞知道自己现在要做的就是调研、分析及挖掘客户的需求。

知道要做哪些与知道具体怎么做还是很不一样的，小霞此刻深深地体会到了“知行合一”的内涵。小霞在自己的工作日志上列出工作要点：

1. 要与客户建立融洽的关系、牢固的信任，并加深对客户业务的理解。
2. 熟悉本公司产品优势及价格体系。
3. 熟悉竞争对手产品优缺点及价格。
4. 掌握行业的发展状况。

……

在接下来的时间，只要有机会，小霞都会参与大客户业务部组织的 M 公司调研的相关活动。小霞开始尝试根据调研的反馈来梳理客户的现状、需求，并尝试制作解决方案。随着工作的深入，小霞越发地感觉到撰写解决方案的难度：方案的核心价值应该是什么？客户的痛点是否得以解决？方案会对客户的业务带来哪些影响？……

怎样才能够交出合格的解决方案呢？小霞陷入了沉思。

请思考以下问题：

1. 小霞会争取解决方案顾问这个岗位吗？为什么？
2. 撰写解决方案需要哪些能力？

任务一　甄别客户痛点

学情问卷

1. 你常用的了解客户需求的方式有哪些？
   - ○ 问卷调查　○ 客户拜访
   - ○ 现场调研　○ 电话访谈
2. 了解客户需求需要哪些内容？
   - ○ 客户所在行业趋势　○ 客户面临的竞争情况　○ 客户的诉求
   - ○ 客户的经营现状　○ 其他跟业务相关的工作场景
3. 分析客户行业背景的目的是什么？
   - ○ 提升自己的专业化程度　○ 和客户有共同语言
   - ○ 优化解决方案　○ 掌握项目的主动性

任务描述

进行客户分析是专业销售人员的日常工作内容，通常分为一般性客户的分析和重点客户的分析。请以小组为单位，选定特定企业的重点客户，尝试进行客户分析并形成重点客户分析报告，以 PPT 的形式进行呈现。

任务指引

客户是企业生存和发展的基石，资深大客户销售人员更应深谙其中的道理，只有充分了解客户，时刻掌握其所有信息，企业才能及时制定相应的销售策略，扩大项目规模，深化和客户的合作共赢。

在进行重点客户分析时，首先要清楚企业的重点客户是谁，然后再根据重点客户分析的维度依次展开分析。

在选择客户分析维度时，分析内容要围绕分析目的展开。

表 4-1　“甄别客户痛点”任务要素及评估指标

任务要素	评估指标
分析对象	符合重点客户特征
客户分析维度	逻辑清晰，全面
分析报告	报告丰富，结论有参考价值，格式规范

任务实践要点：

1. 客户信息的深度挖掘；
2. 数据及信息分析加工；
3. 书面表达与排版规范。

知识要点一　客户现状分析

引导案例

重点客户的筛选

不知不觉小霞升职进入大客户销售部已经快三个月了，这三个月来，她马不停蹄地拜访老客户，拓展新客户，处理客户的各种问题，完成公司的各项考核指标，每天忙得不亦乐乎，像一只勤劳的小蜜蜂。

一天傍晚，在外面拜访了一天客户的小霞拖着疲惫的身躯回到办公室，开始将一天的工作情况录入公司的销售管理系统。这时，王经理走过来，问道："小霞，最近客户拜访得怎么样？有没有挖到什么'大鱼'呀？"小霞心里一阵紧张，涨红了脸说："王经理，我……我……"她吞吞吐吐地说："客户名单一发给我，我立马将所有客户挨个拜访了一遍，因为有很多老客户，我要花费时间熟悉这些客户，也有很多历史遗留问题需要处理，花费的时间也多些。当然，客户也向我提供了很多他们的新需求，我正在一一筛选呢！"王经理严肃地说："小霞，我不怀疑你的勤奋，可是快三个月了，还不能将自己手上的客户进行有效的整理，这样下去会错失很多机会的，即使你在原来的岗位上业绩不错，但更高的职位意味着要承担更大的责任，你要想想办法了。"小霞惴惴不安道："王经理，我已经很努力了，可是客户的事情真的很多，我每天疲于奔命还是像被客户驱赶着做事，根本没时间去梳理客户。"说到这里，小霞眼圈都红了。连日来的奔波劳累，再加上工作成效不佳，终于让她体会到大客户销售的不容易。

王经理拍了拍小霞的肩膀，说道："我能理解你刚上任，大客户销售的经验不是很丰富。除了手头比较紧急的事情照常处理，你应该尽快抽出时间将自己的客户进行分类，列出 TOP5 的客户名单，并尽快拿出这 5 个客户的重点客户分析报告。相信你很快就能锁定重点客户目标，并制订出打单的计划。"小霞挠了挠头，似懂非懂，她知道不能再这样下去了，王经理的建议是对的，可是她没有经验该怎么做呢？她陷入了深思……

讨论：

如果你是小霞，你会怎么筛选 TOP5 的客户名单呢？

一、客户分析的作用

客户分析是一个集合各种渠道、交互、漏斗分析的过程，客户分析可以帮助企业制定更好的战略、构建更好的产品并为客户提供更好的服务。

对于企业而言，客户分析非常重要，客户分析的作用主要表现为：

首先，客户分析有助于获取新客户。获得新客户是所有业务的重要组成部分，没有客户就没有业务，对客户进行分析，有助于企业快速获得精准的新客户。

其次，客户分析有助于提高现有客户的满意度和留存率。客户留存率非常重要，通过研究和了解客户行为，我们可以进行预测性分析，开发出合适的技术增强与客户的互动，进而提高用户的留存率。

除此之外，客户分析还可以帮助企业有效地降低成本，对销售资源进行适当的调配。

二、分析重点客户的意义

由于人财物等资源的有限性，大部分企业会选择重点客户进行深入分析。

重点客户（key account，KA），也称大客户、关键客户，是能够给公司带来重要收益和长期发展的一次性或长期的客户，对供应商的发展具有重大的作用。一般而言，重点客户具有以下特点：

（一）是实现销售目标的重要组成部分

重点客户现在或者将来在企业整体的销售收入中占有很大的比重。重点客户的数量通常不多，但对于企业销售目标的完成有着举足轻重的地位。

（二）符合企业的战略规划

重点客户的发展符合公司未来的发展目标。这部分客户也许在当前并没有给企业带来巨大的销售收入，但他们在企业长期发展或者战略布局中至关重要。重视并发展这部分客户有利于企业的成长。

（三）直接影响企业的业务开展

企业对重点客户存在一定程度的依赖关系，失去这些重点客户将严重影响到企业的业务，并且销售业绩在短期内难以恢复过来。

企业在选择重点客户时要综合公司战略、营销目标、市场状况以及行业竞争态势等众多的因素，制定定量和定性的参考指标进行详细评估。

三、重点客户分析维度

在选择了重点客户之后，需要对这些重点客户展开详细的调研和分析，以了解客户的现状。对于重点客户的调研可以从以下几个层面来进行。

（一）行业层面

行业层面的分析有助于了解客户企业的发展潜力或者成长性，一般包括两个方面：一是客户企业所在行业的整体分析，二是其在本行业中的地位分析。

1. 行业的整体分析

行业的整体分析指的是客户所处行业的整体运行状况和发展趋势，是处于这个行业中的所有公司运行状况和发展趋势的综合体现。一般而言，当某个行业处于整体上升时期，该行业是朝阳行业，该行业中的大部分企业都会有较好的表现和较大的发展空间；相反，当某个行业处于整体下降时期，该行业是夕阳行业，即使是该行业中的优质龙头企业也会增长乏力或者遭遇经营困境。除此之外，整个行业的发展状况也是身处其中的每一个公司的经营环境因素。值得注意的是，朝阳行业和夕阳行业有时与企业所处的地区有关，一个地区的夕阳行业可能是另一个地区的朝阳行业，同样，一个地区的边缘行业可能是另一个地区重点发展的行业。

在进行行业整体分析时，发现行业所存在的风险是非常重要的。行业风险主要是由行业寿命周期、技术革新、政府的政策变化等因素引起的。反映行业风险的因素包括周期性风险、成长性风险、产业关联度风险、市场集中度风险、行业壁垒风险、宏观政策风险等。

2. 行业地位分析

企业在行业中的地位分析则是对企业的经营状况进行横向比较，包括企业的竞争地位、市场占有率以及资源条件等。在行业中处于龙头地位或属于名优企业的企业有可能获得当地政府的重点扶持，这些企业往往具有更好的资源条件和更高的市场占有率。在某些行业，企业的发展受到矿产、能源、交通等资源条件的制约，那么拥有相关资源的企业就会具有先天的竞争优势。

（二）企业层面

对企业层面的调研是企业现状分析的重点内容，包括企业基本情况、经营状况、财务状况以及企业风险。

1. 企业基本情况

企业基本情况主要包括企业文化、组织流程、规章制度以及管理层构成等。有些销售人员可能会忽略对企业基本情况的分析，但事实上，企业的基本情况蕴含了很多“秘密”。比如通过了解企业的组织流程，可以了解到不同部门的人员在企业各种决策中扮演何种角色，重要性如何，也可以了解到不同的人员可能掌握的信息；而了解企业的管理层构成，有助于预测企业管理层对新业务的态度、企业对风险的规避能力甚至能够预测企业未来的发展趋势。当然，这些信息并不容易得到，销售人员要对信息保持敏感，善于把多渠道获得的零散的信息综合起来。

2. 企业经营状况

企业经营状况是指企业的产品或服务在市场上进行销售的情况，包括企业的经营模式、盈利能力、产品销售能力以及原材料采购能力等。

企业的经营模式是企业根据其经营宗旨所采取的一系列实现其价值定位的经营方式的总称，也是企业对市场做出反应的一种形式。比如企业可以根据其在产业链中的位置，选择生产型经营模式，即根据客户的订单加工产品，而不过多地涉及产品的销售和设计，如为苹果公司生产手机的富士康公司；设计＋销售经营模式则不涉及生产领域的任何业务，只是负责设计和销售，比如大家耳熟能详的耐克和戴尔公司。企业的经营模式在一定程度上决定了企业的盈利能力。

企业的盈利能力就是企业赚取利润的能力，它直观地反映了企业的经营业绩，企业的盈利能力需要用一系列的量化指标加以衡量，如主营业务利润率、营业利润率、销售毛利率、销售净利率等。通过盈利能力，有经验的销售人员能够判断企业的发展方向是否清晰、业务痛点是什么，甚至还能了解企业是否存在资金压力。

产品销售能力主要考察企业的销售渠道、销售网络、销售人员、销售策略和销售成本。企业的产品销售能力不仅影响企业的盈利能力，也决定了企业拓展新市场的能力和速度，进而密切关系着企业未来的发展前景。

原材料采购能力指的是企业对原材料和关键部件的获取能力，包括采购的成本、采购的周期以及应对突发状况的能力。一般而言，有两种采购原材料的方式：一种是企业自己供应和生产上游原材料和关键部件，这种方式下原材料和关键部件供应稳定，但企业投资增加，管理费用增加；另一种是原材料和关键部件由专门的原材料公司供应和生产，这种方式则在一定程度上降低了企业对于原材料采购的控制能力。两种方式各有利弊，需视企业具体情况进行判断。原材料的采购能力与企业的盈利能力息息相关，甚至关系到企业的生存和发展。

3. 企业财务状况

企业的财务状况分析是指根据各种财务报表，运用反映企业财务状况的各项财务指标对企业经济活动进行研究和评价，从而了解企业财务状况的好坏。通常可以从资产质量、资本结构、获利能力以及现金流量四个方面来描述企业的财务状况，同样需要使用一系列量化的指标来衡量，常见的财务指标包括：

(1) 流动比率，流动资产和流动负债的比率；

(2) 速动比率，流动资产去掉存货后和流动负债的比率；

(3) 营业周期，存货周转天数和应收账款周转天数之和；

(4) 存货周转率，销售成本和平均存货的比值；

(5) 应收账款周转率，销售收入与平均应收账款比值；

(6) 流动资产周转率，销售收入与平均流动资产比值；

(7) 总资产周转率，销售收入与平均总资产比值；

(8) 销售净利率，净利与销售收入的比值；

(9) 销售毛利率，销售收入去掉销售成本与销售收入的比值。

4. 企业风险

与行业整体分析一样，在进行企业层面的调研时发现客户企业可能存在的风险也非常重要。国务院国资委出台的《中央企业全面风险管理指引》中对企业风险的定义是

"未来的不确定性对企业实现其经营目标的影响"。企业风险按其内容不同可分为市场风险、产品风险、经营风险、投资风险、外汇风险、人事风险、体制风险、并购风险、自然灾害风险、公共危机、政策风险、外交风险等。

小知识

了解客户现状的渠道

应该去哪里了解客户的现状呢？一般可以综合以下几个渠道的信息：

(1) 客户年报和财务报告

如果客户企业是上市公司，那么该公司的年报和财务报告绝对是销售人员调查的第一站，企业的愿景、价值观、长短期目标、主要策略、业绩等各种信息基本上都能从中找到。年报和财报能充分反映企业在一段时间内的经营状况和健康度。通过与过去的业绩进行对比，还可以判断企业这段时间的经营状况是进步还是退步。而对于非上市企业，销售人员获得信息的方式就要"曲折"一些了。

(2) 企业网站

企业网站会公开发布一些信息，包括企业发生的大事、最近成就以及高管的演讲发言或采访文章，这些信息同样对了解客户有着不同程度的帮助。除此之外，一些本地的媒体平台也是获取此类消息的窗口。

(3) 第三方消息

行业协会、研究机构甚至企业的竞争对手也有可能提供企业的相关消息。各种第三方消息，可以帮助销售人员认清客户企业所处的行业环境和面临的调整，从而更客观地评价企业的业务表现以及挖掘可能存在的机会点。不仅如此，很多金融机构、咨询公司也会定期出版相关的行业或企业研究报告。

(4) 内部消息

"内部消息"总是让人有点兴奋。但这里的内部消息不包括非法获取的客户机密信息，而是销售人员在和客户交流的过程中获取的各种信息。内部消息往往不是正式发布的消息或书面消息，而是通过口口相传获得的碎片化的信息，销售人员必须善于提问、主动聆听、分析推断并配合观察才能获得有用的信息。但内部消息可能有偏差甚至是错误的，这也需要销售人员凭借经验进行判断。

(5) 其他常见的信息获取渠道

互联网：通过互联网搜索行业、企业的相关信息；

供应商：从企业的供应商处可以了解到企业的采购情况，进而推断出企业的业务开展情况；

行业展会：在行业展会上可以了解企业的产品、技术等相关信息；

技术交流：在技术交流或讲座过程中可以捕获到一些与企业相关的信息；

客户介绍：企业的客户也是了解企业信息很好的渠道。

知识要点二　客户需求调研工具

引导案例

南京市最北端有个巴布洛生态谷，风景优美，是个休闲度假的好去处，因此每逢节假日游客就络绎不绝。当地邮政的销售人员曾多次拜访该公司，希望可以为其制作门票，然而一直以来生态谷的门票都是由园区自行设计的，成本不高，因此销售人员每次都无功而返。

在年底对客户的例行拜访中，邮政的客户经理发现在景区出口的路边随处可以看到游客丢弃的作废门票。也就是说，游客仅仅把门票当作入园凭证，用完即扔。在后续的拜访过程中，客户经理假装不经意地提起："我在景区出口看到大量丢弃的废票，多可惜啊！"客户无奈地回应："是啊，虽然单张门票的成本不高，但加起来也是不小的数目。而且丢弃的门票为园区的清洁人员增加了不少的工作量。"

拜访结束后，客户经理回到公司召集了一次主题为"如何让门票变废为宝"的研讨会。最后提出了一个解决方案，即把门票设计成明信片的样式，印上邮资，游客游玩后可以当作礼物寄给他们的亲朋好友。这样不仅免去了浪费，还给生态谷做了一个免费的广告。收到明信片的人过来玩可以把这张卡片当作优惠券，这样就会进一步为生态谷带来新的客户。

紧接着，邮政的销售人员又提出，园区内有些展馆因为位置偏僻，游客人数较少。在那里设置小型的主题邮局，把游客引导到那里寄明信片，可以帮助展馆迅速提升人气。

销售人员为园区设计的解决方案，很好地满足了顾客需求，最终打动了客户。毫无疑问，邮政公司顺利签下了这笔大订单。

讨论：

客户经理是如何发现客户需求的？

如果你是咖啡店的收银员，每一个顾客上门都说明了他们有需求。但解决方案销售所面临的场景与等待客户上门的门店销售是不同的，解决方案销售是行商，要去寻找发现客户的需求。解决方案销售所面对的客户，一部分是已有稳定合作供应商的组织客户，另一部分客户可能暂时没有采购计划，甚至于连会面的想法都没有。需求是销售之本，对需求的解读能力对解决方案销售十分重要。主要的需求调研工具有以下几种。

一、SPIN 提问清单

发现需求要通过调研来进行，提问是很好的工具和方法。美国销售大师尼尔·雷克汉姆用 12 年的时间，对 35 000 多个销售拜访进行了观察和分析，归纳了 SPIN 销售模式，通过一系列启发式的提问去发现客户痛点，针对潜在需求去激发客户的需求。

SPIN 提问清单包括背景问题（situation questions）、难点问题（problem questions）、暗示问题（implication questions）、需求—效益问题（need-pay off questions）。

表 4-2　SPIN 提问清单

类型	内容	示例
S	客户现在的业务和状况	你们使用这个设备有多久了？
P	客户的问题、难点、不满	你们担心安全事故吗？
I	扩大客户的问题、难点、不满	这对你们会有什么影响？
N	解决难题的对策	如果运行提速 10%，是否对你们有利？

进行解决方案销售，可以运用 SPIN 提问清单收集信息、发现问题，清晰完整地理解客户需求。

二、痛点分析表

业务痛点（business pain points）是指企业在完成某一个目标时在策略或行动层面上遇到的问题和障碍，这道和目标之间的鸿沟需要得到改善或改变，才能产生有效的业务结果。在企业中，不同层次人员对于痛点的认识是不同的，往往与他们所负责的业务密切相关。一般而言，越是基层的员工越容易发现痛点，对于痛点的描述越具体；而高层管理者可能面对的痛点更加抽象，需要综合多方面的论证才可以明确。比如，信息与网络安全部门的员工发现“最近邮件收发系统总是瘫痪”，这属于操作层面的痛点，可以非常明确地表述，相应的解决方案也很清楚，即只要扩大邮件服务器的容量便可解决；而总经理发现“最近企业业绩明显下滑”，这一痛点就比较抽象，需要经过多方论证，不断分解，才能找到解决方案。

一般而言，痛点越“痛”，表述得越明确，便越能得到关注，也越容易产生业务需要。销售人员的工作就是要尽量挖掘痛点，把不明确的痛点变得明确，把抽象的痛点变得具体。销售人员不能等待客户自己发现痛点，而是应该主动出击，在日常拜访中了解顾客的需求，帮助顾客把痛点阐述清楚，让顾客感同身受；并通过适当的引导，让顾客找到合适的解决方案，即既满足顾客需求，又符合本企业的利益。

痛点分析是客户需求调研的重要工具。供应商应当针对产品或服务做详细深入的分析，挖掘出能解决客户痛点的买点和卖点，以及客户可能存在的症状与潜在的影响。

痛点分析表的版式因企业不同而有所不同，主要包括痛点、症状、影响等三方面。例如，表 4-3 为某熟食生产企业关于产品包装方面的痛点分析表。

表 4-3 包装痛点分析表

痛点	症状	影响
某熟食生产企业的产品包装无法满足企业经营的需求	1. 产品包装破损率高	1. 食品安全问题；市场声誉问题
	2. 无法实现对食品的分装	2. 大包装食品影响市场销售
	3. 食品包装简陋	3. 无法激起消费者的购买兴趣

三、需求漏斗图

了解客户明显的需求是销售人员的基本功，只要是客户说出来的需求，供应商都要逐一满足。除此之外，更为重要的是挖掘隐含的需求，即客户的深层需求。只有了解清楚客户的深层需求，供应商才能引导客户的采购标准。

需求漏斗图（图 4-1）是用来分析客户需求很好的工具，漏斗分析是基于业务流程的一种数据分析模型。各业务流程之间存在一定的前因后果、前后关联，而需求漏斗分析就是通过客户表达的明确需求来挖掘出其尚未明确的隐含需求或购买动机，从而更清晰地了解其采购的标准。例如，图 4-2 为用需求漏斗图表示某熟食生产企业关于产品包装方面的需求。

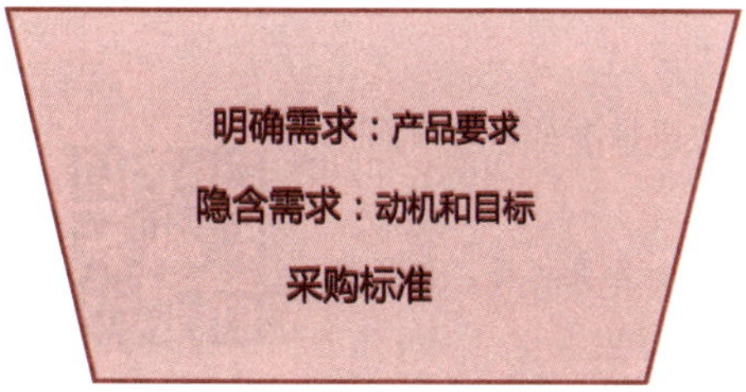

图 4-1 需求漏斗图模型

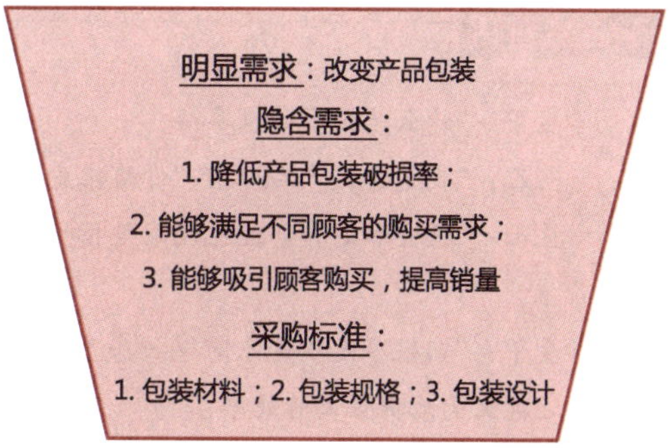

图 4-2 产品包装需求漏斗图

四、需求深度分析图

采购人员对供应商派来的销售员投诉频率最高的就是销售员不懂采购方的业务。解决方案销售必须要深入了解客户业务，并为客户提供新思路。因此，销售人员要从客户视角出发，看看客户的商务环境里正在发生什么，又对他们的业务有哪些影响。由于在组织市场存在着派生需求，销售员必须对“客户的客户”有所了解，尤其是客户的客户在产品或服务供应市场上的业务方向调整、行业集中度、采购行为等。

除此之外，还要熟悉客户的竞争对手，了解其竞争优势、市场地位以及产品状况等，最好还能了解其未来的业务发展方向。从客户的客户、客户的对手、客户本身等三个领域进行需求挖掘后，就能够理解客户的问题是什么，从而对客户的需求进行深度分析。

客户需求的深度分析可以通过思维导图工具进行，如图 4-3 所示。

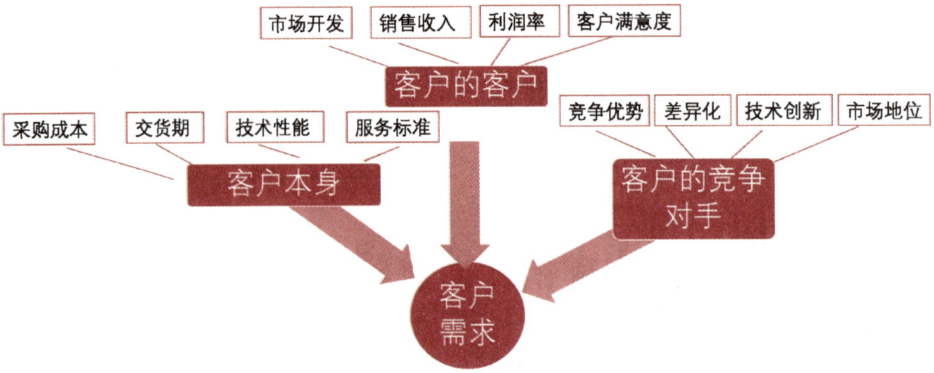

图 4-3　需求深度分析图

知识要点三　回报率分析方法

在大型采购项目中，客户需要做可行性分析，其中最关键的就是评估投资回报率和购买风险。决策者会根据投资回报率和风险去决定购买的时间和预算。

学习者对话

学生甲：“什么是投资回报率?”

学生乙：“我觉得是产品好用，价格比竞争对手低。”

学生丙：“便宜和划算，这些应该是指性价比。投资回报率应该是指能得到的价值。”

学生甲：“回报率是不是像同样买房子，两套房，有一套虽然贵，但是交通方便，能大大地提供工作效率?”

学生组长：“你的比喻很形象，投资回报率就是让客户清楚价值。”

说价值，谈回报率

投资回报率是用来向客户证明你创造了其他竞争对手不可比拟的价值，即相较于其他方案，客户从此方案中能获得多少收益，或者选择了其他方案客户会遭受多少损失。

对于大多数企业而言，提高长期投资回报率是使股东价值最大化的有效途径之一，因此相比谈价格，销售人员更应该和客户探讨投资回报率。需要特别说明的是，投资回报率常用于对固定资产投资的描述，例如机械设备、房产等。

从“投资回报率＝利润÷投资＝（销售额－成本）÷投资”这一公式不难看出，提高投资回报率可以从三个方面进行：

一、提高销售额

从销售额的计算公式“销售额＝价格×销售量”可以看出，有两个途径可以提升销售额，即提高价格或者提高销售量。

图 4-4　提升销售额

需要注意的是，有些企业通过降价的方式来进行促销，看似销售量增加了，但销售额却并没有提高。企业需要通过提升客户感知价值来提高价格和销售量。

二、降低成本

降低成本对一家公司的盈利起着相当重要的作用，这里说的成本指的是总成本而非单项成本。当企业利润很低时，许多企业会寻找方法来降低其成本，但降低成本不应该影响产品质量或企业的正常运营。需要注意的是，企业需要根据公司的具体情况制定降低成本的方案，比如劳动密集型企业与创新型企业降低成本的方案就可能截然不同。

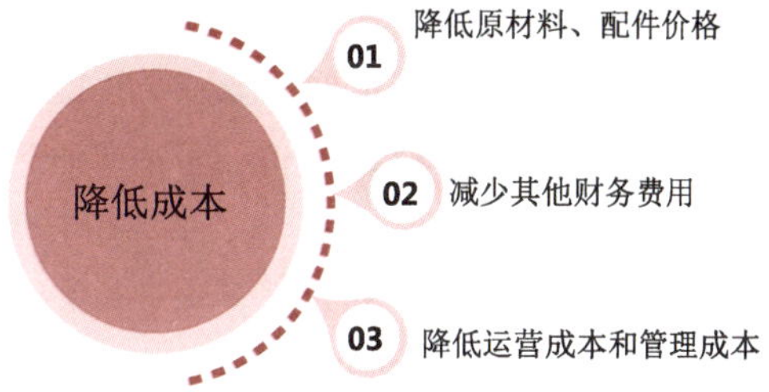

图 4-5　降低成本

三、减少投资

当销售人员和客户谈“减少投资”时，往往有所顾虑，认为这意味着给顾客一个砍价或者减少购买量的理由。事实上，这里的关键是让客户感觉“物有所值”甚至“物超所值”。菲利普·科特勒在《营销管理》一书中提出了“顾客让渡价值”的概念，指的是顾客总价值（total customer value）与顾客总成本（total customer cost）之间的差额。顾客让渡价值越高，顾客越愿意购买商品。其实这一概念在企业市场上同样适用。如果销售人员能够让客户感到用同样的价格购买了更多或者更好的产品，那么顾客就会觉得相较于购买竞争对手的

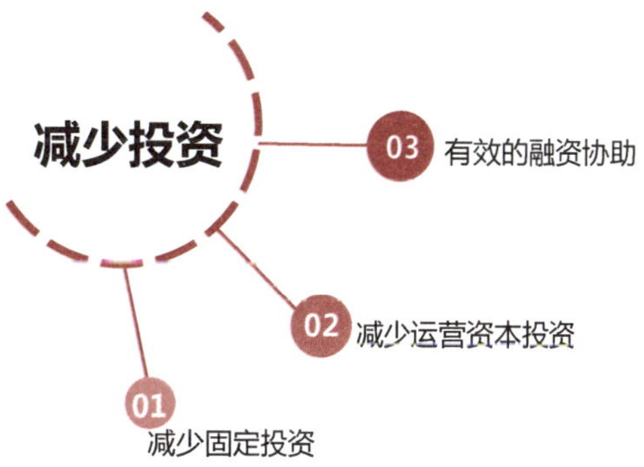

图 4-6　减少投资

产品减少了投资。

除了经济价值，一些心理价值的提升也能够增加客户对于总价值的感知，比如服务快速响应、专人对接服务、定制产品或服务方案、简化业务合作程序等。

然而，销售人员的一些不专业行为会降低客户对于价值的感知，比如缺乏跟进、对产品或技术缺乏了解、对客户缺乏了解、对行业或市场缺乏了解、不真诚、拜访或接待缺少准备、没有时间观念等。

小故事

华为解决方案打动客户

华为公司是中国知名的通信企业，但当华为第一次进入欧洲市场时，很多欧洲运营商连见面的机会都不给，甚至以为华为是骗子。这是因为在当时的高科技领域少有中国企业的参与，甚至曾有欧洲媒体说，华为进军欧洲是自取灭亡。

华为无线产品在欧洲拿下的第一份订单，来自荷兰的一家运营商 Telfort。华为的销售人员发现，传统的移动通信基站射频和基带处理单元都在一个柜子里，体积大，功耗高，笨重且不易安装，而且欧洲国家非常注重环保，要安装新基站必须经过业主的同意并支付高昂的费用。经数据分析，更让人大吃一惊的是，客户的建设成本构成中设备成本只占 15%，而站址获取成本占比则高达 43%。以租用机房来分析，租用一个放置基站的位置，一个站址一年大概需要 7 000 欧元，10 年就是 7 万欧元，如果客户网络有 3 000 个基站，10 年站址的费用就高达 2.1 亿欧元。

经过数月的站点现场调研和反复研究后，华为创造性地提出把基站的基带部分放在运营商现有的机柜里，射频部分做成具有防水性、可安装在抱杆上的分布式架构的构想。这样基站就可简化为两个分离的小巧的单元：基带单元（BBU）和射频单元（RRU），帮助客户省去机柜的占地面积，从而极大降低基建成本，同时还具有安装方便、搬运成本低和省电等诸多优点。

华为创新灵活的 BBU+RRU 分布式基站解决方案交付后，Telfort 测算了运营成本的实际降幅，比之前交流方案时提出的估算还要大，解决了欧洲客户高资本性支出和高运营成本的痛点，彻底打动了客户。

此后，华为逐渐获得了欧洲更多客户的认可，在欧洲市场慢慢打开局面。分布式基站也迅速成为全球新一代无线基站的主流形态。

任务二 撰写解决方案

学情问卷

1. 你有接触解决方案业务的经历吗?
   - ○ 有 ○ 没有
2. 你认为解决方案中应该包含哪些内容?
   - ○ 客户的介绍 ○ 我方公司的介绍
   - ○ 客户的需求 ○ 针对客户的需求建议的解决方法
3. 你认为解决方案中最应该体现的内容是什么?
   - ○ 价格优势 ○ 产品优势
   - ○ 服务优势 ○ 客户价值

任务描述

请根据你所在学院或单位的办公设备使用状况与需求，以小组为单位为其提供智能办公解决方案，以 PPT 等形式提交。

任务指引

解决方案并没有“标准答案”，应先明确“客户价值”的概念，再撰写解决方案。在该任务中先确定客户的现状与需求，可以通过实地调研、访谈等多种形式展开，例如可以去学院办公室了解办公设备使用情况以及用户感受等。

撰写方案时要有逻辑性，可以参考“项目背景→现状分析→需求总结→解决方案→方案报价→方案前后对比及收益总结”等模块进行。

特别需要注意的是，解决方案中要能运用财务知识，体现出与客户现有成本和方案的前后对比。

表 4-4 “撰写解决方案”任务要素及评估指标

任务要素	评估指标
现状分析	匹配客户角色
需求总结	逻辑清晰
针对性方案	结构完整
收益总结	量化呈现

任务实践要点：

1. 分析客户的逻辑归纳性；
2. 撰写解决方案的规范度。

知识要点一　解决方案的类型

引导案例

2005年，A公司建立了一个跨职能团队，专门探讨如何帮助某一潜在客户解决实际业务问题。他们收集客户信息，还聘请了专业机构研究客户所在的市场格局及最终消费者的购买行为。

潜在客户B公司的产品是能达到餐厅水准的特色冷冻食品，主要通过商超及会员店等零售渠道销售给最终消费者。与业界领头企业相比B公司规模一般，主要凭借食材新鲜及产品品质高在市场中独树一帜。为了巩固其高端定位及定价策略，B公司还设计了独特的包装，但问题是，有些包装运抵超市时会发生破损，导致无法出售。由于“破损率”不断升高，有家大型连锁超市计划缩小该公司的货架面积。包装破损造成的损失并非只是成本，A公司于是委托第三方对此做了深入的市场调研。结果显示，顾客在购买时往往注意不到包装问题，当他们后来发现时，会对产品品质、公司品牌甚至零售渠道产生非常负面的印象。

该市场调研只是A公司所做的大量分析研究中的一部分。他们还深入研究了冷冻食品行业，按照各个细分市场，逐一分析了过去的发展趋势，并预测了未来的增长前景。经过调研，A公司发现，尽管冷冻食品市场的整体增长幅度不大，但民族特色食品尤其是高端品类极具发展潜力，如果B公司不能解决包装问题，就很可能与之擦肩而过。此外，A公司还研究了B公司的盈利模式。尽管对方不是上市企业，没有公开的财务信息，但他们还是依据类似企业的经营状况，对成本、利润及存货周转率等关键指标做出了大致的估算。

通过这些分析，A公司的销售团队发现了B公司的关键业务问题，并制定了有效的解决方案。他们请公司的设计团队设计了一款特殊纸板包装，不仅图案精美，而且结构坚固，不易损坏。这些的确能满足客户的直接需求，但仅仅做到这步还是不够的，他们还需要让客户看到，这种包装虽然成本稍高，但能为其创造巨大的价值，比如能够有效提高销售额及现金流、降低破损率及退货率，维护品牌形象、市场地位、货架面积及客户忠诚度，而且每项收益背后，都有数据事实的支撑。

以上这些都是解决方案的有机组成部分。A公司的项目团队正是以此为指导，推进着具体的销售工作。他们成功说服了客户，虽然成本有所提高，但是该包装能够显著降低破损率，帮助客户巩固市场地位，提高货架面积，带来巨大的财务收益。他们还用同样的分析，向零售商阐明了这种包装为何也能为其带来价值，以及该包装对产品销售的促进作用。

对于销售人员来说，从只关心客户成本到着眼于销售增长意味着重大的思维转变，A公司的顾问式销售模式以及完善的解决方案，不仅帮助公司拿下了这家潜在客户，而且更为重要的是，帮助他们赢得了客户的信任与尊重。

A公司解决方案框架：

一、客户概况

特色冷冻食品，在市场中独树一帜。

二、客户需求要点

1. 冷冻包装材料；

2. 造成包装破损；

3. 不愿购买包装工艺商品；

4. 轻微的破损仍会导致品牌美誉度及忠诚度下降。据调查，目前顾客对于B公司的品牌美誉度与忠诚度从70%下降到41%。

三、解决方案

方案设计：

1. 所采用的新型包装材料有经注册的包装商标，能极大地影响原材料市场；

2. 把包装破损率降低40%；

3. 加速周转，提高货架使用率；

4. 品牌认知度及美誉度的提升。

项目实施：

1. 市场试验期（头3个月）：选择部分关系良好的零售商进行试验，测试市场反应；

2. 市场全覆盖期（3～6个月）：投放全部零售商柜台。

四、财务影响

时间	直接收益	利润率		现金流		投资回报率	品牌价值	市场份额	
	降低破损率	提升利润空间	减少食品浪费	提高现金流	降低库存水平	提高投资回报率	提升品牌认知度及美誉度	提升市场份额	销售收入增加
3个月									
6个月									
1年									

讨论：

你如何评价A公司提供的解决方案？

在组织机构市场上，销售人员最后能够获取订单，一份能够“打动”客户的解决方案是必不可少的。一份好的解决方案体现了销售人员对于顾客需求的理解，更代表本企业具备满足顾客需求、为顾客创造最大价值的实力。

学习者对话

学生甲："销售原来不仅仅要能说会道，还要会做方案。我现在能理解为什么说成功的销售就是职场精英了。"

学生乙："能做解决方案的销售，在职场中十分抢手，我们得掌握撰写解决方案这个技能。"

学生甲："可是我完全不知道该从何入手，只能干着急。"

学生乙："我们先把解决方案的逻辑结构梳理出来，然后再查阅一些优秀的解决方案模板。相信这样我们能比较快地入门。"

学生甲："有道理！我们先来学习解决方案的基本架构吧！"

快速制作解决方案

一、解决方案的定义

目前在销售领域，"解决方案"绝对是个高频词汇，99%的销售人员都号称自己能够为客户提供解决方案。然而当客户收到所谓的"解决方案"时却并不满意，因为大多是他们的产品和相关服务的介绍以及公司品牌的广告。

到底什么是"解决方案"？解决方案的核心是针对双方一致认可的问题提供双方一致认可的解决方法，并带来可衡量的价值。在这一定义中，首要问题是"一致认可"，也就是说不仅需要客户承认销售人员所提出的问题，双方还要在产生问题的原因及问题的答案上达成一致，最好能对该答案所带来的价值也达成一致。这就决定了解决方案不是销售人员的自说自话或一厢情愿，必须经过与客户的反复沟通与协商。

在对问题及其产生的原因进行描述之后，解决方案要给出问题的答案。一份好的解决方案不仅仅包括书面的设计，还必须包括解决问题的步骤、方法、资源以及时间节点，甚至还应该包括备选方案，并提供可量化的价值验证。

解决方案所产生的"价值"必须是可以衡量的。这一价值不仅仅是经济价值，也包括客户所能够感知到的整体价值。因此，解决方案中对于价值的描述应该既有定量描述也有定性描述，并且与现状或竞争对手的方案具有可比性。

二、解决方案的类型

根据解决方案的内容划分，通常有技术解决方案、成本解决方案、效率解决方案、用户体验解决方案、管理解决方案、服务解决方案、行业整合解决方案等。顾名思义，从技术、成本、效率、用户体验等就能看出这些解决方案所侧重的问题及价值呈现核心。现在市场上还有"一揽子解决方案"类型的解决方案，这种方案通常包含了多个项目，涉及面广，包括了方案设计、产品选用、技术实现、后期维护以及人员培训等内容，以及解决问题时可能遇到的方方面面的细节。

除了按照内容划分，还可以根据解决方案与客户的价值联结深度划分。根据价值联结深度通常将解决方案分为五个层级。

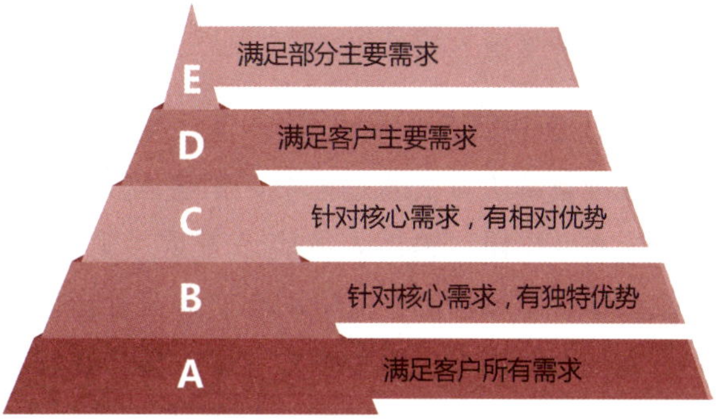

图 4-7 解决方案类型

解决方案销售顾问都希望能够给客户提供一份“完美”的解决方案，“完美”的解决方案能满足顾客所有需求，是解决方案的最高层级。A 类解决方案对供应商的资源、技术条件或市场条件都有很高的要求，对资源整合的能力要求非常高，是最理想的解决方案。解决方案顾问的履历中如果有提供 A 类解决方案的记录，可以说是在职业领域中实现了自我价值。

B 类、C 类解决方案也是比较有竞争优势的，能针对核心需求有独特或相对优势，适用于大部分项目。B 类代表该方案能够满足客户的主要诉求，且该解决方案是无可替代的。C 类通常是在各供应商报价相似的情况下，客户会寻找针对核心需求有相对优势的解决方案。需要强调的是，无论是绝对优势还是相对优势，都要考虑客户和供应商“双方认可”这一关键要素。

D 类、E 类解决方案在现实项目中竞争力偏弱，适用于竞争不激烈的项目。

知识要点二 解决方案的逻辑结构

解决方案的逻辑结构可以参考中医看诊的逻辑。中医通常是经过“望闻问切”后再开方子，而且是“千人千方”。解决方案的逻辑结构也是如此，首先需要明确的是必须站在客户的角度去撰写解决方案，这一点非常重要。方案撰写者要能尝试解决客户的这些疑问：

1. 这份方案能解决我们的什么问题和困难？
2. 这份方案是必须的吗？
3. 这份方案能给我们带来哪些效益？
4. 这份方案是我们的最佳选择吗？
5. 这份方案实施起来难度大吗？什么时候能够实现它所承诺的全部功能？
6. 这份方案值不值得现在投资？投资和回报相比是怎样的？
7. 这份方案会带来什么风险吗？这些风险是可以预见并避免的吗？

……

解决方案必须遵循以客户为中心的原则，在此基础上根据客户、自身以及行业的特点，确定结构进行调整。

一、解决方案的构建逻辑

解决方案的具体形式并没有固定的模板，企业可以根据客户、自身以及行业的特点进行灵活调整。一般而言，一份完整的解决方案至少包括以下内容：客户概况、客户需求、解决方案以及财务影响。

（一）客户概况

在准备解决方案的过程中，销售人员需要收集大量客户信息，这是制定解决方案的基础。在此阶段，销售人员应该着重了解客户当前的业务情况，比如客户的财务状况、业绩目标、市场格局、竞争动态、运营管理以及客户的价值链。

例如做智能办公服务解决方案，就需要收集客户一定期限内使用的办公设备、型号、使用成本、业务主线的组织架构等信息，并且将这些信息概括为对使用现状的分析，如图 4-8 所示。

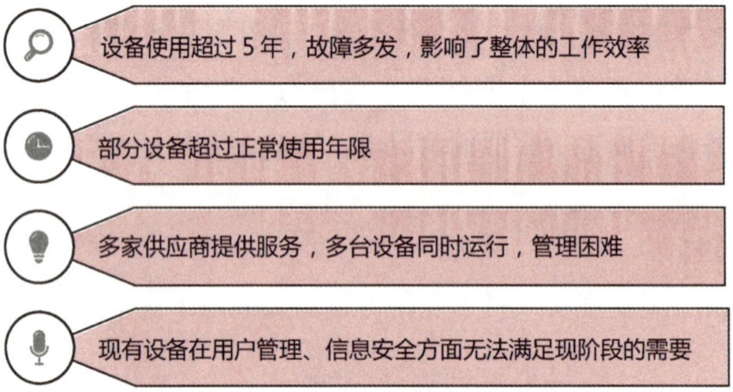

图 4-8　某客户办公设备使用现状分析

客户概况的形式并不重要，重要的是销售人员在分析时一定要放眼全局，弄清实情、把握本质，从而形成对客户业务状况的准确判断。

（二）客户需求

客户需求有的时候是由客户提出的，有的时候是销售人员对客户的业务状况进行分析之后梳理出来的，它实际上也是整个解决方案需要解决的问题或达到的目标。例如通过对客户过去两年的财务数据进行分析，发现客户的利润下降，负债增加，融资困难，这就说明其资金状况非常紧张；或者通过对竞争动态的分析，发现客户所处的市场出现了替代竞争者，并且增长迅速，这就说明客户也许面临着来自行业外部的竞争，急需技术创新。对客户业务状况的深入分析不仅能帮助客户梳理痛点，明确需求，而且能够体现销售团队对于客户业务的深刻理解，培养客户的信任感和信心。

对于销售人员而言，弄清楚客户需求的最大挑战来自于构建一张覆盖客户企业的关系网。因为在组织机构市场中，销售人员面对的采购团队可能由多个部门组成，不同的职能部门代表不同的诉求。例如，采购部门关注的是成本、质量以及交货是否及时；工程部门关注的是工程安装、故障率及售后服务；营销部门关注的是后期业务开展和市场拓展等。只有综合多方面的信息，才有可能全面了解客户需求。当然，在预算有限的情况下不可能做到面面俱到，有经验的销售人员必须学会区分“刚性需求”和“弹性需求”。

（三）解决方案

销售人员根据客户需求制定方案，确定报价，为客户创造价值。

解决方案是最核心的部分，至少包括两个层面：方案设计及项目实施。方案设计主要包括产品或服务组合。值得注意的是，方案设计并不是把现有产品简单拼凑在一起，这样并不能真正为客户创造价值，而是必须从客户的实际需求出发，为客户量身定做整体解决方案，把各部分有机地整合在一起，真正为客户解决问题，这样才能从竞争中脱颖而出。项目实施也是客户企业非常关注的部分，如项目的实施细节、时间要求等，这部分内容直接反映了调查方案的可行性和可信度，绝不可以夸夸其谈。

有的时候，销售人员仅凭一己之力是无法做出真正成功的解决方案的，需要各个职能部门的通力合作，交流探讨，因此销售人员在制作解决方案时要善于利用本企业的内部资源。

（四）财务影响

财务影响着重强调解决方案能够给顾客创造哪些收益，这是客户非常关注的要素，也是解决方案打动客户的关键指标。

1. 价格还是价值

很多销售人员在考虑财务影响时往往从成本出发，比较总体成本的高低和成本节约空间，这样容易落入“价格比较”的陷阱。销售人员可以转换思维模式，尝试从价值的角度出发，强调此解决方案总体拥有的价值，即相较于其他方案，客户能多获得多少收益；或者选择了其他的方案，客户会遭受多少损失。

2. 定量还是定性

有些销售人员在描述财务指标时喜欢采用定性描述方法，比如收益有大幅度的提升、成本快速下降、市场份额有所增加。这样的表述方法远没有定量的描述冲击力强，比如利润率提升2%、劳动成本下降10%或生产效率提高20%。如果再配以简单的分析，就更能增加这些数据的可信度。因此销售人员应该具备简单的财务知识，或者寻求企业其他部门的帮助，使用专业的财务术语进行描述。

3. 笼统还是具体

有些销售人员在描述财务指标时会笼统地进行说明，比如总体收益提升一倍。然而从实践效果来看，加上时间限定会使描述更具有可信度。例如：前期、中期、后期，或者短期内、长期来看，或者更加具体的1年、2～3年、5年以上。当然，这些指标应该是言之有据的，不能凭空捏造。

制定一份完善的解决方案，需要许多零散的信息，这些信息可能来自于不同的渠道。因此，销售人员必须认识到收集信息和制定方案不能一蹴而就，而是一个循序渐进的过程，期间需要多次拜访客户，借助企业内外部的各种力量，挖掘各种信息渠道，深入探讨各种方案的细微差别，为客户量身定做解决方案，才能确保为客户创造价值，才能真正打动客户。

二、解决方案的结构

解决方案的结构也称为解决方案的框架。一份好的解决方案能够让客户清晰地看到撰写者的思路，而不是“东一榔头西一棒子”。解决方案的撰写对于销售人员的要求很高，既要对自己的产品体系充分了解，又要对客户需求有深刻认识。如图 4-9 所示，用医生看诊来类比，一份完整的解决方案包括项目总述、现状及需求分析、方案总体设计、产品及技术分析、项目管理与实施、效益分析、投资概算以及附件八个部分。

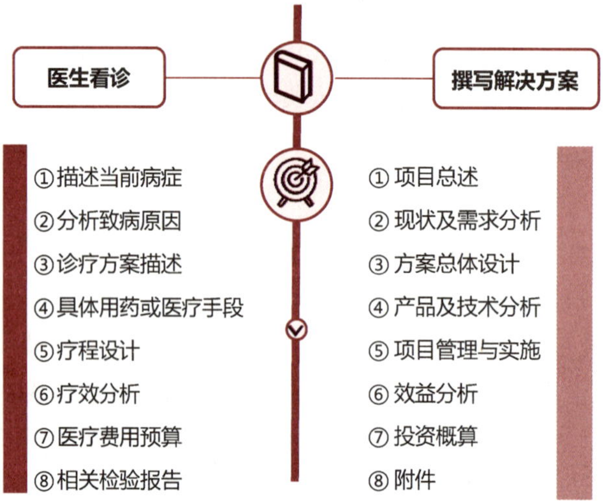

图 4-9　医生看诊与撰写解决方案的比较

小知识

复杂项目的解决方案结构

复杂项目的解决方案通常包括项目总述、现状及需求分析、方案总体设计、产品及技术分析、项目管理与实施、效益分析、投资概算以及附件八个部分。

每一个部分还可以分解为若干子部分。

项目总述包括：项目背景、项目目标、适用范围和建设原则等；

现状及需求分析包括：业务分析、需求描述与分析和项目必要性等；

方案总体设计包括：设计依据、设计思路以及系统架构等；

产品及技术分析包括：具体产品型号与参数、设备性能以及具体技术描述等；

项目管理与实施包括：项目管理、项目实施、项目进度计划、人员安排以及用户培训计划等；

效益分析不仅包括经济效益分析，还包括社会效益分析、环境效益分析等；

投资概算包括投资收益以及各部分投资等；

附件包括公司介绍及相关资质、产品彩页、业绩案例以及客户要求的相关资料等。

知识要点三 解决方案撰写技术

解决方案的撰写对于销售人员的要求很高，销售人员既要对客户需求有深刻认识，还要具备很强的方案撰写技术，两者缺一不可。否则就容易出现解决方案的内容和客户的需求不匹配，或者方案虽然吻合需求，但是文案有多处硬伤，无法吸引客户。

当客户拿到解决方案时，一般会从形式、结构和具体内容几个方面来评价专业性。所以在撰写技术方面，也要从这几个层面去提升。

一、形式规范美观

解决方案的形式是客户最容易进行评价的，它决定了客户对于这份方案的第一印象，重要性不言而喻。形式规范的解决方案体现了销售人员的职业素养和责任心，同时也会吸引客户去一探究竟。

对文档进行排版美化是撰写解决方案的基本技术要求。一般而言，一份好的解决方案要做到封面精美、目录清晰、版面格式规范及字体字号协调一致。同时，方案要图文并茂，既注重文字叙述，又有图形的直观阐述。

（一）图形表述

解决方案中常用的图形包括拓扑图、实物图、原理图等。

1. 拓扑图

拓扑图就是把实体抽象成与其大小、形状无关的“点”，再把连接实体的线路抽象成“线”，进而以图的形式来表示这些点与线之间关系的方法，其目的在于研究这些点、线之间的相连关系。如图 4-10 所示。

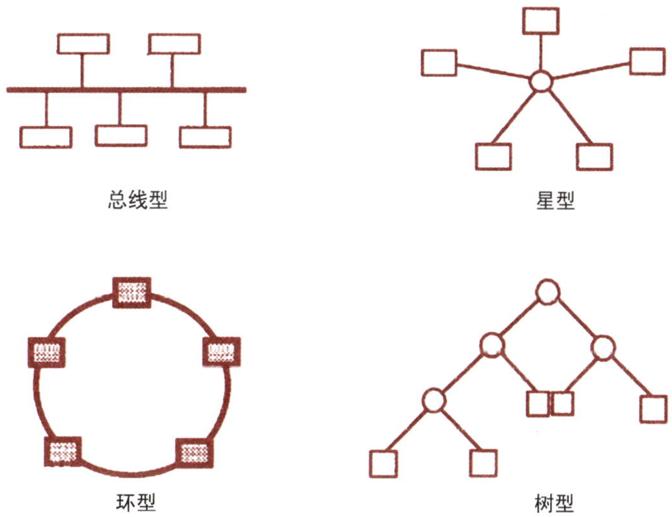

图 4-10 拓扑图的多种形式

图 4-11
实物图：苹果

2. 实物图

实物图是用拍摄工具拍摄的实物照片。相比于绘图工具修改过的图，实物图最重要的特点是与实物接近。如图 4-11 所示。

3. 原理图

原理图顾名思义就是表示各事物之间关联原理的图。在技术解决方案中，原理图的作用是非常重要的。如图 4-12 所示。

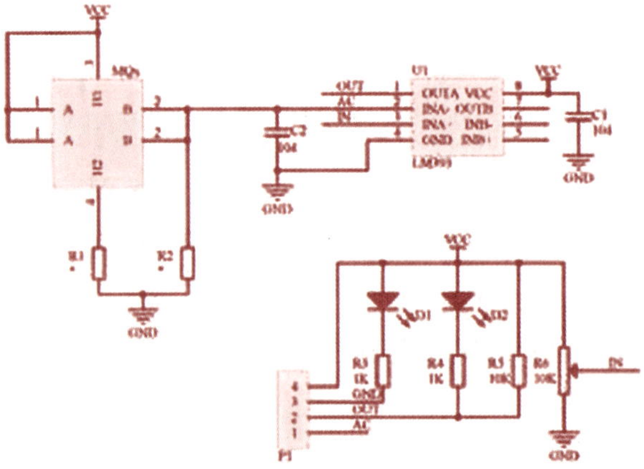

图 4-12　单片机工作原理图

（二）文字表述

解决方案的文字表述非常重要。不同的行业有不同的客户要求，解决方案的内容当然也千差万别。有些销售人员撰写解决方案时参考同类方案并不停地使用“复制+粘贴”操作，去炮制一份新的方案，甚至仅把客户名称换一下，这样撰写的方案毫无意义。

在撰写解决方案时，要特别注意细节的校对，确保各类表述的准确性。在解决方案撰写中，错别字、不通顺或格式错误等“低级”错误是不允许出现的，这不仅严重影响到企业的形象，更会令客户对企业的能力产生质疑，严重时还会导致丢失订单。

在撰写解决方案文案时要特别注意以下几方面的校对，这也是通常容易出现表述问题的地方。

1. 前后表达的一致性

方案中对同一事物的表述要前后一致。例如对客户或者对供应商的称呼，在同一个方案中要相同。要养成同一企业名称在方案中首次出现用全称，注明之后统一用简称的习惯。

2. 序号注释的正确性

方案中的序号、图示及表格的表头等注释要正确。很多销售人员在这些细节上不下功夫，采用错误的图文序号，极大地影响了客户对方案的信任度。

3. 方案用语的规范性

方案是代表公司正式对外的文档，要用书面语表述，不要出现口语和书面语混杂的情况。“我们”“你们”这些口语化语言，尽量不要出现在正式方案中。

方案用语要严谨，不要“语不惊人死不休”。“缺少管理”“业务失控”“后果很严重”等语句也要尽量避免。如果想表达客户企业管理失控，可以用“管理上存在很难受控的环节”等来表述，理性的描述会让客户更容易接受。

二、结构层次清晰

麦肯锡的前咨询顾问芭芭拉·明托（Barbara Minto）发明了“金字塔原理”，这个原理十分适用于解决方案撰写，得到了广泛的认可。她认为，撰写解决方案最有效的方式就是采用自上而下的金字塔结构：位于金字塔顶端的是核心观点，随后的主线是用以支撑核心观点的论证，以此勾勒出层次清晰的结构框架。核心观点必须出现在最显眼的位置，并引出随后用以论证或详述它的论点。用金字塔的表达策略撰写解决方案可以让客户很快抓住重点，并认识到核心思想是如何通过一个简单明了的框架组织起来的。这可以帮助客户整理思路，更好地接受核心观点以及相关的内容。金字塔结构如图 4-13 所示。

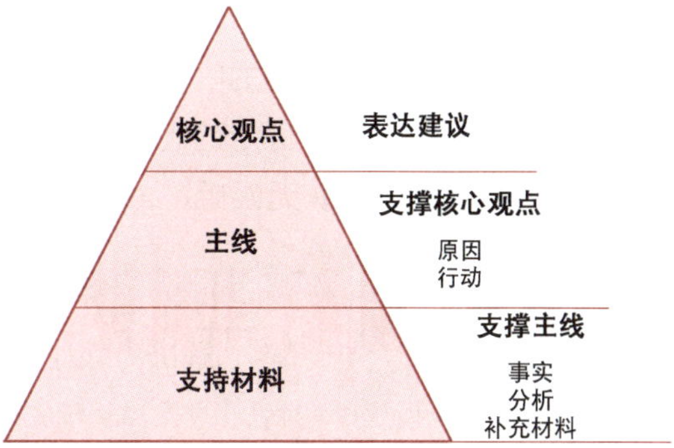

图 4-13　解决方案的金字塔结构

在目录编排上要能够看出方案的逻辑推导体系，子目录是上级总目录论点的分论点，清晰地展现逐层论证；标题的设计不要过于简单，“技术资料管理”这个标题可以改为“有效的技术资料管理”，有效性能成为技术支撑的模块，从而呼应业务实现思路中的相关描述。

三、内容丰富有效

如果解决方案的形式和结构都能达到客户的要求，客户就会仔细来看解决方案的内容。

（一）内容忌重复

不专业的解决方案有一个很常见的问题就是在不同章节反复出现重复的内容。例如，在同一份方案报告里，在“项目综述”“现状与需求”以及“方案总体设计”这三个章节里先后三次分别陈述了企业需求。

出现这一问题很大程度上是因为不同人员撰写解决方案的不同模块，最后将其拼接起来，撰写者之间缺乏必要的沟通和讨论，各自为政。因此，在进行解决方案撰写时，撰写者应该就每一模块的内容进行反复商讨，最后合成稿件时也要仔细检查，避免内容重复的情况发生。

（二）翔实客观的论据

解决方案中的论述应该有理有据。解决方案中的论点必须要有论据来支撑，切忌夸夸其谈。市场调查的结果、实际运行的数据以及典型的案例是方案内容必不可少的部分。设计得体、说明清晰的参考案例可以证明销售人员所提供的解决方案的收益效果，让客户感受到类似的问题处境。

在日常业务中要有建立容易查询的参考案例资源库的习惯，尽量将有业务往来的各个行业的客户信息都存档。某位销售人员的成功案例也可以成为企业内部其他销售的参考案例。

在将解决方案提交客户前，销售人员不妨向自己提出以下几个问题：

1. 对于客户而言，这份方案具有独一无二的价值吗？

2. 如果客户没有我的解决方案、产品或者服务，他们会面临糟糕的局面吗？

3. 该解决方案是无可替代的吗？

如果这些问题都能给出肯定的答复，销售人员可以将解决方案交给团队成员或是公司内部组织进行互评，确认无误后，再把解决方案提交给客户。

小知识

解决方案中的顾客价值

顾客价值（customer value）是顾客感知到的在整个消费过程中获得与损失之间的权衡，是对产品或服务效用的整体评价。很多学者已经在消费者市场上研究过顾客价值，事实上在组织机构市场中，顾客价值同样存在，并值得重视，因为它为企业与顾客长期发展合作关系提供基础支撑。组织机构市场上的顾客价值包括三个层面：经济性价值、功能性价值和体验性价值。

（1）经济性价值

经济性价值，顾名思义，是与企业经济效益相关的价值，是顾客对经济收益与经济成本进行比较后感知的价值，比如投资回报率、生产效率、产值、价格、收益、成本、能耗等。在解决方案中，它需要通过一系列量化的指标进行衡量和体现，比如：

- 年收入增长 100 万元；
- 利润增加 8%；
- 生产效率提高 12%；
- 股东价值增长 3%；

……

具体的数字最具有说服力和冲击力。经济性价值对于顾客来说非常重要，销售人员必须能够说出计算的依据才能令人信服。

（2）功能性价值

功能性价值体现在从顾客的痛点出发，帮助顾客解决问题或满足需求方面。在解决方案中，通过分析顾客当前的业务情况做出判断，找到客户的痛点，提出切实有效并且可行的解决方法，从而帮助顾客实现功能性价值。与经济性价值相比，功能性价值更难被看见，往往需要通过描述性的语言来表述，比如：

- 能够有效降低××方面的风险；
- 能够提升××方面的核心竞争力；
- 能够提升企业在市场上的品牌认知度；
- 能够得到更高的客户满意度；

……

对于不同的客户企业，所需要满足的功能性价值是不一样的，需要销售人员一一甄别。由于无法通过具体的数据对功能性价值予以描述，所以使用案例、其他客户的现身说法或者邀请客户进行实地参观等方式更能打动客户。

(3) 体验性价值

体验性价值体现在客户企业对于解决方案、合作关系等的认可程度以及通过整个项目合作过程对供应商的整体感知。很多人误认为只有消费者市场中的客户才关注体验性价值，事实上，在组织机构市场中，客户一样非常关注体验性价值。体验性价值不仅仅体现在解决方案中，它甚至体现在整个项目运作过程以及与客户以往合作的过程之中。体验性价值表现为：

- 是否为客户量身定做解决方案?
- 是否能让客户体验到优质的服务?
- 客户的问题是否得到及时的响应和解决?
- 客户的个性化需求是否得到满足?

……

与经济性价值和功能性价值不同，体验性价值不仅是当前项目产生的，有时还来源于之前合作过程中的积累，一旦给客户留下了负面的印象则很难被扭转。

任务三　呈现解决方案

学情问卷

1. 你有体验解决方案呈现的经历吗？

○ 自己做过解决方案呈现　　○ 看过他人做解决方案呈现

○ 没有接触过解决方案呈现

2. 你觉得解决方案呈现中最重要的事情是什么？

○ 价格优势　　○ 产品优势

○ 服务优势　　○ 客户价值

任务描述

请以小组为单位，向学校或部门相关负责人呈现本组的智能办公解决方案，并提交呈现视频。

任务指引

解决方案的呈现不是单纯的演示，包含了双方前期做了哪些工作、形成了哪些共识，在这些合作的基础上向客户展示方案。

在进行展示前要做好充分的准备，如果演示需要播放 PPT 或视频，要提前确认设备是否支持和兼容；

展示过程中要体现专业度，要用客户习惯的方式表达，逻辑结构清楚，论证有说服力；

解决方案的呈现还要符合商务礼仪规范，注意表情、用词、姿势等，减少口头禅或是小动作；

方案展示的最后部分要努力争取获得客户承诺。

表 4-5　"呈现解决方案"任务要素及评估指标

任务要素	评估指标
方案阐述	完整、流畅
逻辑清晰	论据充分
客户沟通	互动，获取客户承诺意识
时间控制	在计划时间内完成演示
商务礼仪	仪表、仪态，注意细节

任务实践要点：

1. 熟悉方案内容；
2. 注重商务礼仪；
3. 价值呈现清晰。

知识要点一　解决方案呈现准备

学习者对话

学生甲：“呈现解决方案，压力好大啊，不知道该怎么做才好。”

学生乙：“可以去观摩有经验的专业人士怎么做解决方案呈现。”

学生组长：“是的，多看，多练习，每天进步一点就是成功的开始。”

学生甲、乙：“我们先从向专业人士学习开始，看看他们是怎么做解决方案呈现的吧!”

呈现解决方案

解决方案完成之后需要呈现给顾客，这不仅仅是去客户企业做个 PPT 陈述那么简单。解决方案呈现指的是在与客户进行充分沟通、评估调研的基础上，为客户制定解决方案并向关键客户或者客户项目团队讲解并获得其认可的过程。解决方案呈现的核心是“客户沟通”，即必须让客户认可解决方案的价值。“呈现定成败”，方案做得好，呈现没有打动客户，则事倍功半。

《中庸》记载：“凡事豫则立，不豫则废。”意思是：做任何事情，事前有准备就可以成功，没有准备就会失败。说话前有准备，就不会理屈词穷站不住脚；行事前有计划，就不会发生错误或后悔的事。要进行有效的解决方案呈现，必须要做好充分的准备。

解决方案销售不是一个人的战斗，需要一个团队的成员共同完成。呈现前的准备，需要呈现者/演讲者以及销售团队的所有人各司其职，做好相关的准备工作。

一、呈现者的准备

（一）熟悉演示文件和演示工具

演讲者的主要任务是熟悉演示文件和演示工具。

演讲者的演讲是解决方案展示的“重头戏”，直接决定了展示的成功与否，甚至影响解决方案是否能够被客户最终认可。用于演讲展示的 PPT 是演讲者的辅助工具，应该符合演讲者的演讲逻辑。另外需要注意的是，因为整个团队在准备解决方案的过程中做了大量的信息收集及分析工作，因此在准备 PPT 时，销售人员会有一种强烈的冲动想让客户知道自己所付出的努力。事实上，PPT 中若堆砌了太多的数据可能会重点不突出，反而不能达到预期的效果。所以，PPT 一定要简单易懂、简明扼要。

（二）制定针对客户疑虑的应对策略

对客户的可能疑虑做到心中有数，对解决方案的适用性、解决方案中承诺的可实现性、预期收益是否被夸大等常见的客户疑虑进行呈现技巧设计，使得这些信息能自然地融入到方案呈现的相关流程中。

二、销售团队的准备

销售团队需要负责的解决方案展示的准备工作主要包括以下几个方面：

确定展示会的原则。如随时可以提问还是会后集中提问。

确定团队成员分工。如在回答客户提问时是有分工还是统一由演讲者回答。

确定参会人员名单。销售团队需要对客户方的参会人员有所了解，预测他们会提出哪些问题，评估关键人员的态度等。

制作展示会发放的宣传材料。便于客户阅读的材料可以是演讲 PPT，也可以考虑把关键内容印成小册子，或者增加一些 PPT 中没办法详细呈现的内容，如成功案例等。可以在开始演讲前，把这些材料分发给所有到场的与会人员。在关键处可以留下足够的空白，以方便客户做笔记。

协助演讲者进行演练。必要时可以邀请管理人员或其他同事参加，确保最好的展示效果。

知识要点二　解决方案呈现技术

解决方案呈现是专业技术含量很高的推销行动，是销售进程中的指南针，对销售结果有很强的导向作用。知名的行业企业都很重视销售人员的解决方案演讲能力，经常将解决方案的演讲能力，尤其是针对高层领导的演讲能力，作为资深销售的重点培训及考核内容。

有效的解决方案呈现对赢得客户信任与支持十分重要。销售人员进行解决方案呈现时要十分熟悉呈现流程，并能有效地进行方案呈现。

一、呈现流程

呈现解决方案，就像是船长引领乘客从出发地到达目的地的过程，会经历破冰、航行、到岸，解决方案的呈现包括开场白、呈现方案、总结等阶段。

（一）开场白

有效的开场白很重要。呈现者通过开场白拉近与听众的距离，迅速把“你们”变成“我们”，让客户建立对于演讲者的信任，以一种开放的态度去面对演讲者接下来要分析的观点。开场白部分的时间不宜过长，建议在 45 秒以内。

示例：

“刚才进门的时候有人问我是不是遇到什么喜事了，看起来意气风发。确实啊！今天能在这么多领导、专家面前进行演讲，对我和我们公司来说都是莫大的支持和鼓励，你们说我能不兴奋吗?”

（二）呈现方案

呈现方案就是正式的解决方案演讲，在解决方案的演讲过程中需要展示演讲者的专业能力和公司的整体实力，需要根据解决方案的逻辑结构，循序渐进地向客户详细展示整个方案，体现解决方案的有效性及其给客户带来的价值。

在进行方案呈现前，演讲者需要简明扼要地向客户介绍一下解决方案演讲的大概流程以及需要花费的时间，如图 4-14 所示。

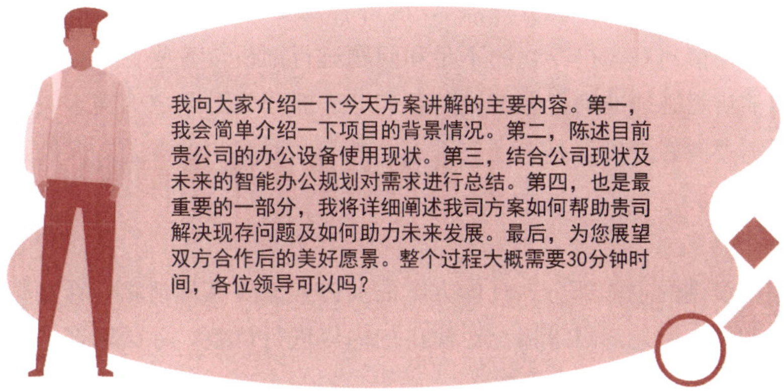

图 4-14　介绍解决方案演讲的流程及需要花费的时间

专业的解决方案讲演者，会让客户知道呈现的逻辑结构、需要的时长等。出席解决方案呈现的通常会有客户内部的关键决策人，越是高层对时间管理越严格，主动说明呈现需要的时长，会让客户认识到演讲者的专业素养。

不同的行业在方案呈现的结构或细节方面会有不同，但主线都是一样的，就是围绕着发现问题—解决问题—确认价值展开呈现。

标准的方案呈现分为以下五个部分：背景介绍、现状、需求总结、具体方案以及投资收益。

1. 背景介绍

这一部分主要介绍项目背景，例如客户需求产生的原因、双方已付出的努力、客户愿景等。通过背景介绍可以让现场的所有客户都能了解这个项目的来龙去脉，尤其是前期介入不深的高层；对愿景的表述可以让客户对接下来的讲解产生兴趣。这部分的介绍控制在 2～3 分钟为宜，点到即止。

2. 现状

演讲者需要体现出对客户、行业以及市场的了解，在介绍的时候将关键点陈述出来，如果涉及数据，要描述清楚。这里需要注意的是，在讲解现状之后，需要在现场征询客户是否还有补充信息，如图 4-15 所示。

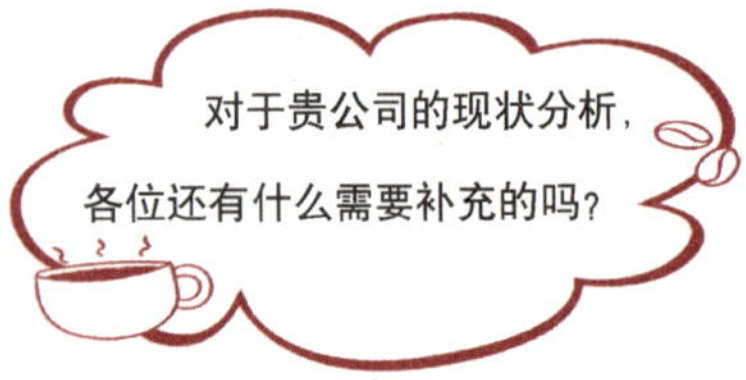

图 4-15 征询客户是否还有补充信息

这个互动十分关键，如果没有向客户确认现状，后续在呈现方案时客户如果有不同声音，或在讲解方案时被客户指出有遗漏或数据不符的情况，都会影响到方案呈现的效果。所以，在陈述客户的现状的时候，现场一定要确认客户是否需要补充。只有当客户明确表示没有补充后，才能进行下一部分的讲解。

3. 需求总结

这一部分也可以被称为“业务痛点”，演讲者既要一语中的，又不能引起客户的反感。演讲者需要谨慎地对客户存在的不足和问题进行剖析，有些客户会不喜欢听到负面的评价，所以演讲者必须准确把握客户的反应。这部分要对客户的需求关键点一一进行陈述。陈述后需要向客户确认是否还有补充，既表示对客户的尊重，又能避免在方案阶段被客户质疑。

4. 具体方案

具体方案是演讲的主体部分。具体方案的演讲应该要条理清晰，详略得当。演讲者应该根据客户职务、所处部门等情况对演讲的内容进行调整，务必对客户最关心的问题进行详细阐述。

图 4-16 的示例在呈现时既针对性地解决客户的问题，又与客户进行了互动，还突出了产品的优势。将产品优势转化为针对性地解决客户的问题，客户的接受度会更高。

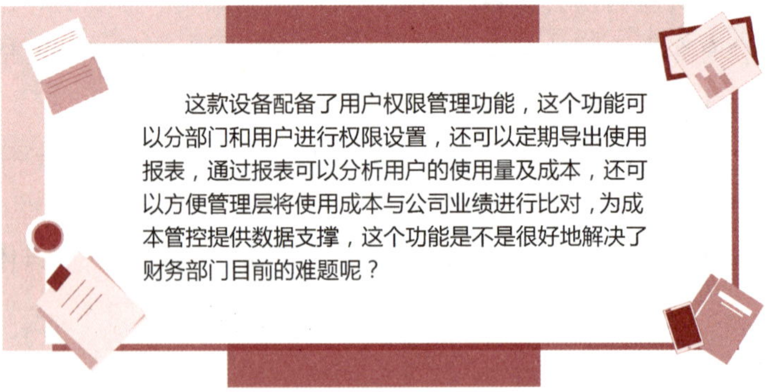

图 4-16 具体方案演讲示例

5. 投资收益

这是客户最为关心的问题，演讲者应该清楚、明白地阐述方案能给客户带来的实质性的、可量化的收益。需要注意的是，此处的收益是整体收益，而非仅仅指经济收益。

再好的解决方案，客户如果认为不值得是不会购买的。在呈现方案时，解决方案呈现者需要让客户相信自己，让客户认识到彼此已经为这个项目投入过不少时间，向客户确认帮助客户解决的问题、带来的收益，强调帮助客户提升价值的实力等，激发客户做出购买决策。

（三）总结

方案讲解接近尾声，这时可以进行总结性陈述。通常用简洁扼要的语言对解决方案的重点进行再次强调，表达对客户的感谢，为解决方案的演讲画上完美的句号。

通常总结之后还会安排现场与客户互动的环节，邀请客户对不清楚、存有疑虑或者特别感兴趣的部分提出问题。

销售人员应该抓紧这一机会与客户进行深入的交流，答疑解惑。客户一味地赞同并不一定就是真正的认可，适当的质疑表示客户在认真考虑方案。

小知识

如何让客户对你的解决方案"无法抗拒"?

在进行解决方案呈现时，派出由销售主管以及运营、技术及其他相关领域的资深专家组成的强大项目团队。当然不是为了显示人多势众，而是要充分展示企业的业务实力。各个领域专家的出席，能够极大增强客户对运营、财务、技术等部门的信任。如果这些专家能赢得客户的认同，向客户展示企业对于项目的重视，他们以后还能与客户增进交流，获得更多的信息。通常，一次解决方案呈现之后至少会有一位专家能引起客户的兴趣，这就能促成之后的双向沟通。

演讲者应该与客户参会人员保持良好的互动，关注他们在倾听汇报过程中的反应，并及时对演讲策略进行调整。

销售人员要抓住机会，进行深度交流。销售人员需要知道，成功的解决方案展示并不意味着能立即拿下订单，有时仅仅是引发客户对于解决方案的兴趣，从而获取深度交流的机会。销售团队与客户的深度交流可以是在展示会现场，也可以在展示后的任何时间。在深度交流的过程中，客户会透露很多想法，这是很好的了解客户真正需求的时机。高效沟通的关键首先在于倾听，销售团队应该首先培养倾听的技巧，而不是着急解释或灌输想法给客户。在与客户进行沟通时，最好能够做好笔记，这不仅表明销售人员在意对方的意见，同时也有利于后续的资料整理和方案修改工作。有经验的销售人员会在展示后和关键人物一一交流，了解各人对于解决方案的看法、是否存在疑问、是否认同等问题，从而确保正确理解了客户的问题。在交流过程中，销售人员也要特别留意客户重点强调了哪些内容。强调的重点不同，也会透露出意见的不同。

展示后与客户的深度交流将帮助销售人员进一步观察和了解客户的真正需求，销售人员通常需要根据客户反馈，进一步修改解决方案，直至最后完全被客户认可。要想真正为客户创造价值，这种持续完善及优化是核心。

在解决方案呈现结束之后，销售人员应该持续地跟进，对解决方案进行修改。对于呈现现场没能回答的问题进行补充，甚至安排再一次的方案呈现。在很多时候，解决方案的呈现仅仅意味着一个开始，需要经过长期、反复的沟通和交流，客户才能真正认同销售人员提供的方案和价值，从而“决定购买”。

二、量化价值呈现

呈现解决方案最核心的技术就是量化价值和利益。在解决方案中呈现的各项价值都应该是具体的、可信的、可以进行衡量的。经济性价值能够被量化，功能性价值有具体的案例进行佐证，体验性价值可以通过具体的条款来体现。这就要求呈现解决方案的销售人员不能去做夸夸其谈、华而不实的演讲。量化价值可以使用 IMPACT 法则，IMPACT 法则包括六个方面。

（一）库存（inventory）

I 是指库存，也就是销售人员进行呈现时，要突出量化的库存带来的利益。

例如：“如果您采用××库存管理软件，可以提高仓库的使用周转率，腾出来的库房空间每年可为您带来 100 万元的回报。”

快速发货、减少库存、加速存货流转等是供应商能提供给客户的价值和利益，在量化时可以使用库存的投资回报率、周转率、及时存货等指标，销售人员呈现时可以生动、直观地表达出已经节省的费用或所带来的利润贡献。

（二）资金（money）

M 代表资金，利润增加、成本下降是最直观的提供给客户的利益，在量化其他指标时，将库存、人力、资产、能力、时间转换为增加的利润和节省的资金，能给客户留下深刻的印象。

（三）人力（people）

P 代表人力，指向客户提供原本该由客户自己完成的服务，例如向客户提供定期的设备巡检和保养服务，就是替代了客户设备部门相关人员的工作，为客户节省了人力成本。

（四）资产（asset）

A 代表资产，指为客户免费提供设备、建筑物、车辆等固定资产使用。比如免费为客户提供测试实验室时，要考虑所有实验设备、仪器的总价值，通过一定的折旧或出租的费用来确定此项服务的价值。

（五）能力（capability）

C 代表能力。改善运营、提高客户的人员效率或生产率，也是对客户比较明显的价值。比如使用新的设备使生产效率提高了 10%，那么，这 10%就是你在能力方面的体现，同样，你可以进一步将这 10%换算成增加的利润。

（六）时间（time）

T 代表时间。如果你能帮客户节省时间，你就为客户创造了价值。比如你可以计算

“2 小时内到达现场、24 小时内解决问题的服务承诺”带来的价值，假如不能及时处理，将导致设备停工、人员闲置、订单延误或丢失等成本损失。

在解决方案中应该提出具体的行动计划和时间期限，包括细分目标的实现时间以及最后总体目标的实现时间。

运用 IMPACT 法则最理想的状态就是让客户直观地感受到利润的增加、成本的下降。

三、增加方案的说服力

一种很好的呈现方式是：提出问题—分析问题—解决问题，即从客户的需求出发，如降低库存；接下来分析客户的业务现状，如物流存在瓶颈、销售商能力不足等；然后提出解决方案，如聘请第三方物流、更换销售商等。销售人员可以准备相关的案例进行佐证，最好能够提供本企业的成功经验，如“我们曾经在其他公司做过类似的举措……”，这样会使解决方案的展示更具有说服力。

销售人员在进行解决方案呈现时，还可以强调方案的独特性、可操作性和可持续性。

独特性应该体现在两个方面：第一，解决方案应该优于其他供应商提供的方案，有独特的、创新的观点；第二，解决方案应该有别于供应商为其他企业提供的方案，能够真正根据目标企业的情况实现量身定做。

可操作性要求解决方案中提出的目标是可实现的，措施是可执行的。供应商通过资源分配、技术手段、产品或服务支持，来实现方案所提出的目标。

可持续性指解决方案应该具有意义深远的生命力，不仅仅着眼于当前，更具有长远的眼光，符合企业的长期目标和长远利益。

小知识

广义的利益

有些客户对供应商提供信用支持的关心程度远远超过产品本身带来的利益，这些客户关心的可能是价格、利润和付款条件等，而不是产品本身。广义的利益除了产品利益外，还包括质量保证书、安装维修、使用培训等带来的利益，提供赊账支付、现金付款折扣、数量折扣等也都是客户利益。

课后习题

1. 知识小测

【单选题】下列说法正确的是（　　）。

A. 行业背景分析是指企业体制、股东结构、组织结构、经营情况与财务支付能力

B. 客户背景分析是指现状分析、需求分析、解决方案和客户收益分析

C. 项目情况分析是指所在行业的基本形式、整个行业的地位及行业发展的趋势

D. 决策流程分析是指采购流程、决策流程和关键人信息

2. 行动学习实践

使用“四副眼镜”法进行小组讨论

“四副眼镜”法被广泛地运用于小组讨论，指从不同的视角看待问题、分析问题，从而得到对问题的完整认识。

白眼镜：意味着积极正向，评价一个方案的正面价值和优点，肯定对方的观点；

黑眼镜：意味着审慎，分析方案可能存在的问题，指出方案的错误和潜在的风险；

显微镜：意味着深入细致，对方案的细节进行评估，考察方案的可操作性和可实现性；

望远镜：意味着高瞻远瞩，运用全面和前瞻性的眼光对方案进行分析和预测。

3. 同辈行为评价

阅读邹彬的故事，谈谈对你的启示。

从砌墙工成长为世界技能大赛获奖者，95后工匠邹彬——“选择这份职业，就要做到最好”

王云娜，《人民日报》（2022年03月17日　第13版）

湖南小伙子邹彬在平凡的岗位上坚守工匠精神，练就了一手砌墙的好技艺。在第四十三届世界技能大赛中，邹彬为中国捧回砌筑项目的第一块奖牌。如今，邹彬不仅在工地上指导砌墙，还负责质量检查。他说，技能学无止境，每份职业都很光荣。

建筑工地上机器轰鸣、人声鼎沸，但邹彬的心思全都放在眼前的那堵墙上。调浆、抹浆、切砖、垒砖、压实、勾缝……手脚麻利，整齐美观。

这是邹彬初学砌墙时的一幕，领他入门的父亲邹同石对此记忆犹新：“我们想着干完，小彬却想着干好。只要开始工作，他就像钻进去了一样。”

认真专注、精益求精，在第四十三届世界技能大赛中，邹彬一鸣惊人，拿到了砌筑项目优胜奖，为中国捧回该项目的第一块奖牌。如今，这个95后小伙子已经从农民

工成长为中建五局总承包公司项目质量总监。

执着专注，下足苦功夫

2011年夏天，一辆大巴车载着邹彬，从湖南省娄底市新化县驶往长沙。此次离开家乡，邹彬打算到父母务工的建筑工地。“学业上虽然败下阵来，但我不能轻易认输，要在事业上好好干。”旅途中，这个中学毕业的山里娃心中燃起了一团火。

第二天一早，邹彬跟着父母走进中建五局的施工现场。他承担的第一项任务就是“搬砖”，把一块块红砖递给正在砌墙的“大师傅”。

邹彬心里明白，这道工序看起来没有技术含量，实则特别有讲究。原来，砖块难免会有断裂，而砌墙又恰好需要长短不一的砖块。“搬砖小工”给力，不仅能让断砖变废为宝、物尽其用，还能帮砌砖师傅减少切砖的时间。

“我提醒自己，再小的活也要认真干。”邹彬一边学习砌墙手法，一边为砌墙师傅递去合适的砖块，“实在找不到现成的可用砖块，我就自己动手切砖。”

有时候一刀下去，红砖直接碎成好多块，没法再用；有时候，切好的砖块太长或太短，还得返工……由于经验不足、方法不对，邹彬经历了许多次失败。但他并不气馁，虚心请教。在工友们的指导下，他仔细观察不同砖块在密度、干湿度等方面的差异，找准切砖的力度和角度，再反复练习，即便受伤，也只是简单处理一下，就回到岗位上。

勤学苦练一月，邹彬拥有了挑选砖块的“火眼金睛”和愈发娴熟的切砖技术。一次，舅舅刘尧述在砌筑一个结构比较复杂的马牙槎，需要多块长短不一的红砖。没等他开口，邹彬就将大小刚好合适的砖块一一递来。舅舅入行多年，对此十分惊讶，“他年纪小、话不多，但确实下足了苦功夫。”

熟能生巧，磨出精湛技艺

在家人的鼓励下，邹彬开始学习砌墙。他碰到的第一个难题就是铺浆。一块红砖足足有4斤重，砖块之间的黏合，离不开水泥砂浆。邹彬学着砌墙师傅的样子，左手持砖、右手拿刀，将砌刀往浆桶里一铲，挑上一大团砂浆，再把砂浆铺在砖块上。没想到还没来得及抹平，水泥砂浆就从砖面脱落，掉在地上。邹彬一下子蒙了，他又挑出一团砂浆，抹在砖块上，依旧粘不住。“别人都是这么做的，为什么我没成功?”

不懂就问。舅舅的一番讲解，让邹彬发现了问题：砖面不能太过倾斜，砌刀要在砖面上用力一刮，才能让砂浆粘得更牢。他反复练习，终于让砂浆牢牢地粘在砖面上。即使将砖面倒过来、晃一晃，水泥砂浆也没有落下。一排砖、两排砖……额头冒出豆大的汗珠，戴着手套的左手也磨出水泡，但邹彬没有停下来，“熟能生巧，找到了对的感觉，就想多练练手。”

砌筑的第一面墙很快就通过了施工方的质量检测，但邹彬却不满足，总觉得墙面看起来“不那么漂亮”。他的目光一寸寸扫视墙面，不放过一个角落，想方设法“挑刺儿”。他发现，砖块间的水泥砂浆组成墙面的一条条灰缝。可无论横向还是竖向，这些缝隙都宽窄不一，禁不起细看。

“归根结底还是技术不过关。”邹彬说，由于挑浆手法不熟练，每块砖上涂抹的砂浆有多有少，导致灰缝有粗有细。没有别的办法，只能多练多干。从砌第二面墙开始，他在挑砂浆时更加心细，力争减少差别。每砌完一排，都会回过头来检查一次，看看灰缝有没有对齐，墙面平整度、垂直度是否合格。即便是小瑕疵，也要返工，绝不放过。

为砌好一面墙，邹彬常常选择推倒重来，速度比别人慢了不少。看着儿子从早忙到晚，母亲很心疼，“砌得再好，也不会加工钱。质量过关就行，你别太累了。”“既然选择了这份职业，就要做到最好。”这个倔强的伢子说。

一块又一块砖，一面又一面墙。苦练一年后，只要是邹彬出品的墙面，纵横两向的灰缝都能控制在1厘米以内，砖面清清爽爽，见不到多余的水泥或污点。“哪堵墙是邹彬砌的，看一眼就知道。”邹彬砌的墙在当时的项目施工员心里打下了“免检”的烙印。

一丝不苟，坚守工匠精神

一面青砖墙，留出一扇窗。窗户下，红色砖块组成的数字“14”，略微凸出墙面……2014年，中建五局举办的“超英杯”技能比武上，邹彬拿到了这样一道考题。

这是他第一次接触艺术墙，但凭借扎实过硬的基本功和一丝不苟的态度，邹彬一举夺魁。此后，他一路过关斩将，在全国技能大赛中脱颖而出，并且获得了参加第四十三届世界技能大赛的资格。

世界技能大赛的砌筑项目比的也是艺术墙砌筑，但花纹更加复杂，墙面更为立体，砌筑难度更大。“参赛选手必须拥有大量的几何知识，能够根据图纸的尺寸，计算墙面图案的角度、弧度和大小，再切割砖块、组砌。”邹彬说：“这恰恰是我的短板所在。”于是，邹彬来到中建五局长沙建筑工程学校，“回炉”再造。“什么不会就学什么，必须迎难而上。”邹彬告诉自己。

运用几何知识，力求“零误差”，离不开大量的辅助工具。过去砌砖，邹彬只有砌刀、卷尺等“老家什”当助手，而在学校，光是勾灰缝的工具就分了好几种，还有激光仪等以前没见过的工具。在老师的指导下，邹彬逐渐掌握了100多种工具的使用方法，对它们的特点和优势了如指掌。

“几个月后，邹彬只要看一眼样图，就能迅速找到需要的砌筑工具。”中建五局长沙建筑工程学校副校长盛良曾是邹彬的教练，让他印象最深的是，邹彬把墙面当作艺术品来创作，沉下心来精雕细琢。一项计分点多达七八十项的砌筑任务，拿到 90 分还不满足，硬要重新来过，拿到 95 分才罢休，“这个分数，连拥有超强大脑的工业机器人也拿不到。可以说，他已经具备了用砖头‘绣花’的能力。”

2015 年 8 月，第四十三届世界技能大赛在巴西举行。邹彬完成的墙面上，巨大的足球活灵活现，每一根线条都清晰流畅，具有很高的观赏价值。最终，他取得了第十三名的成绩，获得优胜奖。这也是中国在世界技能大赛砌筑项目上取得的第一枚奖牌。

为国争光，他被中建五局总承包公司破格录取为项目质量管理员。如今，邹彬成为项目质量总监，不仅在工地上指导砌墙、砌筑样墙，还承担起质量检查的任务。

“三百六十行，行行出状元。”邹彬说，技能学无止境，每份职业都很光荣，在平凡的岗位上坚守工匠精神，终将实现自我价值，拥有闪闪发光的机会。

4. 案例分析

请和身边的亲朋好友一起阅读案例故事，用你所学过的知识解析华为公司为何能获得 Ufone 的订单。

华为的解决方案

2006 年 9 月，全球知名跨国运营商 Etisalat 在巴基斯坦的子公司 Ufone 宣布将价值 5.5 亿美金的 GSM 商用合同授予华为。根据合同，Ufone 将采用华为领先的 EnerG GSM 解决方案全网替换其原网设备，建成后的网络将覆盖超过全国 1 500 个城镇。

Ufone 此次选择的华为整网解决方案包括全 IP 化的移动软交换核心网和新一代 GSM 双密度基站，是其理性选择的结果。

华为全球首创的基于 IP 的分布式组网方式相比于传统组网方式而言，具有容灾自愈能力，而且大大降低了运营商的 CAPEX 和 OPEX。华为创造性地将移动软交换应用于 GSM 网络，使 GSM 网络升级到 3G 变得很容易，核心网部分更是只需软件升级，硬件部分可以保留使用。这完全打消了运营商在 3G 蓬勃发展的时代是否持续加大对 GSM 网络投资的顾虑。

华为网规团队通过大量收集当地人口分布、经济状况、地理地形、现网话务分布等信息，合理预测 GSM 网络的话务量，进行网络精确规划。使用成熟高效的网络规划工具 U-Net，结合当地高精度的电子地图，对各种场景下的覆盖情况进行仿真，同时利用 U-Net 工具对整网频率进行自动规划，大大提高了规划工作效率和可靠性，避免了人工规划带来的人为失误。经过翔实的调研之后，华为销售团队针对 Ufone 的实际情况提出有针对性的解决方案：

对于高密度大话务量用户地区及需要广覆盖的地区，采用华为公司开发的双密度宏蜂窝基站进行规划。双密度基站能在解决高话务的同时大大提高网络的覆盖性能和语音质量；同时，华为室外型宏蜂窝基站，具有防水、防盐雾、防霉菌三防功能，并且能在 −40～50 ℃温度范围正常工作，完全适用各类环境。

针对巴基斯坦复杂的地理环境和网络的长远发展，华为网规工程师凭借丰富的网络规划经验，以及自主研发的强大的网络规划先进工具，立足于客户需求，为 Ufone 量身打造，进行贴身的精细规划。

根据这些客观情况，Ufone的整网建设项目大量采用了华为新一代GSM双密度基站。华为采用独有的3G技术设计GSM基站，使该基站具有集成度高、接收灵敏度强等特点，与其他产品相比具有同等容量覆盖范围更大的优点，能有效提高网络性能，降低网络的建设和运营成本。这正适合巴基斯坦的国情。

Ufone项目完成后，其用户数增长了一倍以上，达到1 700万用户，Ufone在巴基斯坦电信市场的份额也大大增加。

5. 自我认知测评

有一位作家，他靠着为报纸写专栏维持生活。他给自己定下了一个宏伟的目标，如果他的专栏读者人数达到10万，他就给自己放个长假。可是日复一日，有人喜欢他的文字，也总有人批评他的文字，10万这个数字看起来遥遥无期。于是，他一天比一天更不快乐，几乎对自己丧失信心。直到有一天，他读到了一篇文章，分析为何很多声名大噪的歌手最后以惨剧结束一生。究其原因，就是这些歌手在舞台上万众瞩目，获得观众的掌声，然而他们从来没有听过来自自己的掌声。因此，一旦告别舞台，他们就会觉得悲凉，感觉自己被观众抛弃。读完这篇文章，作家陷入了沉思，原来很多时候我们更需要来自自己的掌声和鼓励。于是，他把自己的目标分解成了一个个阶段性的小目标，比如一周达到两万字，就去邻近的餐厅大吃一顿；有一个读者点赞，就奖励自己看一场电影；专栏的好评数增加，就安排自己去海边度周末。于是，作家的状态越来越好，而这种状态似乎传递到了他的文字上，他的专栏越来越受欢迎，年底他还被评为“年度最受欢迎的作者”，读者数量也在稳步增加中。

你有多久没给自己鼓过掌了？重新审视一下你的目标，看看能不能转化成阶段性的小目标。“不积跬步，无以至千里；不积小流，无以成江海。”通过阶段性目标的达成，最终实现你的“终极目标”。

表4-6　阶段性目标规划表

终极目标	阶段性目标	完成情况	自我奖励
完成销售目标	成功拜访客户		
	找到新的支持者		
	成功召开技术交流会		
	制作解决方案		
	解决方案得到客户认可		
	……		

项目五

角逐项目招投标

知识目标

了解招投标基本概念和法规；
了解招投标类型和基本流程；
了解投标文件编制流程步骤；
了解商务标和技术标的内容。

能力目标

能够从招标文件中抓取关键信息；
能够编制商务标和技术标内容；
能够掌握投标文件的编写格式。

素质目标

遵守招投标的公开、公正、公平原则和法规；
理解投标中需要的职业道德；
理解长线思维在招投标中的重要性。

学习任务

任务一　制订投标计划
【招投标法规简述、常见招投标的类型与流程、制订投标计划】
任务二　分析投标赢率
【商务标的规范要素、技术标的规范要素、投标赢率核算方法】
任务三　撰写投标书
【标书外观格式的注意事项、撰写投标书的要素】

项目情境

行百里者半九十

小霞和项目团队经过一个月的努力，和M公司的几位关键人建立了良好的关系，做了大量的调研和用户访谈，对M公司的现状与需求非常熟悉，制定了具有针对性的解决方案。得知解决方案得到了M公司负责人的认可后，小霞十分欣慰，一个月的努力没有白费，对赢得这个项目充满了信心。

当小霞想与同事一起庆贺的时候，却出乎意料地发现大家并不兴奋，原来M公司的这个项目的规模超出了直接采购的标准，按照规定采购必须通过招投标进行。基于该项目的规模和重要性，M公司决策层决定对该项目进行邀请招标，邀请了包括小霞公司在内的四家供应商参与投标。原以为方案好、客户满意就能赢单，没想到因为采购政策的相关规定，凭空多出来了这么多实力雄厚的竞争对手。

"行百里者半九十"，客户拜访，需求探寻引导，关系突破，价值呈现、撰写方案……这些情境在小霞脑海里一幕一幕地浮现。小霞知道，不论前期工作积累了多少优势，最重要的是此时此刻对招投标环节的应对策略。如何参与投标，如何中标，这才是最大的难题。

对于小霞而言，只有掌握全面的、结构化的、可操作的、有实效的招投标技术，才能通过招投标流程的检验。而这一切都得从这场没有硝烟的商战中寻找答案。

请思考以下问题：

1. 小霞需要掌握哪些关于招投标的知识？
2. 在进行招投标的过程中会遇到哪些问题和挑战？

任务一　制订投标计划

学情问卷

1. 提到招投标，你第一时间想到的是什么场景？

○ 讲标现场的激烈对战　　○ 各方力量的明争暗斗

○ 中标后的疯狂庆祝　　○ 投标方连续通宵备战

2. 你如何理解招投标的意义？

○ 拿下项目，为公司创收　　○ 为客户解决问题，满足客户需求

○ 赢得竞争，扩大实力　　○ 提升公司的业务水平

3. 你认为招投标取胜的最关键因素是什么？

○ 和招标方的关系紧密　　○ 公司自身实力

○ 标书能很好地满足招标方的需求　　○ 讲标现场的超水平发挥

○ 竞标价低

任务描述

请以小组为单位，通过搜索互联网公开内容获取政府、企业、事业单位发布的实验设备采购相关项目的招标公告。确定某一项目，根据其内容讨论并制订投标工作计划书。

任务指引

招投标是经济进步的一种体现，随着经济的不断发展，市场成熟度不断提高，竞争也越来越激烈，越来越多的组织机构通过招投标的方式选择适合的合作伙伴。销售人员作为项目的第一负责人，必须掌握招投标的各项规则、流程、技巧及相关的注意事项。复杂型项目销售更加需要掌握制订投标计划、编写投标书、分析投标赢率等技能。

招投标主要特征案例可到政府采购网查询采购公告、下载招标文件，如中国政府采购网广东分网：https://gdgpo.czt.gd.gov.cn/cms-gd/site/guangdong/gmfw/index.html

可以通过网站域名后缀来判断网站主办机构的属性，在我国，只有正规的官方政府机构才可以使用 gov.cn 为后缀的域名。在使用通用型搜索引擎（例如百度、搜狗）查询互联网内容时，可以使用 site 指令限定来源，要求只获取那些来自政府正规网站的结果，如图 5-1 所示。

图 5-1　在搜索引擎中使用 site 指令限定来源

根据招标书的各项要求制订“投标工作计划书”时，需要关注的内容有：投标目的、投标截止日期、封装及投递要求、任务分解及划分责任人［要求完成标书投递前所有任

务的分解及责任到人：例如项目概述、投标文件组成（商务文件、技术文件、电子版本、投标书编制要求等）、投标进度表]。

表 5-1 “制订投标计划”任务要素及评价指标

任务要素	评价指标
目标	符合 SMART 原则
计划	投标流程清晰、责任分工明确

任务实践要点：

1. 根据投标的流程制订投标计划；
2. 任务分解合理并责任到人（由小组成员担任相关部门职位并合理承担相应任务）。

知识要点一　招投标概念及法规简述

引导案例

违法：招标项目“私人订制”

提前泄露招标信息、打招呼推荐投标人、设置条件排挤竞标对手……罗某国被开除党籍和公职。

罗某国之所以走到这一步，源于“清扫保洁和垃圾填埋场经营权承包”项目，该项目标的额近亿元，由罗某国总体负责项目的招投标。

工程建设项目资金量大、关键环节多，项目招投标涉及代理公司确定、招投标公告发布、工程范围、价格、承包期的确定等，因而法律对项目招标人的相关行为进行了严格规定。《中华人民共和国招标投标法》规定，必须进行招标的项目的招标人向他人透露已获取招标文件的潜在投标人的名称、数量或者可能影响公平竞争的有关招标投标的其他情况的，或者泄露标底的，给予警告，可以并处一万元以上十万元以下的罚款；对单位直接负责的主管人员和其他直接责任人员依法给予处分；构成犯罪的，依法追究刑事责任。

商人李某通过送礼等方式与罗某国建立了关系。为了确保李某顺利拿下该项目，罗某国在招标前透露内幕消息，在招投标的实施过程中，罗某国还按照李某的建议来确定招投标代理公司，并给代理公司主要负责人“打招呼”，根据李某公司的资质为其“量身定制”了招投标准入门槛和报名条件。

在罗某国的帮助下，李某顺利中标，并给了罗某国巨额酬谢金。法网恢恢，疏而不漏，迎接罗某国与李某的是法院的审判。

（案例来源于中央纪委国家监委网站：https://www.ccdi.gov.cn/special/jdbg3/hunan_bgt/sfjds_jdbg3/202010/t20201010_226856.html）

讨论：

案例中有哪些违反招投标法律法规的行为？

一、招投标基本概念

招标是采购单位对拟建设的项目通过法定的程序和方式吸引供应商单位进行公平竞争，并从中择优来完成任务的行为，这是在市场经济条件下常用的一种交易方式。招标人是依照法律规定提出招标项目、进行招标的法人或者其他组织。

投标是指卖方根据招标条件应邀递盘的行为。投标人是响应招标、参加投标竞争的法人或者其他组织。投标人应当具备承担招标项目的能力以及国家或者招标文件所规定的资格条件。

招标投标制是一种国际通行的采购方式，是招标人和投标人经过邀请、响应、择优选定，最终形成协议和合同关系的平等主体之间的经济活动过程，是“法人”之间诺成有偿的、具有约束力的法律行为。招标投标制度的推行，能够促进我国各行业和世界接轨，不仅能够提高资金的使用效益和质量，提高工程质量，还可以保障市场健康运行，营造公开、公平、公正的竞争市场秩序。

二、招投标相关法规

在我国，招投标是受到相关法律法规约束的市场经济活动。目前，我国出台的招投标法规主要分为两类，一类规范招投标活动，另一类规范政府采购活动，如表 5-2 所示。

表 5-2 我国招投标法律法规举要

类型	名称
规范招投标活动的法律法规	《中华人民共和国招标投标法》
	《中华人民共和国招标投标法实施条例》
	《工程建设项目招标范围和规模标准规定》
	《工程建设项目施工招标投标办法》
	《工程建设项目货物招标投标办法》
	《工程建设项目勘察设计招标投标办法》
	《电子招标投标办法》
	《评标委员会和评标方法暂行规定》
	《招标公告和公示信息发布管理办法》
规范政府采购活动的相关法律法规	《中华人民共和国政府采购法实施条例》
	《政府采购货物和服务招标投标管理办法》
	《政府采购非招标采购方式管理办法》
	《政府采购评审专家管理办法》
	《政府采购质疑和投诉办法》
	《政府采购信息发布管理办法》
	《政府采购竞争性磋商采购方式管理暂行办法》

在中国进行的招投标活动，都需要遵循《中华人民共和国招标投标法》《中华人民共和国招标投标法实施条例》。《中华人民共和国招标投标法》于1999年8月30日通过，自2000年1月1日起施行，简称招标投标法。招标投标法的颁布对于规范招标投标活动，保护国家利益、社会公共利益和招标投标活动当事人的合法权益，提高经济效益，保证项目质量，都具有重要的意义。2017年12月27日，第十二届全国人民代表大会常务委员会第三十一次会议对招标投标法进行了修正。到目前为止，招标投标法是我国对招标投标问题规定得最全面、最完整的法律，对保护市场正常竞争秩序，完善招标投标制度具有推动作用。

《中华人民共和国招标投标法实施条例》自2012年2月1日起施行，规范了招标投标活动。招投标领域的法律法规较多，审计监察严格，投标人需要进行系统地学习，熟知法规，才能在复杂销售项目中获得最后的胜利。

小知识

招投标流程的相关法律规定

招标人应当按照规定的时间和地点发售招标文件，发售期不得少于5日。组织委员会审查资格预审文件。资格预审结束后，招标人及时向申请人发出通知书，未通过资格预审的申请人不具有投标资格。通过资格预审的申请人少于3个的，应当重新招标。

招标人可以对招标文件进行澄清或者修改。投标人对资格预审文件有异议的，应当在提交资格预审文件截止时间2日前提出；对招标文件有异议的，应当在投标截止时间10日前提出。招标人应当自收到异议之日起3日内做出答复，答复前，应当暂停招标投标。

招标人不得利用划分标段限制或者排斥潜在投标人，不得利用划分标段规避招标。投标保证金不得超过招标项目估算价的2%，招标人不得挪用投标保证金。

对技术复杂或者无法精确拟定技术规格的项目，可分两阶段进行招标。第一阶段，投标人提交不带报价的技术建议，招标人确定技术标准和要求后编制招标文件；第二阶段，投标人提交包括最终技术方案和投标报价的投标文件。

招标人不得以不合理的条件限制、排斥潜在投标人或者投标人，不能就同一招标项目向投标人提供有差别的项目信息；不得设定与招标项目不相关的资格、技术、商务条件；不得以特定行政区域、行业业绩、奖项作为加分条件或者中标条件；不允许对投标人采取不同的资格审查或者评标标准；不得指定特定的专利、商标、品牌、原产地或者供应商。

投标不受地区或者部门的限制，任何单位和个人不得非法干涉。与招标人存在利害关系的法人和个人不得参加投标。负责人相同或者存在控股和管理关系的单位，不得参加同一标段投标。

招标人应当按照招标文件规定的时间地点开标。投标人少于3人不得开标，应重新招标。投标人有异议应在现场提出，招标人当场答复。省级政府和国务院有关部门应组建综合评标专家库，专家成员应从专家库内相关专业的名单中以随机抽取方式确定。任何单位和个人不得明示、暗示参加评标委员会的专家成员。评标委员会成员与投标人有利害关系的，应当主动回避。

招标人应当根据项目规模和技术复杂程度等因素合理确定评标时间。超过三分之一的评标委员会成员认为评标时间不够的，招标人应当适当延长。评标过程中，评标委员会成员有回避事由、擅离职守或者因健康等原因不能继续评标的，应及时更换。

评标委员会成员不得私下接触投标人，不得收受投标人给予的财物或者其他好处，不得向招标人征询确定中标人的意向，不得接受任何单位或者个人提出的倾向或者排斥特定投标人的要求，不得有其他不客观、不公正履行职务的行为。

招标项目设有标底的，招标人应当在开标时公布，标底作为评标参考，不得以投标报价是否接近标底作为中标条件，也不得以投标报价超过标底上下浮动范围作为否决投标的条件。评标完成后，评标委员会应当向招标人提交书面评标报告和中标候选人名单，中标候选人不超过3个，并标明排序。

投标人对评标结果有异议的，应当在公示期间提出。招标人自收到异议之日起3日内做出答复，答复前应当暂停招标投标活动。

招标人应当确定排名第一的中标候选人为中标人，如果排名第一的中标候选人放弃，招标人可以按照中标候选人名单排序依次确定其他中标候选人为中标人，也可以重新招标。招标人最迟应当在书面合同签订后5日内向全体投标人退还投标保证金及银行同期存款利息。

投标人认为招标投标活动不符合法律和行政法规规定的，自知道或者应当知道之日起10日内向有关行政监督部门投诉。行政监督部门应当自收到投诉之日起3个工作日内决定是否受理投诉，并自受理投诉之日起30个工作日内做出书面处理决定。

知识要点二 常见的招投标类型与流程

一、常见的招标类型

招标是采购方发起的活动。公开招标是常见的招标类型，但并不是说招标只能采用公开招标。政府采购方式按是否具备招标性质可分为两种：招标采购和非招标采购。

（一）招标采购

招标采购包含两种类型：公开招标和邀请招标。

1. 公开招标

公开招标是指招标人以招标公告的方式邀请不特定的法人或者其他组织参加投标，也称无限竞争性招标。

公开招标的一大优点，就是能够在最大限度内选择投标商，竞争性更强，择优率更高，同时也可以在较大程度上避免招标活动中的贿标行为。因此，国际上政府采购通常采用公开招标的方式。不过公开招标也有缺点，公开招标往往会吸引众多投标人，一般耗时较长，需花费的成本也较高。因此对于采购额较小的项目来说，不宜采用公开招标的方式。另外，对于有些专业性较强的项目，有资格承接的潜在投标人较少，或者需要在较短时间内完成采购任务等，最好也不要采用公开招标，而应采用邀请招标。

《中华人民共和国政府采购法》明确规定，公开招标应作为政府采购的主要采购方式。对于采购数额达到公开招标数额标准以上的货物和服务采购，采购人不得将应当以公开招标方式采购的货物或者服务化整为零或者以其他任何方式规避公开招标采购。对于公开招标的数额标准，《中华人民共和国政府采购法》给出了原则性规定：属于中央预算的政府采购项目，由国务院规定；属于地方预算的政府采购项目，由省、自治区、直辖市人民政府规定；因特殊情况需要采用公开招标以外的采购方式的，应当在采购活动开始前获得设区的市、自治州以上人民政府采购监督管理部门的批准。招标数额标准由各省根据自己的实际情况定期调整。

2. 邀请招标

邀请招标又被称为选择性招标，是指招标人或者招标采购单位依法从符合相应资格条件的供应商中邀请三家以上供应商参加投标。邀请招标选择供应商的方式有挂网公示、随机抽取、采购人书面推荐等三种。

随机抽取是按照一定的条件在供应商库里随机抽取三家以上供应商，向其发放投标邀请函，邀请其参与投标。随机抽取能够保证所有符合资格条件的供应商机会均等地参与到投标活动中。随机抽取供应商时，应当有不少于两名采购人工作人员在场监督，并形成书面记录，随采购文件一并存档。投标邀请书应当同时向所有受邀请的供应商发出。

邀请招标的优点是所需时间较短，工作量小，目标集中，且招标成本较低，被邀请的投标单位中标率高。它的缺点是不利于招标单位获得最优报价，不利于取得最佳投资效益；投标单位数量少，竞争性较差；招标单位在选择邀请人之前所掌握的信息不可避免地存在一定局限性，招标单位往往很难了解所有承包商的情况，常会忽略一些在技术、报价方面更具有竞争力的企业，使招标单位不易获取最合理的报价，有可能找不到最合适的承包商。

在政府采购项目中，公开招标数额标准以下的货物和服务采购，可采取邀请招标采购方式，无须特殊批准。采购数额达到公开招标数额标准以上的货物和服务采购，执行政府采购政策等特殊情况符合表 5-3 的情形的，如经过设区的市级以上人民政府财政部门批准，也可以采用邀请招标。

表 5-3　邀请招标特殊情况适用条件

招标方式	情形
国有控股或者国资主导的依法必须进行招标的项目，应当公开招标；但有三种情形之一的，则可以邀请招标	1. 国家重点或省级重点项目不适宜公开招标的，经批准后可以邀请招标
	2. 项目技术复杂或有特殊要求，只有少数几家潜在投标人可供选择的项目。例如，某工程开关柜采购项目中的主要元器件必须是国际知名品牌
	3. 采用公开招标方式的费用占项目合同金额的比例过大的项目
政府采购项目中有两种情形之一的货物和服务采购可以采用邀请招标采购方式	1. 具有特殊性，只能从有限范围的供应商处采购的项目
	2. 采用公开招标方式的费用占政府采购项目总价值的比例过大的项目

（二）非招标采购

非招标采购包含竞争性谈判、单一来源采购、询价以及采购监督管理部门认定的其他采购方式。

1. 竞争性谈判

竞争性谈判是指采购者或采购代理机构直接邀请三家或三家以上符合资格条件的供应商就采购货物、工程和服务事宜进行谈判，供应商按照谈判文件的要求提交响应文件和最后报价，采购者或采购代理机构则按照预先规定的评审标准、成交原则等确定成交供应商。比如，某生产单位为落实紧急生产任务，急需采购一批生产原料，采购方组建了五人谈判小组，向三家供应商发出竞争性谈判文件，共进行三轮报价，最终选择一家作为成交方。

竞争性谈判具有以下特点：

(1) 多轮竞价

多轮竞价指在谈判过程中可能不是一锤定音，而是供应商要进行多轮次的报价竞价。

在第一轮谈判中，谈判小组与单一供应商分别就采购需求、质量和服务等进行谈判，并了解其报价组成情况。在第一轮谈判中谈判小组未能确定成交候选人的，对谈判文件修正后进行第二轮谈判。第一轮谈判后，谈判小组可以对谈判文件进行修改，确定采购内容的详细规格或具体要求，优化采购方案，将谈判文件的修改结果以书面形式通知响应供应商。响应供应商则根据第一轮谈判情况和谈判文件修改书面通知，对原响应文件进行修正并送交谈判小组。在第二轮谈判中，谈判小组就修正后的响应文件与响应供应商分别进行谈判。若第二轮谈判后谈判小组仍未能确定成交候选人，对谈判文件修正后进行第三轮谈判。以此类推。在最后一轮谈判中，成交候选人做最后报价。谈判小组按报价从低到高排序，推荐成交候选人顺序，形成谈判报告。响应供应商的报价均超过了政府采购预算，采购人不能支付的，谈判活动终止；终止后，采购人可以调整采购预算或项目配置标准等，重新组织竞争性谈判，也可以采用其他采购方式进行采购。

(2) 谈判指标可变

在谈判过程中可以根据项目的实际情况改变指标及数量。有些情况下，之所以采用竞争性谈判的方式采购，是因为所购买的产品或服务含有复杂技术或性质特殊，不能确定详细的规格或具体要求。通过与响应供应商进行谈判，采购方可以更加明确采购内容的详细规格或具体要求，优化采购方案。

(3) 谈判金额可变

在竞争性谈判中，谈判金额可随着指标及数量的变化而变化。

(4) 周期短

采购人与供应商直接谈判，减少中间环节的时间。

(5) 竞争范围有限

采购人可以限制供应商数量，不少于三家即可。

竞争性谈判适用于四种条件，当符合其中任何一种条件时，法律允许不再使用公开招标采购方式，可以采用竞争性谈判的方式来采购，如表 5-4 所示。

表 5-4 竞争性谈判适用条件

适用条件	采购情形
招标后没有供应商投标、没有合格标的或者重新招标未能成立的	招标后没有供应商投标
	招标后投标供应商没有达到法定的三家以上，或者是投标供应商达到了三家以上，但其中合格者不足三家
	再进行重新招标也不会有结果且重新招标不能成立的
技术复杂或者性质特殊，不能确定详细规格或者具体要求的	主要指由于采购对象的技术含量高、性质特殊，采购人不能确定有关货物的详细规格或者服务的具体要求的，如软件系统的开发与设计
采用招标所需时间不能满足用户紧急需要的	由于公开招标采购周期较长，采购人出现不可预见的因素（正当情况）急需采购，无法按公开招标方式规定程序得到所需货物和服务的
不能事先计算出价格总额的	采购对象独特而又复杂，以前不曾采购过且很少有成本信息，不能事先计算出价格总额的

2. 单一来源采购

单一来源采购也称直接采购，是指采购人向唯一供应商进行采购的方式。单一来源采购适用于达到了限购标准和公开招标数额标准，但所购商品的来源渠道单一，或属专利、首次制造、合同追加、原有采购项目的后续扩充和发生了不可预见的紧急情况不能从其他供应商处采购等情况。该采购方式的主要特点是没有竞争性、采购周期短、采购费用低。

3. 询价采购

询价采购，是指询价小组（由采购人的代表和有关专家共三人以上的单数组成，其中专家的人数不得少于成员总数的三分之二）根据采购需求，从符合相应资格条件的供应商名单中确定不少于三家的供应商并向其发出询价单让其报价，由供应商一次报出不得更改的报价，然后询价小组在报价的基础上进行比较，并确定最优供应商，也就是通常所说的货比三家，它是一种相对简单而又快速的采购方式。政府采购法规定实行询价采购方式的，应是采购的货物规格、标准统一、现货货源充足且价格变化幅度小的政府采购项目。

图 5-2 询价采购的特点

公开招标、邀请招标、竞争性谈判、单一来源采购和询价采购是复杂销售项目中主要的采购方式。在实际采购中，竞争性谈判占的比例相对较大。这五种采购方式各有特点：单一来源采购没有竞争对手参与；邀请招标、竞争性谈判的竞争对手相对较少且可控；公开招标参与者众多，不可控性较大，对投标方的综合能力要求更高。如果销售人员计划参与一个项目的投标工作，一定要探寻标书背后的信息，比如采购方式、周期、采购标准、评标规则等，根据项目的实际情况，做好计划。

二、招投标常见流程

学习者对话

学生甲："客户认可并支持我们提供的产品和服务，应该就能稳操胜券了吧？"

学生乙："并不能，复杂销售项目还要通过招投标才能定输赢呢！"

学生丙："'招投标'听起来就是件挺困难的事儿，不知道从何开始。"

学生丁："万变不离其宗，只要熟悉招投标流程就能确定自己的工作节奏。"

学生组长："我们一起来梳理招投标有哪些流程吧！"

学生甲、乙、丙、丁："好的！"

招投标流程知多少

招投标流程包括从一个项目的立项到签订合同的全流程，通常分成 10 个步骤，依次是项目立项/预算审批、办理委托招标手续、制定采购标准/准备招标文件、发布招标公告或招标邀请函、购买或领取招标文件、开标/递交投标文件、讲标/评标、确定中标方/公布中标公告、发送/领取中标通知书以及签订合同，如图 5-3 所示。

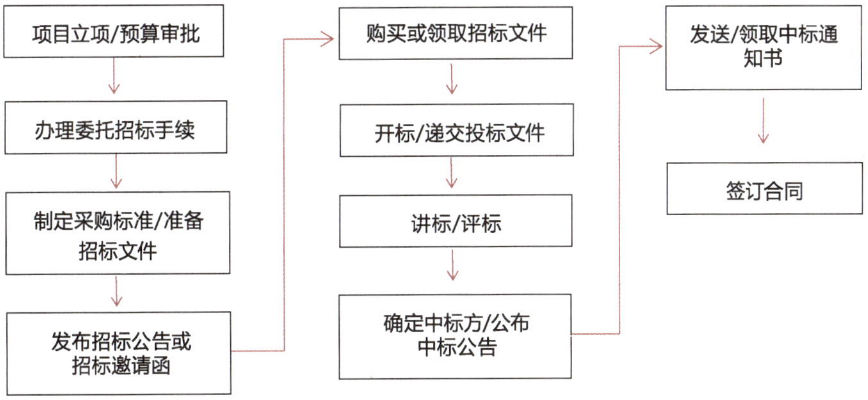

图 5-3　招投标常见流程

第一步，项目立项或预算审批完成。这标志着项目正式进入采购阶段，所有参与的供应商都将走上招投标的舞台各显身手，接下来的每一步都不能出任何差错，否则前面所做的工作全部都会付诸东流。

第二步，办理委托招标手续。政府和央企项目通常需要委托第三方进行采购，这一步主要是由采购方完成，如果是私营企业或事业单位，可以不通过第三方进行招标，直接进入第三步。

第三步，制定采购标准/准备招标文件。这一步对于供应商来说非常重要，这一步的参与程度有时甚至直接影响到投标结果，供应商需要尽自己最大努力参与到此项工作中，制定出既能满足采购方的需求又符合供应方优势的采购标准。

第四步和第五步，简单来说就是采购方发出招标邀请，投标方接受邀请，分为公开邀请和定向邀请两种。公开邀请一般是在相关网站发布公告，符合条件的供应商均可报名并领取招标书；定向邀请一般只将邀请书和招标书发给采购方有意向的几家供应商。

第六步，开标/递交投标文件。投标方应在规定的时间、地点将按要求包装好的投标书递交给采购方。部分公开招标的项目会当众检查并打开投标书，将各家的价格进行现场公布，将不符合要求的投标书退回。

第七步，讲标/评标。有些项目采购方会要求投标方就标书主要内容进行陈述，无需讲标的项目则由采购方直接评标。公开招标的项目通常会由专家库随机挑选的相关专家进行评标，邀请招标的项目通常由采购方组织内部相关部门人员组成评标小组进行评标。

第八步，确定中标方/发布中标公告。采购方会在确定中标公司后在相关网站公示结果，在这个环节，如其他投标方有任何异议都可以向采购方进行咨询或投诉。

第九步，领取中标通知书。中标公示结束后如无特殊情况或影响中标结果的事件发生，中标方可领取中标通知书。

第十步，签订合同。双方根据标书内容拟定相应合同并签署。

表 5-5　“某大学财务处打印复印机项目”中标结果公示

中标公示	
招标项目编号	××××××××××
招标项目名称	某大学财务处打印复印机项目
标段编号	××××××××××
标段名称	某大学财务处打印复印机项目
公示时间	×年×月×日×时×分至×年×月×日×时×分
招标人	某大学
招标代理机构	某机构
招标方式	公开招标

中标人信息	
中标人	甲公司
中标价	×××万元
中标工期	×××天
项目经理	×××
资格等级	×××
资格证书	有/无
是否暂定金额	是/否

（续表）

定标结果列表			
第×大轮投票表			
编号	投标单位	得票数	排名
A	甲公司	6	1
B	乙公司	1	2
C	丙公司	1	2
D	丁公司	0	—
E	戊公司	0	—

知识要点三　制订投标计划

对于销售人员来说，制订投标计划是角逐招投标项目的重要工作。很多项目的投标工作涉及购买标书、解读招标文件、撰写投标书、装订、密封，投递标书等，需要团队分工协作才能完成。

一、制订投标计划的作用

制订清晰的投标计划，有助于提升投标的效率，增加投标的赢率。根据目的不同，投标计划分为几个步骤，分别是规划投标、实施投标以及控制投标。投标计划书要对应相应的招标要求，按照相应的时间点进行有序地计划，责任到人，监督到位。

二、投标计划的主要内容

编制投标计划需要清晰制订计划的目的、计划编制的依据、项目概况、投标文件的组成结构、相关投标项目的组织管理、权责部门、各项任务的工作进度安排及关键时间点。

投标计划通常包括以下内容：

1. 如何协调投标与项目的其他工作，例如，项目进度计划制订和控制；

2. 开展重要投标工作活动的时间表（投标人员应制订好时间计划，安排好每个具体节点，同时留出一定的修正时间，确保在递交截止时间前完整地提交标书）；

3. 适用于投标文件的关键指标；

4. 与投标有关的相关方角色和职责（一般而言，投标文件准备工作相关角色包含技术部分负责人、技术部分协调人、商务部分协调人、项目实施管理负责人、运营管理负责人、商务部分负责人及设备供应商证明资料负责人等）；

5. 可能影响投标工作的制约因素和假设条件；

6. 风险管理事项，包括投标履约合同的要求等。

三、投标计划的样例

根据每个项目的需要，投标计划可以是正式或非正式的，可以非常详细也可以是高度概括的。

（一）概括型投标计划

顾名思义，概括型投标计划大概描述投标过程所涉及的关键环节及相对应的负责人或责任部门。以下为概括型投标计划的一个示例：

本项目的招标内容涉及销售、售前咨询、项目实施、项目交付、采购和财务等相关部门，由于涉及专业面广，且部分专业工作需要取得外部合作，投标组织和协调范围大。为了保证投标工作顺利进行，委托××担任技术部分负责人，××担任商务部分负责人，负责协调解决投标过程中出现的问题，并检查、督促投标进度节点的落实。各参与投标部门明确专人负责，按总体进度和质量要求完成相应的投标内容。

（二）详细型投标计划

与概括型投标计划相对应的是详细型投标计划，是指对投标的工作内容、完成时间、责任人等做出非常详细的清单，最终目的是对“事”“人”“时”三个要素做出清晰明了的安排。

表 5-6　详细型投标计划内容

序号	工作内容	完成时间	责任人	接收人
1	招标资料及编标计划书发送到相关部门及单位			
2	投标启动会			
3	各参与部门提出需澄清问题			
4	提出投标设备清单			
5	编制商务标书			
6	完成部门内部评审			
7	编制实施方案标书，完成部门内部评审			
8	编制运营管理方案标书，完成部门内部评审			
9	编制技术标书			
10	完成部门内部评审			
11	根据评审内容修正各部分标书			
12	完成商务标书评审（公司层面）			
13	完成实施方案标书评审（公司层面）			
14	完成运营管理方案标书评审（公司层面）			
15	完成技术标书评审（公司层面）			
16	投标报价评审（公司层面）			
17	投标文件修正			
18	投标文件汇总装订、密封			
19	投标文件投送			

投标书总体策划由市场部负责。各投标责任人将最终版的投标文件签字版和电子版提供给市场部统一排版；各编标责任人应以本标书编制计划书为依据，编制详细工作计划；各参与投标部门负责人对本部门输出文件的准确性、及时性负责。投标计划一经批准，即刻生效，在无新的调整计划出台前，各部门务必遵守，以保证投标工作如期完成。

为帮助投标参与人员对计划形成更清晰的认知，有时企业会绘制投标工作流程图来更形象、直观地展示投标计划，如图 5-4 所示。

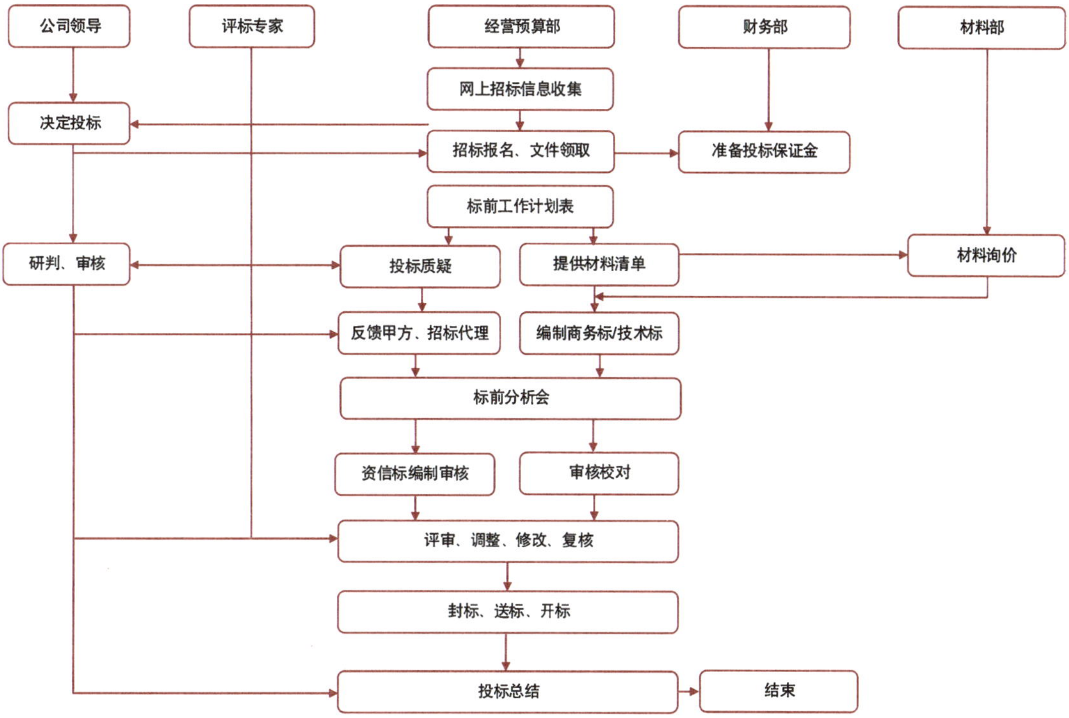

图 5-4 投标工作流程图示例

有时，企业会制定投标流程管理标准，写明投标的关键事项以及每一事项的关键工作内容，以帮助参与人员和部门明确自己的职责，更好地完成工作，如表 5-7 所示。

表 5-7 投标流程管理标准示例

序号	名称	管理标准（职责）
1	前期准备工作	查看招标公告，进行项目登记；应提前请总经理对拟投标项目进行项目初步分析，拟投标项目通过研讨等评估后，方可进行下一阶段工作
2	下载招标文件	下载招标文件，对招标文件中主要条款进行打印装订后呈送总经理等相关负责人；招标文件或与项目有关的文件应留存在经营预算部

（续表）

序号	名称	管理标准（职责）
3	安排投标文件编制	投标文件编制由经营预算部负责（重大项目由总经理直接负责）；由经营预算部主管召集标书编制人员举行研讨会并制订投标工作计划
4	资审、技术标编制	负责补遗、质疑、答辩、信息变更等跟踪事宜
5	投标质疑	经营主管应认真阅读招标文件，在招标文件要求时间内书面提出质疑内容及标书重难点、关键点等相关资料，经总经理确定质疑内容后报给甲方，质疑内容应和招标文件一样留存，不放过任何疑问和细节，要“慎之又慎、细之又细”
6	材料询价	材料部根据材料清单询价，并编制高、中、低三种材料报价清单
7	标前分析会	由公司技术负责人组织召开标前分析会，确定投标策略
8	商务标编制	负责商务标清单部分报价的制作
9	报价	由总经理、技术负责人、经营主管确认报价，主管人员进行标前检查（如核对项目量清单、主材限价情况、安全文明措施费等）
10	商务标（最终）	总经理调整商务标后返回给技术负责人进行调整
11	投标文件整理	按照招标文件的要求对资格审查文件、技术标部分、商务标部分进行整理，相关证书、证件、业绩等原件的资料准备齐全
12	封标（密封）	投标文件由经营主管及相关人员检查核对，确定无遗漏问题后进行密封，由经营主管指定专人负责
13	送标、开标	(1) 由经营主管提前一天安排开标人员，开标人员应提前到达开标现场，决不能延误； (2) 开标结束后，经营主管负责跟踪开标信息并将招标公告、招标文件、开标记录、中标公告等信息建立存档
14	投标总结	(1) 由经营主管召集经营部相关人员举行总结会议，对本次投标进行总结分析，找出投标过程中的侧重点及存在的问题； (2) 根据总结内容形成公司招标、投标文件档案及竞争对手库（商务策略、价格策略、竞争优势）； (3) 投标总结归档（需附招标公告、招标文件、开标记录、中标公告等）

企业也可以制作投标过程关键时间节点控制表，明确任务内容、计划周期、完成时间、责任人，使投标计划具体到事、人、时间，如表 5-8 所示。

表 5-8 投标过程关键时间节点控制表示例

项目名称			投标时间				
项目编号			投标总负责人				
序号	任务分项	任务内容		计划周期（小时）	完成时间	责任人	备注
一	资信标	1	资信标组建				
		2	对招标文件进行检查、核对、汇总、修改				
		3	按招标文件要求复印资信标，待合标				
二	技术标	1	技术标组建				
		2	对招标文件进行检查、核对、汇总、修改				
		3	按招标文件要求复印要求的份数，再次核对，待合标				
三	经济标	1	经济标组建				
		2	经济标标前评审				
		3	针对招标文件及电子清单表格格式差异做出评估				
		4	投标文件投标报价定价				
		5	投标文件投标报价调整				
		6	投标文件转化为可打印的电子表格，并根据招标文件格式调整表格				
		7	打印初稿、校对、修改、再次校对				
		8	核对无误后进行正式打印				
		9	投标文件合标、检查、加盖公章				
		10	投标文件复印副本、装订、密封（加盖公章）				
四	投标	1	确定投标参与人员				
		2	确定装订、复印地点				
		3	准备并确定车辆				
		4	经济标各项工作时间节点把控，及时汇报情况并有效组织人员				
		5	标书运送到投标地点				

为确保投标流程的关键内容能够完成，企业可以绘制投标标书流程关键点检查确认书，使相关内容负责人以及主管人员双重确认关键内容是否完成，如表 5-9 所示。

表 5-9 投标标书流程关键点检查确认书示例

<table>
<tr><td>项目名称（全称）</td><td colspan="4"></td></tr>
<tr><td>项目造价（万元）</td><td></td><td>工期要求（日历天）</td><td colspan="2"></td></tr>
<tr><td>质量标准</td><td></td><td>开标截止时间</td><td colspan="2"></td></tr>
<tr><td>开标地点</td><td></td><td>开标会参与人员</td><td colspan="2"></td></tr>
<tr><td colspan="5">工程项目标书检查明细表</td></tr>
<tr><td>序号</td><td colspan="2">检查确认内容</td><td>经营主管确认（√）</td><td>相关人员确认（√）</td></tr>
<tr><td>1</td><td colspan="2">是否已经理清招标文件要求的所有内容</td><td></td><td></td></tr>
<tr><td>2</td><td colspan="2">是否已列出招标文件规定所要求的重难点、关键点</td><td></td><td></td></tr>
<tr><td>3</td><td colspan="2">是否已了解、检查资格审查所要求的合格标准及项目管理班子配备标准</td><td></td><td></td></tr>
<tr><td>4</td><td colspan="2">废标或无效标条款是否已经确认无误</td><td></td><td></td></tr>
<tr><td>5</td><td colspan="2">应携带的原件［含相关证书（证件）、劳动合同、社保、职称证、业绩证明等］是否确认无误</td><td></td><td></td></tr>
<tr><td>6</td><td colspan="2">是否已检查、核对发布的项目量预算清单</td><td></td><td></td></tr>
<tr><td>7</td><td colspan="2">检查、核对投标项目量预算清单（含安全文明措施费、临时设施费用等）是否符合招标规定要求</td><td></td><td></td></tr>
<tr><td>8</td><td colspan="2">检查、核对投标文件所有内容（含投标函及附录、预算书、签字、盖章等）是否无误、无漏</td><td></td><td></td></tr>
<tr><td>9</td><td colspan="2">确认标书装订、密封符合招标文件规定要求</td><td></td><td></td></tr>
</table>

相关人员签字：　　　　　　　　　　核对人员签字：

经营主管签字：　　　　　　　　　　日期：

任务二　分析投标赢率

学情问卷

1. 制定投标策略需要考虑的要素有哪些？
   - ○ 投标方资源，是否能交付项目
   - ○ 投标方能力，是否能赢得项目
   - ○ 项目带来的价值，是否值得参与
   - ○ 项目金额大小，是否值得参与
2. 制定价格策略需要考虑的要素有哪些？
   - ○ 竞争情况，与对手相比的优劣势
   - ○ 项目成本，根据成本制定价格
   - ○ 项目价值，经济价值和品牌价值
   - ○ 项目标底，报价接近标底
3. 技术方案的规范要素有哪些？
   - ○ 技术方案越粗越好，这样不会露出破绽
   - ○ 技术方案越细越好，细节凸显重视度和专业度
   - ○ 屏蔽类指标参数，确保加分，确保赢率
   - ○ 扣分类指标参数，少扣分，确保赢率
4. 商务方案和技术方案该如何协作？
   - ○ 商务方案和技术方案的职能不同，各自负责
   - ○ 应当以商务方案为主，技术方案跟着走
   - ○ 应当以技术方案为主，商务方案跟着走
   - ○ 商务方案和技术方案密切配合，互通信息，保持一致

任务描述

请以小组为单位，讨论投标项目中影响赢率的因素，并拟定某招投标情境，确定评分标准，以组员为单位进行模拟投标。

任务指引

复杂型项目销售进入商务阶段后，通常需要进入招投标环节。招投标这一环节决定着销售人员能否赢单。不论前期做过多少努力，此阶段将一锤定音。专业的销售十分熟悉招投标的各个流程及注意事项，在按招标要求提交投标书前，销售人员还需具备依据招标标准分析项目赢率的能力。

在分析投标赢率时，首先要分析主要竞争对手与己方在采购标准制定过程中的参与程度，要能分析商务标、技术标的相关要素中己方的优势与劣势，清楚评标的标准与计算方法。

表 5-10 “分析投标赢率”任务要素及评估指标

任务要素	评估指标
案例情境	符合招投标流程
评分标准	评标要素清晰

任务实践要点：

1. 清楚采购方式，熟悉评分标准；
2. 根据竞争对手特点确定投标策略。

引导案例

赢标之憾

某办公智能服务项目公开招标，项目预算520万元。经评标委员会评审，某公司当地分公司A供应商以460万元的价格中标。中标后，A供应商迅速与采购人签订了合同并履约。

在专家组对A供应商的交付情况进行验收时，没有一个人签字同意，专家组一致认定验收不通过。专家组指出招标文件要求该项目使用全新的设备，A供应商的实际履约情况并非如此。

在接到验收不通过的通知后，A供应商向当地财政部门提出：如果按照招标文件的要求，中标供应商提供全新的所有设备，该项目预算至少要800万，这个项目的招标文件本身有问题。

当地财政部门向采购人、代理机构了解后发现，项目采购人确实没有提供全新设备的需求，代理机构在编制招标文件时用的是相关项目的采购文件模板，在进行修改调整时忘了删除“所有设备必须是全新的”这一条款。

采购人、A供应商向财政局表示，这是由采购文件错误造成的，采购人同意A供应商不按招标文件履约。采购人和A供应商均向验收专家组提供了说明，验收组专家依然无人签字验收。

A供应商向当地财政局提出放弃合同、拒绝履约，但是财政局告诉A供应商，根据相关法律，放弃履行合同，该分公司将被禁止在全国参加政府采购活动；A供应商的省级总公司、全国总公司均将在一定时间内无法参加政府采购活动。

在了解到相关法律要求后，A供应商不得不忍痛按照要求履约，这意味着A供应商在该项目上至少亏损400万元。

讨论：

1. A供应商中标却损失惨重的原因是什么？
2. 尝试分析影响投标赢率的关键要素有哪些。

知识要点一　商务标的规范要素

即使供应商实力很强，能很好地满足采购人的需求，但是一旦进入了招投标流程，就需要符合招标书的要求。因为参数与标书文件不匹配而导致废标的情况在招投标中十分常见。曾有个经典的案例，某供应商是业内的龙头企业，无论是在技术还是商务方面都具有核心竞争力。在参与某次政府公开招标项目时，该供应商在递交投标文书后非但没能入围中标，反而被作为废标处理失去了资格，其原因就是某一个指标参数不符合招标文件要求。

对于销售人员而言，只要涉及招投标业务，都需要格外注意招标文书中的指标参数，特别是一些关键的废标项的指标参数。

一份招标文件中会包括许许多多的指标参数，简单来说可以分成两大类，一类叫商务参数，另一类叫技术参数。与招标文件中的商务参数和技术参数相对应，投标文件里有商务标和技术标。

一、商务标的概念

商务标就是投标报价中的价格及其他商务条款，也就是预算书。商务标主要是围绕投标方针对招标方所需货品或服务给出的“报价”进行说明。

除了报价部分之外，商务标还包含招标方对投标供应商的一些要求，这些要求可以分为两大类：资质类和业绩类。

资质类就是各种企业产品的资质、财务信誉、人员服务等，这些是招标文件中常见的要求。还有一些招标方要求投标单位应标人必须有ISO9001质量体系认证，所投标产品必须有国家相关部门或行业体系要求的认证，如ISO14001环境管理体系认证、ISO10012测量管理体系认证等。此外，所有供应商应该提供相关人员的社保证明文件，还有企业三A信用资质等。

业绩类就是企业的历史业绩，也在一定程度上反映了企业产品的质量和受欢迎度。比如，客户要求投标的冰箱品牌必须是全国百强品牌，业绩排名前三，拿过某某奖项，或者提供企业连续三年的年报等信息。

二、商务标的内容

一般而言，商务标包含：①法定代表人身份证明书；②签署投标文件授权委托书；③投标函；④报价表；⑤项目管理机构配备情况表；⑥项目实施负责人简历表；⑦项目技术负责人简历表；⑧项目运营管理负责人简历表；⑨企业简况：包括资质证书（副本）、运营资格证书、营业执照（副本）、安全生产许可证、项目经理证书、项目负责人安全生产考核合格证、运营技术支撑人员的资格证、岗位证等证件原件的复印件；⑩投标人近年内类似项目经历一览表。

三、商务标的样例

商务标的封面、目录、委托书、声明等部分可以参考以下示例。

××学校打印机维护及服务　招标

投　标　文　件

1．商务文件

投标人：×××有限公司（盖单位章）

单位负责人或其委托代理人：________（签字）

________年____月____日

图 5-5　商务标封面示例

目　录

图 5-6　商务标目录示例

二、授权委托书

本人________（姓名）系__×××有限公司__（投标人名称）的负责人，现委托______（姓名）为我方代理人，代理人根据授权，以我方名义签署、澄清、说明、补正、递交、撤回、修改××学校打印机维护及服务投标文件、签订合同和处理有关事宜，其法律后果由我方承担。

委托期限：__自授权之日起××天__。

代理人无转委托权。

附：单位负责人证明

投标人：×××有限公司（盖单位章）

单位负责人：______________（签字）

身份证号码：______________

委托代理人：______________（签字）

身份证号码：______________

2014 年____月____日

被授权人身份证复印件正面	被授权人身份证复印件背面

图 5-7　商务标授权委托书示例

××学校：

为了积极配合贵单位进行的××学校打印机维护及服务招标工作，有效遏制不公平竞争和违规违纪行为的发生，确保招标工作的公平、公正、公开、有序进行，我们保证认真贯彻执行《中华人民共和国招标投标法》《中华人民共和国招标投标法实施条例》等法律法规以及与廉洁有关的规章制度，特向贵单位承诺如下事项：

一、自觉遵守国家有关法律法规及廉洁规定。

二、不与招标单位工作人员串通投标，损害国家利益、企业利益以及他人的合法利益；不与其他投标人相互串通投标报价，不排挤其他投标人，不损害招标人或其他投标人的合法权益。

三、不以任何名义为参与招标、评标工作的有关人员报销应由参与招标、评标工作的有关人员支付的任何费用。

四、不以任何名义向参与招标、评标工作的有关人员赠送回扣、红包、礼金、购物卡、有价证券、贵重物品和好处费、感谢费等。

五、不以任何名义向参与招标、评标工作的有关人员提供高消费宴请及娱乐活动。

六、不以谋取非正当利益为目的，擅自与参与招标、评标工作的有关人员就业务问题进行私下商谈或者达成利益默契。

七、不以任何名义接受或暗示为参与招标、评标工作的有关人员装修住房、婚丧嫁娶、配偶子女的工作安排以及境内外旅游等提供方便。

贵单位既可根据国家有关单位的判决、裁定等有效文书认定我单位是否违反承诺，也有权通过对贵单位相关人员的调查来认定我单位是否违反承诺（我单位不会以任何理由否定贵单位的调查结果），如违反以上承诺，我单位自愿接受中国南方电网有限责任公司或深圳供电局有限公司依据有关规定对我单位进行严肃处理（包括但不限于实施市场禁入、取消投、中标资格以及终止合同等），给贵单位造成损失的，予以赔偿。

本廉洁承诺书为我单位应答此次采购项目正式文件的附件，与其他投标文件具有同等法律效力，经我单位负责人或其授权委托人签字盖章后立即生效。

投标单位（公章）：×××有限公司

单位负责人或授权代理人：

2014 年　　月　　日

图 5-8　商务标投标人廉洁承诺书示例

我公司郑重声明如下：

1. 本公司的母公司及控股公司情况；
2. 属于同一母公司或控股公司的其他公司的情况。

母公司及控股公司名称	控股（出资）比例（%）	单位负责人	联系人及电话	公司地址
无				

属于同一母公司或控股公司的其他公司名称	单位负责人	联系人及电话	公司地址
无			

我公司承诺：如未提供或未如实填写本公司的母公司及控股公司情况，将被作否决投标处理。

投标人单位：×××有限公司

授权代表签名：

公章（或投标专用章）：

日期：

说明：若无关联企业，则在上述表格中填写“无”。

图 5-9　商务标投标人关联企业情况声明示例

<table>
<tr><td>申请人名称</td><td colspan="6">×××有限公司</td></tr>
<tr><td>注册地址</td><td colspan="3"></td><td colspan="2">邮政编码</td><td></td></tr>
<tr><td rowspan="2">联系方式</td><td>联系人</td><td></td><td>技术职称</td><td></td><td>电话/传真</td><td></td></tr>
<tr><td>联系人</td><td></td><td>技术职称</td><td></td><td>电话/传真</td><td></td></tr>
<tr><td>组织结构</td><td colspan="6"></td></tr>
<tr><td>单位负责人</td><td>姓名</td><td></td><td>技术职称</td><td>项目经理</td><td>电话</td><td></td></tr>
<tr><td>技术负责人</td><td>姓名</td><td></td><td>技术职称</td><td>工程师</td><td>电话</td><td></td></tr>
<tr><td>成立时间</td><td colspan="2"></td><td colspan="4">员工总人数：</td></tr>
<tr><td>企业资质等级</td><td colspan="2"></td><td rowspan="5">其中</td><td colspan="2">项目负责人</td><td></td></tr>
<tr><td>营业执照（或事业单位法人证书）号/有效期</td><td colspan="2"></td><td colspan="2">高级职称人员</td><td></td></tr>
<tr><td>注册资金</td><td colspan="2"></td><td colspan="2">中级职称人员</td><td></td></tr>
<tr><td>开户银行</td><td colspan="2"></td><td colspan="2">初级职称人员</td><td></td></tr>
<tr><td>账号</td><td colspan="2"></td><td colspan="2">技工</td><td></td></tr>
<tr><td>组织机构代码</td><td colspan="2"></td><td>税务登记证号</td><td colspan="3"></td></tr>
<tr><td>经营范围</td><td colspan="6"></td></tr>
<tr><td>备注</td><td colspan="6"></td></tr>
</table>

注：应附投标人营业执照/事业单位法人证书副本及其年检合格的证明材料、资质证书副本等材料的复印件（并加盖公章或授权的投标专用章）。

图 5-10　商务标投标人基本情况表示例

项目名称	
项目所在地	
发包人名称	
发包人地址	
发包人电话	
合同价格	
开始日期	
结束日期	
承担的工作	
质量	
项目负责人	
技术负责人	
项目描述	
备注	

注：应附中标通知书和（或）合同协议书的复印件（并加盖公章或授权的投标专用章），具体年份要求见投标人须知前附表。

图 5-11　商务标投标人近年完成的类似项目情况表示例

项目名称	
项目所在地	
发包人名称	
发包人地址	
发包人电话	
合同价格	
开始日期	
结束日期	
承担的工作	
质量	
项目负责人	
技术负责人	
项目描述	
备注	

注：应附中标通知书和（或）合同协议书的复印件（并加盖公章或授权的投标专用章）。

图 5-12　商务标企业正在实施和新承接的同类项目情况表示例

项目负责人简历表

姓名		性别		年龄	
职务		职称		学历	
参加工作时间		从事项目经理年限			
已完成项目情况					

项目名称	项目情况	完成时间	担任的技术职务	获奖情况

注：附项目负责人身份证、资格证、业绩证明材料影印件并盖章。

项目实施团队人员配备

姓名	职务	学历	职称	主要资历、经验及承担过的项目

注：附技术人员职称证、资格证、业绩证明材料影印件等相关证件并盖章。

图 5-13　商务标项目负责人经验及业绩及项目实施团队人员配备示例

投标方名称：

商务部分差异表

序号	招标文件		投标文件		备注
	条目	简要内容	条目	内容	
1					
2					
3					
4					

说明：投标单位对招标文件某些条款不能接受、技术协议不能满足或投标文件与招标文件有任何差异之外，均需在投标差异表中申明，以作评标时综合考虑。若无申明，视作对招标文件的全部接受，中标后作为签订合同的依据，不得以任何理由推翻或提出附加条件。

投标方授权代表签字：
投标单位（盖公章或授权的投标专用章）：
日期：　　　年　　月　　日

图 5-14　商务标商务部分差异表示例

商务投标信息检索表

序号	评分标准	投标文件应答页码（范围）
1	投标文件的签署清晰、准确（指文件的封装、标识及签署），好得 8—10 分，中得 4—7 分，差得 1—3 分。	
2	【第四标段】同类业绩（以签合同为准），每个得 5 分，本项累计最多得 20 分。	
	【第一、二、三标段】具有 3 个以上的文印全外包服务项目，管理设备数量累计超过 100 台，且已成功运营 2 年的案例基础，每个得 5 分，本项累计最多得 20 分。	
3	项目负责人素质及管理能力，好得 8—10 分，中得 4—7 分，差得 1—3 分。	
4	主要参与者及管理人员的经历及素质，好得 16—20 分，中得 8—15 分，差得 1—7 分。	
5	通过质量管理体系、环境管理体系和职业健康安全管理体系认证情况，每通过一项得 5 分，没有的得 0 分。	
6	专业资信等级评估机构颁发的企业资信等级证书，AAA 得 10 分，AA 得 5 分，其他得 1 分，无得 0 分。	
7	履约能力、现阶段财务状况、优势与特长等综合实力，好得 11—15 分，中得 6—10 分，差得 1—5 分。	

注：1. 本表装订于商务投标文件的末页；

2. 投标人需填写“页码（范围）”，“页码（范围）”指投标人所提供的相应证明资料复印件的位置，投标人必须如实填写，否则将影响得分；

3. 评标时，评标小组将以投标人提供的证明材料为准进行打分，未提供相应证明材料复印件的不计分；

4. 投标人应保证其递交资料的真实性，不得有任何虚假和隐瞒，否则招标人有权否决其投标并报有关行政主管部门处理。

投标单位：（盖章）
单位负责人或者授权代表：（签字/盖章）
年　　月　　日

图 5-15　商务标商务评分应答检索表示例

知识要点二　技术标的规范要素

一、技术标的概念

技术标是指为完成招标文件规定的项目所采取的各种技术措施。

技术参数就是对客户所采购的货物、服务或工程的要求和描述。不论是工程、货物还是服务，其技术参数都可以区分为三类，分别是物理类、性能类和功能类。

物理类参数指这个客户对产品的外观形态制定的一些指标。打个比方，标书上说需要买冰箱，那么冰箱的长宽高和重量、开门的数量等就是它的物理类参数。物理类参数一般是不可更改的，产品生产出来之后，物理类参数基本上就已经确定了。

性能类参数描述了产品所具有的性质和效能。比如冰箱的额定电压 220 伏就是一个性能类参数。再比如说，A 冰箱制冰时间为 5 分钟，功率很低，能效一级；B 冰箱制冰时间为 20 分钟，功率高，能效二级等等，这些都是性能类参数，是可以去做对比的，有高低之分。

功能类参数描述了产品所能发挥的功能。还是拿冰箱举例，像速冻、保鲜、锁水、自动除霜或者冰箱的外壳上有液晶显示屏、可以自动连无线网络推送相应的菜单，这些都是功能类参数。

二、技术标的内容和示例

技术标主要包括以下内容：技术参数要求一览表、项目实施方法和计划、项目实施方案、项目实施技术措施、组织及进度计划、设备配备情况、质量保障措施、工期保证措施等。以下为部分内容示例。

项目实施方法和计划示例：

实施方法和计划

××公司（投标方）以标准化方式定义了项目的执行和管理流程、工作任务和内容、工作顺序以及项目交付成果，可以保证项目以规范化的方式被执行和管理，这是项目成功的必要举措之一。项目执行过程划分为五个阶段，分别为：

评估阶段：评估项目实施内容和范围，包括区域、地理分布、实施环境等；

设计阶段：根据评估结果以及客户要求设计项目实施的具体方法；

构建阶段：依照设计方案，进行详细物流、人员、场地等规划；

部署阶段：在规定的时间、地点完成项目所有内容，包括设备到位、安装调试、用户操作培训等；

运作阶段：在项目服务期内提供持续的满足客户要求的服务。

为确保本次项目的启动与实施，××公司依照国际项目管理的标准，建立了一套完整的项目管理制度和项目实施流程，项目启动管理流程如下：

（1）合同签订（拿到中标通知书）后，由项目经理组织召开项目实施启动会议，所有参与项目建设的人员将进一步了解服务项目的具体要求，明确整个项目的建设、组织及管理目标；

（2）由项目经理组织制定项目的现场勘察、物流配送、正式实施及用户培训等重大事件，并建立按计划对进度、工作、任务进行检查的制度；

（3）共同制订人力资源计划，对每项投资费用进行分解，并报相关领导审批；

（4）由项目经理组织编制项目计划；

（5）由项目经理组织进行风险分析、评估，并制定相应的风险防预办法；

（6）由项目经理组织制定项目状态、进度报告制度，以便项目的实施和管理。

××公司将在时间、人力、资金、技术和工具等资源上积极地投入，并提供专业项目管理服务。成立由项目经理、商业分析师、方案顾问、软硬件工程师等组成的项目组，为此项目做全方位的支持服务。

质量保障措施示例：

质量保障措施

为确保本项目达到所要求的质量目标，根据以往的服务经验以及本项目的特点，采用项目法管理机制，委派管理经验丰富的工程师担任本项目的项目经理，由各相关职能部门全力配合。项目质量管理完全按照 ISO9001 质量管理体系进行全过程的质量控制。

为保证所承接的项目质量处于受控状态，制定本质量保障措施。运行本质量管理规划的同时，严格执行国家现行有关技术标准规范的规定。本质量管理措施以 ISO9001 质量管理体系标准为依据，针对项目的具体要求制定。确保项目质量的主要措施如下：

1. 建立项目团队，明确岗位职责；
2. 制定详细的服务标准和流程，保障服务全面落实；
3. 拥有多项认证体系，保障服务质量。

（详细阐述以上三条措施。）

服务期限及进度保证示例：

服务期限及进度保证

1. 服务期限：自合同签订之日起至××××年××月××日。

2. 进度保证：自本项目合同履行期限届满之日起至下一年度项目合同签订之日止，××公司（投标方）仍按照本项目合同约定的维护服务内容继续提供维护服务，并提供不少于三个月的交接期，确保维护对象安全稳定运行。

三、技术标的编制流程

技术标的编制流程如图 5-16 所示。

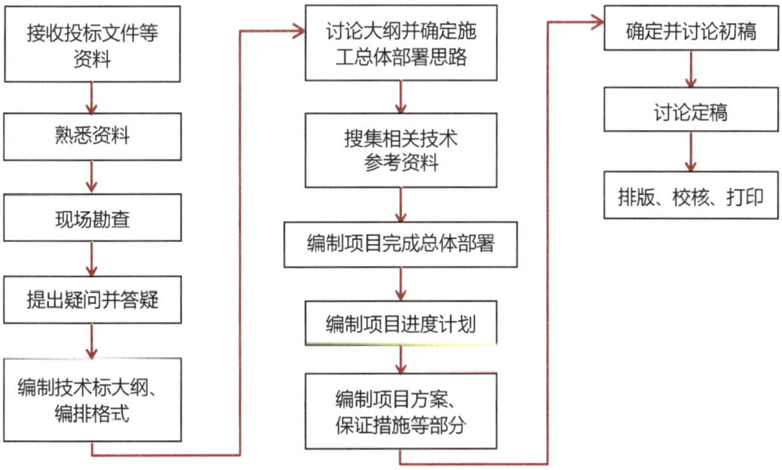

图 5-16　技术标编制流程图

知识要点三　投标赢率核算方法

投标方有强烈的合作意愿，并不代表其在投标中赢标的概率高，因为每次招投标都会至少有三家以上的供应商参与竞争。那么如何才能在招投标中脱颖而出立于不败之地，也就是如何才能提高赢单率呢？

学习者对话

学生甲："如此看来，投标竞争真的好激烈啊。任何一个小的失误都有可能导致前功尽弃。"

学生乙："是啊，所以一定要保证每一步都不出错。"

学生丙："除了认真谨慎不出错之外，还有什么其他办法帮助企业提升投标的成功率呢？"

学生组长："你们说得对，参加投标确实要认真细致。此外，还要恰当运用一些方法来提升投标的赢率，其中一个方法就是影响投标指标参数的设置。"

学生甲："哦？什么是投标指标参数呢？"

学生乙、丙："我们赶快先去了解一下吧！"

提升投标赢率有方法

一、招投标的评标方法

评标应由招标人依法组建的评标委员会负责，即由招标人按照法律的规定，挑选符合条件的人员组成评标委员会，负责各投标文件的评审工作。评标委员会应按照招标文件中规定的评标标准和方法进行评标工作，对招标人负责，从投标竞争者中评选出最符合招标文件各项要求的投标者，最大限度地实现招标人的利益。

（一）评标原则

评标原则是招标投标活动中相关各方应遵守的基本规则，可以概括为四个方面：①公平、公正、科学、择优；②严格保密；③独立评审；④严格遵守评标方法。

（二）评标标准

评标标准，一般包括价格标准和价格标准以外的其他有关标准（又称"非价格标准"），以及如何运用这些标准来确定中选的投标。

非价格标准应尽可能客观和定量化，并按货币额表示，或规定相应的权重（即"系数"或"得分"）。通常来说，在货物评标时，非价格标准主要有运费和保险费、付款计划、交货期、运营成本、货物的有效性、配套零配件和服务的供给能力、相关的培训、安全性和环境效益等；在服务评标时，非价格标准主要有投标人及参与提供服务的人员的资格、经验、信誉、可靠性、专业和管理能力等；在工程评标时，非价格标准主要有工期、质量、施工人员和管理人员的素质和以往的经验等。

（三）评标方法

评标方法是指，在招投标采购活动中对投标人编制的响应文件进行审查，对其资格、商务履约能力、技术、服务、报价等评价因素满足采购文件要求的程度进行打分或评估，从而选择推荐中标候选人的具体方法。简而言之，就是运用评标标准评审、比较投标的具体方法。评标方法一般有以下三种：

（1）最低评标价法。将投标人各种技术、商务、服务内容相关的指标要求按统一标准换算成价格进行比较，选择“最低评标价”的投标人作为中标人。

（2）打分法。评标委员会根据评标标准确定每一投标不同方面的相对权重（即“得分”），得分最高的投标即为最佳的投标，可作为中选投标。

（3）合理最低投标价法，又称经评审的最低投标价法。能够满足招标文件的各项要求，投标价格最低的投标即可作为中选投标。

在这三种评标方法中，前两种可统称为“综合评分法”。综合评分法，是指投标文件满足招标文件全部实质性要求，按照评审因素的量化指标评审得分最高的投标人为中标候选人的评标方法。评审因素应当与投标人所提供的货物和服务的质量相关，包括投标报价、技术或服务水平、履约能力、售后服务等，评审因素应当在招标文件中规定。综合评分法适用于货物类、服务类及工程类项目，经常在公开招标和邀请招标中采用。

采取综合评分法时，在最大限度满足招标文件实质性要求的前提下，对投标人的投标报价、技术、商务、政策扶持或鼓励、履约能力、服务、文件编制的规范性等评价因素进行打分，依据综合得分由高到低依次推荐中标候选人；当总得分相同时，按投标报价由低到高排序；当总得分相同且投标报价相同时，按技术优劣排序，无并列排序。投标文件满足招标文件全部实质性要求，且按照评审因素的量化指标评审得分最高的投标人为排名第一的中标候选人。当第一候选人自动放弃或者经查证存在虚假应标或法律法规禁止参与政府采购活动的事由时，顺延下一顺序候选人为中标人，以此类推。

表 5-11　综合评分法示例

序号	评分因素及权重	分值	评分标准	说明
1	价格××%（主要评分因素）	××分	以本次有效最低投标报价为基准价，投标报价得分＝（基准价/投标报价）×权重占比分。 对于货物采购，报价分权重比不低于30%； 对于服务采购，报价分权重比不低于10%	

（续表）

序号	评分因素及权重	分值	评分标准	说明
2	技术指标××%（主要评分因素）	××分	(1) 完全符合招标文件要求，无负偏离得××分； (2) 带★项的重要参数，正偏离，一项加×分，最多加××分； (3) 带★项的重要参数，负偏离，一项扣×分，一般项负偏离，一项扣×分，扣完为止； (4) 还可以设技术参数正偏离加分评价	技术参数：要求提供厂家产品彩页或白皮书作为证明材料；重要参数：要求提供第三方检测报告
3	技术方案、实施方案或服务方案××%	××分	(1) 满足招标文件要求，并根据各供应商提供的方案优劣进行横向比较，优等得××分，良好得××分，一般得××分； (2) 可以根据项目的实际需要提出有针对性的评价要求	工程项目：设技术方案和实施方案评价分值； 服务项目：设服务方案评价分值
4	履约能力、业绩、信誉××%	××分	(1) 完全符合招标文件要求且没有负偏离的得××分； (2) 优于招标文件要求的，一项加××分，最多加××分； (3) 与招标文件要求有非实质性负偏离的，一项扣××分，最多扣××分	(1) 履约能力指能够按照购买合同约定执行的能力，主要包括销售业绩、生产能力、交货能力、服务能力、人员能力（职称或执业资格证书、业绩）、体现投标人或投标产品生产厂家能力、产品质量、管理等的各种认证； (2) 具体评分标准由招标采购单位根据采购项目具体情况确定和细化。采购人、采购代理机构不得将投标人的注册资本、资产总额、营业收入、从业人员、利润、纳税额等规模条件作为评审因素，对投标人实行差别待遇或者歧视待遇； (3) 本招标文件规定的资格中的资质，不得作为评分事项，资格条件以外的资质可以作为评分事项； (4) 禁止以特定行政区域或者特定行业的业绩、奖项作为加分条件。普遍意义的奖项、非限定行业的业绩可以作为评分因素； (5) 投标人履约能力、信誉和业绩等的认定应当根据投标人自己提供的真实、客观的证明材料进行评判，仅凭投标人的主观陈述（承诺）无效

（续表）

序号	评分因素及权重	分值	评分标准	说明
5	售后服务 ××%	××分	(1) 完全满足招标文件要求的得××分，优于招标文件要求的，每一项加×分，最多加××分； (2) 售后服务时间每增加1年加×分； (3) 与招标文件要求有实质性负偏离的，一项扣×分，最多扣××分； (4) 有属地服务机构加×分（提供工商注册证明）； (5) 培训方案：优等×分，良好×分，一般×分	
6	投标书的规范性 ××%	××分	(1) 投标书制作规范得××分； (2) 规范性存在问题扣×分； (3) 如有评审规则中规定的扣分项，每项扣×分，扣完为止	投标文件规范性分值一般设置为2分，如果再少，则无法处理格式问题或其他必须扣分而评分细则中又没有规定的情形

表 5-12　合理最低投标价法示例

条款名称	评审因素	评审标准
形式评审标准	投标人名称	投标人名称或组织结构应与资格预审时一致，变更应征得招标人同意
	签字盖章	(1) 投标文件封面：有法定代表人或其委托代理人签字（或盖章）并加盖单位章； (2) 投标函：有法定代表人或其委托代理人签字（或盖章）并加盖单位章； (3) 投标总价：有法定代表人或其委托代理人签字（或盖章），加盖单位章，并有有效的造价师或造价员签字并加盖执业印章； (4) 法定代表人身份证明：有单位公章； (5) 授权委托书：有法定代表人及其委托代理人签字（或盖章）并加盖单位章
	投标文件格式	(1) 符合“投标人须知”第××项规定及“投标文件格式”的要求； (2) 投标文件出现以下情形时，视为重大偏差，作废标处理： ① 修改了清单项目的数量、名称以及描述等，改变了原工程量清单的实质内容； ② 没有按照招标文件要求提供投标担保或所提供的担保有瑕疵； ③ 投标文件没有投标人授权代表签字和加盖公章； ④ 投标文件载明的招标项目完成期限超过招标文件规定的期限； ⑤ 投标文件附有招标人不能接受的条件； ⑥ 不符合招标文件中规定的其他实质性要求。 (3) 因计价软件版本不同引起的投标文件格式与招标文件不一致（但实质内容无缺失），视为细微偏差，不构成废标因素

（续表）

条款名称	评审因素	评审标准
形式评审标准	报价唯一	投标人不能递交两份或多份内容不同的投标文件，或在一份投标文件中对同一招标项目报有两个或多个报价，且未声明哪一个有效，按招标文件规定提交备选投标方案的除外
资格评审标准	已进行资格预审的，一般不再评审 （需专家进行资格审查或复查的，应特别说明）	
	营业执照	具备有效的营业执照
	安全生产许可证	具备有效的安全生产许可证
	资质等级	符合××规定
	类似项目业绩	符合××规定
	信誉	符合××规定
	项目经理	符合××规定
	其他要求	符合××规定
	联合体投标人	符合××规定（如有）
响应性评审标准	工期	应承诺工期且不超出招标文件规定的工期
	工程质量	符合××规定
	已标价工程量清单	完整、实质内容无缺失
	技术标准和要求	符合“技术标准和要求”规定
	其他	(1) 投标人不能以他人的名义投标、串通投标或者以其他弄虚作假方式投标； (2) 投标文件不能附有招标人不能接受的条件； (3) 投标单位接受计算错误的修正（如有）
详细评审标准	投标报价	投标报价出现以下情形的，作废标处理： (1) 低于成本报价； (2) 安全防护、文明施工措施总费用不足招标人公布的招标控制价中的“安全防护、文明施工措施费用”总额的 90%； (3) 修改了招标文件提供的规费费率，未按所提供的费率报价； (4) 投标函、投标总价及单位工程费汇总三者不一致； (5) 投标报价超出招标控制价（最高报价值）； (6) 投标报价低于最低限价

二、影响投标赢率的指标参数

影响投标赢率的指标参数大致可分为六类：屏蔽类指标、定档类指标、扣分类指标、抬高类指标、迷惑类指标和通用类指标。

（一）屏蔽类指标

这类指标参数会屏蔽掉不符合要求的供应商，即便供应商有意向或者在客户内部有影响力，但受屏蔽类指标影响仍无法参与到投标项目中。以冰箱为例，A 企业的产品自带能连接 Wi-Fi 的 LED 显示屏，能自动推送冰箱里食物的储存情况以及对应的食物菜谱，而竞争对手没有，这一条如果是必须满足的屏蔽类指标，需要用星号标注，使得不满足要求的供应商废标。如果设置屏蔽类指标，A 企业需要了解自己的产品和其最不想与之竞争的供应商的产品相比存在哪些独特优势。

（二）定档类指标

在招投标中常常会出现最低价中标，往往是因为没有预先对品质进行定档。定档类指标起到的是规范产品/服务规格的作用，以防有的供应商用规格更低的产品占据价格优势。仍以冰箱为例，容量越大，价格越贵，如果没有提前设置规格要求，就可能出现竞争对手用 30 升容量的冰箱与 A 企业提供的 50 升容量的冰箱比较价格，这样当然会使 A 企业失去竞争优势。因此，设置指标参数时必须把这一类指标加上并标注星号，使所有的供应商投标的产品都放到同一档次上竞争，甚至必须使用更高档次的设备才能满足招标要求。

（三）扣分类指标

这类指标与屏蔽类指标相似，都是筛掉不满足要求的供应商，但不同的是，屏蔽类指标需要标注星号，不满足的供应商会被废标，而扣分类指标则不标注星号，只扣掉相应指标的分数。举例说明，A 企业的冰箱产品的特点是自带能连接 Wi-Fi 的 LED 显示屏，那么如果这一指标设置了较高的分数，就会使不满足该指标的供应商在综合分数上落后一大截，失去竞争机会。

（四）抬高类指标

抬高类指标通过抬高竞争对手的投标报价来使自己占据价格优势。同样以冰箱为例，A 企业需要了解自己的冰箱产品有哪些同一档次产品所没有的竞争优势，比如“四开门”的冰箱通常是 480 升、500 升的容量，而 A 企业的是 400 升容量，那么“四开门”就是一个抬高类指标，把它作为硬性指标后，其他供应商只能用容量在 480 升以上的冰箱产品参与竞标，这时，A 企业的冰箱产品就占据了价格优势。

（五）迷惑类指标

这类指标的作用在于迷惑对手，使对手不清楚是谁在引导参数设置。例如，A 企业的冰箱产品 LED 显示屏是按键式的，如果指标参数中设置了阶梯评分法，把按键式作为第二阶梯分数，把某竞争商家独有的触屏式作为第一阶梯分数，其他供应商就会误以为是另一个商家在控标，这样可以降低受关注度。这类指标一定要慎用，特别是当参与的竞争对手特别熟悉时，使用这类指标不仅起不到想要的效果，反而会“搬起石头砸自己的脚”。

（六）通用类指标

通用类指标是市面上所有供应商都能做到的。一般来说，标书的指标参数设置不能都是限制类的，需要有通用类指标吸引大家参与投标，形成三家及以上的竞争局面，否则招标不成立，白费力气。

以上六种不同类型的指标参数作用不同，无论是作为招标项目的引导者还是参与投标者，都需要结合具体情境，灵活安排，利用招标评分规则来强化我方优势，削弱对手的优势，提高赢率。有经验的销售人员在早期就会参与到需求梳理、项目立项及共创解决方案过程中，植入自己产品或方案及服务的优势，在招标过程中赢得先机，同时降低竞争对手评分。

此外，还可以根据评分标准对参与竞争的供应商做一些评分结果的模拟分析，提前预测各参与方的优劣势、可能的得分情况，做到心中有数，这对于我方定价策略和投标策略的制定都非常有参考价值。

任务三　撰写投标书

学情问卷

1. 准备好的标书在格式方面应该注意什么？

○ 签名齐全、日期准确　　○ 内容完整

○ 符合装订排版要求　　○ 密封完好

2. 投标文件内容应当突出乙方的哪些优势？

○ 诚实信用　　○ 技术优势

○ 过往中标业绩　　○ 行业地位

任务描述

以小组为单位查找资料，从投标书的商务标、技术标、格式规范等方面列举常见的错误类型，并举例佐证。

任务指引

撰写投标文件是一项复杂工程。现实中，投标文件整体质量不错，但在投标格式上出问题，最终百密一疏，功亏一篑，直接导致废标的例子并不鲜见。另外，有些投标文件格式虽然没有问题，但是质量不高，在投标书的诸多要素上没有亮点，也难以在招投标中脱颖而出。因此，撰写投标书需要极度认真、细致，除了要保证投标文件不会在格式上出现半点差错，还要力求制作出一份高水平的投标文件，在投标的各个要素上争取竞争优势。

关于投标书编写，需要了解以下方面的内容：

1. 投标书的格式及样本；
2. 编写投标书的要素。

表 5-13　“撰写投标书”任务要素及评估指标

任务要素	评估指标
投标书的格式	目录清晰，结构完整
投标书的要素	陈述投标书的要素
投标书的审核	陈述投标书的审核要点

任务实践要点：

1. 熟悉标书的装订格式；
2. 梳理投标书各关键要素。

知识要点一　投标书外观格式的注意事项

引导案例

细节决定成败

某智能办公项目设备物资采购公开招标，共9家投标人在规定时间内递交了投标文件。

根据招标规定，招标评审分为初步评审和详细评审。初步评审包含形式评审、资格评审和响应性评审三部分，每部分都有细化的若干评审分项。初步评审采取一票否决制。本项目形式评审的标准为：

1. 投标人名称与证照名称一致；
2. 投标函具有单位盖章和签字；
3. 投标文件格式与招标文件要求的格式一致；
4. 投标文件只有唯一的投标报价。

在形式评审过程中出现了下列情况：

有1家投标人标书封面没有签字和盖章；

有1家投标人的标书中法人授权委托书只有签字，没有盖章；

有1家投标人的标书中法人授权委托书只有盖章，没有签字；

有1家投标人的标书中签字盖章页只有单位盖章，该签字的位置是打印的法人授权委托代理人的姓名；

有2家投标人的投标函只有盖章，没有签字。

评标委员会在初步评审阶段的形式评审过程中否决了以上6家投标人的投标文件，剩余3家通过了形式评审。

在资格评审过程中专家否决了1家投标人的投标文件。剩余的2家投标人虽然通过了资格评审，但是因为只有2家供应商参与投标，投标报价不具备竞争性，于是本次投标无效。

多数投标人在形式评审、资格评审阶段被否决，导致了本次招标失败，延误了采购人规划的招标进度，同时增加了招标成本。

讨论：

1. 本次项目招标为什么延期?
2. 在准备投标文件时需要注意哪些要素?

投标书的外观格式是招标人、评标专家的第一印象，能体现企业的实力与管理水平。投标文件一定要按照招标文件要求的固定格式或者其他明确要求来提供。投标人应准备清晰明确的文件，编码完整，不掉页、不缺页、无错页；文本要印刷清楚，装帧整洁；

投标文件字体、字号、行距、字符间距、文件序号等都要整齐规范，符合国家标准。投标书标准格式可能包括：

1. 投标文件分册装订，每个分册编制独立的目录；

2. 投标文件目录采用三级标题；

3. 所有投标文件正文采用宋体，一级标题加粗小三字号，二级标题四号字号，三级标题小四字号，正文小四字号；

4. 页眉为该分册的名称，页脚为“第×页　共×页”格式；

5. 投标书正文页边距为：左、右边距 3 厘米，上、下边距 2.5 厘米。

投标书格式有问题会导致无效投标。因投标文件或响应文件格式问题导致无效投标的主要有以下几种情况：

1. 投标书没有按照要求将商务部分与技术部分分别装订，开标一览表没有单独封装；

2. 技术部分违背了不准有公司名称和标识的规定；

3. 封装不符合密封要求；

4. 封装被破坏；

5. 漏填报格式表格。在招标文件格式章节中的表格，由于招标文件组成中没有要求该表格，投标人没有填报。此类问题将按照格式不符合要求被认定为无效投标或者扣分；

6. 未按照表格标注的内容填写。

在规范投标书格式方面需要特别注意以下事项：

一、规范投标文件的签署

法定代表人或授权代理人签字盖章不符合招标文件的规定，会被认定为无效投标。

投标书中所有“签字盖章处”，尤其是《投标函》和《投标函附录》上，都应按要求盖章签字。投标人代表只有盖章无签字，或者只有签字没有盖章，或者用手写体的印章替代签字，都可能会被认定为无效投标。

在签署投标文件时，还应注意招标文件是否允许用“投标专用章”等其他公章代替“投标单位公章”。证明文件为复印件加盖投标人公章是常态化要求，公章或盖章不符合要求而被认定无效投标的情况很多。如“授权专用章”“合同专用章”“投标专用章”等，均不属于法人公章，在投标文件中加盖均无效。

此外，还需要注意是否要求“页签”，不按要求在多页分项报价表逐页签字被判定为无效投标的情况也较多。

二、遵循投标文件的排版、装订、密封要求

有的招标文件要求商务标、技术标同册装订，有的要求分别装订，有的招标文件禁止投标文件用可拆装工具装订。个别政府采购项目技术部分、报价部分采用暗标，技术标不得体现投标单位信息，否则会废标。

小故事

把好投标前的最后一道关

投标书完成后，密封前的检查工作至关重要。有的投标单位在装订时“忙中出错”，张冠李戴，封面与其后的内容风马牛不相及，结果所投的几个标全部成为废标，连参与评审的机会都没有。

A市某中学新建教学楼建设工程招标采用电子招标。评标期间，评标委员会发现投标人甲将投标函中招标人名称写成了B市某中学。投标文件中招标项目名称、标段、已标价工程量清单中的工程量等与招标文件一致，只有此处不符。

投标函是合同文件的重要组成部分，投标函中招标人名称错误，属要约对象错误，评标委员会专家一致认定此投标书作废，否决该投标人的投标。

通常招标文件要求的投标文件份数为正本一份、副本若干份，但对正本和副本密封的要求不尽相同，有的招标文件要求正本和副本分别密封后再密封为一包，有的则要求正本、副本一起密封，还有的要求投标函单独密封；有的招标文件要求外包装密封处加盖“密封”章，有的招标文件要求加盖“投标单位公章”。外出投标最好带两个加盖公章的封条备用。递交标书时，应携带身份证，并单独准备一份“法定代表人授权书”，以便接收投标文件的人员核实身份。投标文件必须在规定时间内递交到指定地点。

三、严谨细致的标书检查

标书编制完成后，检查标书的工作非常重要，大部分投标人被废标的原因是对招标文件研究不够深入，细节处理失当。检查投标文件的方法对于投标人来说至关重要，如表5-14所示。

表5-14　投标文件检查表

投标文件检查表				
项目名称：			检查日期	
序号	检查内容	检查方法	确认	备注
一	投标文件			
1	项目编号与名称	投标文件整篇项目编号与名称正确一致	□	
2	投标人名称	投标人名称与营业执照、资质证书、银行资信证明等证明证书一致	□	
3	投标文件排版	检查文本格式、字体、行数，图片是否模糊歪斜、是否按招标文件要求编辑	□	
4	投标文件目录	投标文件目录是否完整，页码是否更新	□	
5	投标文件完整性	对照目录进行逐项检查	□	
6	投标内容	符合招标文件规定	□	
7	页码、页眉、页脚	有无重页和缺页	□	

（续表）

序号	检查内容	检查方法	确认	备注
8	报价	注意货币单位，只能有一个有效报价（按招标文件要求提交备选投标方案的除外），投标报价没有大于最高投标限价，纸质版、电子版、上传版应一致	□	
9	预算书	预算书符合招标文件“预算书”的范围、数量，符合清单/预算编制的要求	□	
10	资质文件检查	顺序及完整性检查，有无复印不清楚或歪斜，检查证明材料是否齐全	□	
11	营业执照、资质、质量认证证书、安全生产许可证	有合格的营业执照，且经营范围与招标项目一致，注册资金和资质符合法律法规和招标文件要求	□	
12	总工期	总工期（总进度）响应、权利义务响应符合招标文件要求	□	
13	投标有效期	投标有效期符合招标文件要求	□	
14	偏差表	没有招标方不能接受的偏差内容	□	
15	项目经理资格	满足法律法规及招标文件的要求	□	
16	施工业绩	满足招标文件要求	□	
17	工期（关键节点）	符合招标文件的规定	□	
18	工程质量	符合招标文件及合同的规定	□	
19	技术标准和要求	符合招标文件“技术标准和要求”规定	□	
20	其他否决投标条件	没有法律法规和招标文件规定的其他否决投标的内容	□	
二	**分项检查**			
1	开标文件	按照投标函格式要求逐页检查是否响应、有无漏页； 投标函中投标金额大小写检查； 单价与总价金额是否正确； 其他	□	
2	投标保证金	投标保证金是否符合要求，金额是否符合要求	□	
3	商务部分	商务部分格式是否符合要求，逐页检查是否响应、有无漏页； 商务标书完整性检查； 商务标书资质证书是否在有效期内； 检查企业资质是否齐全、有无过期； 检查投标人员信息、证件是否对应； 其他	□	

（续表）

序号	检查内容	检查方法	确认	备注
4	技术部分	检查技术部分格式是否符合要求，逐页检查是否响应、有无漏页； 施工主要机械安排； 施工范围、施工概况； 施工组织方案、现场组织机构； 安全保障体系及措施； 质量保障体系及措施； 本工程特点、施工经历、同规模主体施工经历； 施工总平面布置； 施工网络进度计划； 项目经理情况； 主要技术负责人情况； 主要劳动力组织计划； 其他	□	
5	电子光盘	按照招标文件要求检查所需导入文件，测试三台电脑是否都可以读取； 光盘正面填写信息是否正确	□	
三	**投标文件封装和签字、盖章**			
1	法定代表人和授权代表签字（盖章）检查	每页检查有无签字和盖章，签字是否正确，是否和授权人相符	□	
2	封装方式及密封纸张检查	检查封装方式、密封纸张是否符合招标文件要求	□	
3	封装包检查	是否按要求分装（正副本是否分开）； 封装包数量是否符合要求	□	
4	投标文件份数	根据招标文件，检查投标文件是否写上正本和副本，正本、副本、电子版份数是否符合要求	□	
5	项目编号与名称	投标文件整篇项目编号与名称是否正确	□	
6	人员名称	授权委托人、投标人名称	□	
7	密封袋封面	是否按照内封、外封要求填写信息	□	
8	签字、盖章检查	检查投标文件内需签字、盖章处是否签字、盖章	□	
9	密封袋（暗本）特殊要求检查	检查招标文件对暗本的特殊要求	□	

（续表）

序号	检查内容	检查方法	确认	备注
四	文件签署			
1	文件签署	(1) 投标函加盖单位公章，有法定代表人（或委托代理人）签字； (2) 其他投标文件加盖单位公章，有法定代表人（或委托代理人）签字； (3) 如由委托代理人签字，附法定代表人授权委托书； (4) 法定代表人授权委托书加盖单位公章，有法定代表人签字； (5) 投标文件若使用投标专用章替代单位公章，有投标专用章具备同等效力证明文件； (6) 投标文件按规定的格式填写，没有内容不全或关键字迹模糊、无法辨认的情况； (7) 加盖骑缝章，骑缝章覆盖每页	□	
2	密封袋封面	是否按照内封、外封要求填写信息	□	
3	签字、盖章检查	检查投标文件内需签字、盖章处是否签字、盖章	□	
五	开标现场准备文件			
1	委托人身份证原件、授权委托书	是否携带	□	
2	投标文件递交登记表	是否携带	□	
3	投标保证金递交函原件	是否携带	□	
4	无行贿犯罪记录告知函	是否携带	□	
5	基本户开户许可证复印件	是否携带	□	
6	开标时间地点	是否通知	□	

标书检查结果：
A. 可以送出 □
B. 重新修改 □ 修改原因：

对投标文件的检查将直接影响投标文件的有效性，应当引起投标人高度重视。不同的招标文件对上述格式的要求不尽相同，投标人每一次投标都不应麻痹大意，以免“一着不慎，满盘皆输”。

知识要点二　撰写投标书的要素

制作高水平的投标文件是竞争中获胜的关键。投标文件是描述投标人综合实力、信誉状况、投标报价竞争力及投标人对招标文件响应程度的重要文件，也是评标委员会和招标人评价投标人的主要依据。投标人在产品、服务和实力能够满足招标文件要求的前提下，科学地编写出高水平的投标文件，这在招标竞争中至关重要，对投标活动的成功起着决定性作用。

学习者对话

学生甲："撰写投标书太难了。"

学生乙："是呀，除了写技术标、商务标，还要计算报价。有人因为报价没做好，赢了单居然亏了本。"

学生组长："世上无难事，只怕有心人，投标书是根据招标文件来撰写的。细节决定成败，我们先从细节入手，了解撰写投标文件的注意事项吧！"

学生甲、乙："好的，我们来讨论投标书中要注意哪些细节规范吧！"

规范投标，细节制胜

标书制作者想要制作出合格有效的投标文件，阅读招标文件是关键。在认真解读招标文件、评估赢率确定投标策略后，才能进入投标文件的编制工作。投标人要按照招标文件要求的内容、顺序和标准格式编制投标文件，切忌"想当然"，避免漏项、错项和"画蛇添足"等。

一般投标书的结构分为商务部分、技术部分、报价部分（招标文件有特殊格式要求的除外），各部分的撰写都要遵循招标文件要求。

一、商务部分

商务部分包括投标人说明、厂家介绍、业绩、合同、产品授权书、法人授权书、三证、资格证书、交货期、付款方式、售后服务、承诺书、商务偏离表、商务应答及备品备件专用工具清单等，投标人要严格按照标书内容要求及顺序编写。

商务部分要突出成功案例，将投标人主要业绩放在突出位置，用黑体突出，也可以用案例图片的形式呈现。业绩合同需要注意合同金额、时间等。对于资质性文件要检查有效性，避免放错文件或者放入了过期的文件。一些厂家授权的证明建议扫描后将原件寄送投标单位，注意快递时间。

有些企业的实力很强，业绩也不错，以往也中过标，但是由于未认真制作投标文件，结果在评标过程中未能体现出其竞争优势。企业应在投标文件中提供能充分表现自己综合实力的内容，如能说明投标人的技术优于招标人的要求和其他竞争对手的文件、可提前交货的保证以及服务承诺等。投标人还可将自身的业绩、市场占有率、在其他项目中中标的情况、各方面的评价、产品样本等有关材料充实到投标文件中，并分别配上详细介绍，以便向评委和招标人充分展示自己的综合实力，引起他们的兴趣和重视，给招标人一种信任感。

商务标在定价时，不仅要贯彻总的定价策略，还需要根据实际情况做出相应调整，比如招标要求中的价格权重占多少、是否最低价中标、是否有第二轮报价的机制，甚至是付款条件是否有罚则和尾款要求等。定价策略是有技巧可循、有方法可用的，必须结合实际情况灵活运用。商务标的编制有如下技巧：

（一）掌握项目各分项数量核对的技巧

在核对项目数量时，如果发现项目清单存在错误或者漏项，投标单位不宜自己更改或补充项目，以防止招标单位在评标时不便统一掌握而失去可比性。项目各分项数量清单上的错误或漏项问题，应待中标后签订合同时提出来加以纠正，或留待项目验收结算时作为调整价格处理，但项目必须是非固定总价合同的形式。

（二）不平衡单价的运用技巧

所谓不平衡单价，就是在不影响总标价水平的前提下，某些项目的单价可比正常水平高些，而另外一些项目的单价则可以比正常水平低些，但要注意避免显而易见的畸高畸低，以免导致降低中标概率或成为废标。

技术标和商务标的编制人员应密切配合，集中办公，随时互通信息，保持一致，以免各自为政、前后矛盾。同时积极响应招标文件的要求，制定出满足要求、具体可行的措施。此外，对于甲方提出的一些项目相关的特殊要求，也要积极予以配合。为向对方表示投标诚意，不妨在投标书中增加一节“项目节约措施及让利优惠”的内容，通过技术革新、挖掘企业内部潜力、开源节流、合理加快速度等措施节省费用，可以明言将此“让利”给招标人，使招标人觉得这样的“让利”不是盲目的，是可靠的，不至于影响项目进展的速度和质量，从而对项目施工顺利进行有信心。

二、技术部分

技术部分包括投标设备技术说明、图纸设计、技术参数、产品配置、技术规格偏离表、技术力量简介、安装施工方案、产品质量、产品简介、产品彩页等，要严格按照标书内容要求及顺序编写。

技术部分要突出重点，不必太详细，要进行有针对性的介绍，根据招标要求确定是否需要提供产品彩页或界面截图。

对投标人的长处一定要表述清楚并放到突出位置，一般情况下放在技术标的开头部分。

产品技术参数、技术性能的表述要满足招标方的技术要求。技术差异表的编排内容要合理准确，投标产品的技术指标优于招标要求即为正偏离，反之为负偏离，符合招标要求即为无偏离。正偏离描述要加粗或用其他醒目符号标识，例如★或▲等符号。

有的招标文件除了投标人必须提报的资料外，还允许提报投标人认为应当提报的其他内容。该部分不是评审委员会评审的重点，如招标文件没有特殊要求，一般应附在最后，在篇幅上也不宜“喧宾夺主”。技术部分编排顺序要符合招标方的要求并且合理。多余或者不足的文件需要剔除或补充。

为了编制一份合格的技术标，应掌握以下几方面的技巧：

（一）郑重承诺

认真确定招标文件、设计图纸等有关资料，结合本企业的条件向招标人做出正式承诺，明确项目在实施技术、经济、质量、工期、安全、组织等方面的目标和相应的投入及措施，和标书条款一一对应，积极响应，稳妥承答。

（二）反映企业实力

要充分展示本企业在技术能力、人员素质、管理水平等方面的实力以及独到的技术手段和能力，反映企业对承接该项目具有强烈的诚心、信心和决心，使招标人产生安全感和信任感。

（三）粗中有细

所谓“粗”，是指方案侧重于施工规划和部署，对设备投入、工期、计划、技术等的描述都是控制性的，一般的操作细节、控制要点都可省略。所谓“细”，一是指方案要涉及项目实施中的方方面面，不可遗漏，不可有考虑不周之处；另一方面是指对项目的投入、组织以及关键技术部位的处理要详细、可靠、操作性强。

（四）精心制定技术标目录

目录实际上是技术标的结构和顺序，反映了编制者的思路，能让人一目了然。一份好的目录要求大小标题明确、错落有致、上下关联。小标题尽可能详细些，以示方案中考虑了哪些因素。为便于查阅，标题后均需附上页码。评标期间评审人员一般不会逐个细读标书，往往是先整体“粗”看一下，再重点“细”看。目录便是细看的第一个对象，以此来判断方案考虑了哪些内容、是否齐全、重点在哪、逻辑如何等，进而建立对技术标的初步印象，而这种印象往往具有“先入为主”的效果，其作用不可小觑。

（五）内容要涵盖项目实施中的方方面面

评标时往往由评审人员对技术标发表个人意见，再根据各分项，如技术、组织、先进性、可行性进行打分，汇总后供最后决策。因此，要想不让“挑剔”的评委们找到技术标中明显的缺点或漏洞，就要注意两个方面：一是具体的措施计划要合理、实用；二是要考虑到项目实施各方面的因素。由于编制时间紧迫，不可能也不需要都详细说明，非重点部分可以略写，甚至可只列标题，内容以“略”字代替。这样既突出了重点，主次明确，又能有效地引导评审人员的注意力，增加投标制胜的砝码。

（六）重视组织机构的安排

项目经理作为法人代表的代理人，负责具体组织生产和管理各项业务。项目经理的素质及管理水平对工程的成败有着至关重要的作用，招标人往往对此人选比较重视，故应优先选用具有良好业绩的项目经理，并将其主要业绩列入标书文字中，使招标人对将来的项目领导班子有初步的了解，并从中感觉到企业对承接该项目的决心和重视程度。

（七）力争图文并茂

好的图表可以代替许多文字说明，如项目实施示意图、组织机构表、劳动力构成图等。要尽可能提高图表的清晰度和绘制质量，避免漏洞或矛盾。

（八）注意编排和打印的质量

由于编排时间紧，不能过分将精力集中到报价方面造成技术标编制准备不足，因方案粗糙给评审者造成一定的困惑，从而降低投标竞争力。技术标在很大程度上也是企业综合实力的体现，是反映企业精神面貌的窗口，所以应在文字润色、打印、校对等方面多做些工作，使方案焕然一新，增加技术标的“印象分”。

（九）留有适当变更的余地

不同于实施性施工组织设计具有宏观控制作用，技术标不可避免地会随各种因素的变化而在局部出现一些变更，因此在制定方案时应留有一定程度的调整余地，但这种调整也是有限度的，不能随意超越。为了把握好分寸，可以在技术标中进行适当的文字处理工作，为今后的施工措施调整埋下伏笔，如编制说明时可以写明以下几条：①将收到的招标文件等作为编制依据。这说明若日后还有什么要求，则本标书并未加以考虑。②对于项目不详的地方，也应说明：因资料不全，所制定的施工措施或方法仅是一种假设或建议，待以后再做详细考虑。总之，施工企业在投标阶段对今后施工中的诸多问题不应放弃自己合理的权利，应尽可能将承诺缩小到一定的时间、范围和程度上。

三、报价部分

投标书的报价部分一定要有报价一览表（总价）和分项报价表。在报价部分要注意报价表中设备名称、品牌、型号、数量、参数等是否与招标文件一致。报价表中货币单位是否前后一致、大小写是否正确、数目是否相符等都需要加以关注。

（一）科学报价

投标价格要根据国内、国际市场行情和本企业产品成本等因素科学合理地制定。投标报价实际上就是投标人按照招标文件上提出的各项交易条件，按期提出自己最优惠的报价来进行竞卖，其中各项费用一定要精确计算。比较合理的投标价格应不低于成本加适当利润，也不高于市场平均价格。要认真研究招标人要采购的产品，有针对性地提供产品。若投标人提供的产品高于招标人需要的水平，在技术性方面会占优势，但相应的价格会高，这样价格就未必有优势；若提供低端产品，产品性能就差，价格相对具有优势。企业提供产品的技术性过高或过低都会使中标概率降低，因此，应研究清楚招标人需要的是哪个档次的产品，然后有针性地提供，这样在性价比等方面才具有优势。这里要强调的一点是，不一定价格最低的投标人就是中标者，特别是采用“综合评分法”“性价比法”评标时，价格最低的投标人往往不是中标者，通常依据招标文件的要求从技术、价格、实力三方面综合评审后，进行考核打分才能决定。投标人应当综合考虑这些因素，做出合理的、有竞争力的投标报价。

投标报价的策略和一般规律是：①现阶段项目不多或对某一项目非常有兴趣时，报价应适当低；反之，报价可适当高些，即采取所谓的“陪标报价”。②对于一般性的项目，由于一般单位都能交付，竞争激烈，报价可适当低些；而对于特殊项目，由于一般单位较难交付，参与竞争的单位数量有限，报价可适当高些。③对量大但技术不复杂的项目，报价宜低些；对于技术较复杂或位于偏远地区、交付条件差的项目，报价可高些。④竞争对手多的项目报价宜低些；自己有专长、竞争对手较少的项目，报价可高些。⑤具体到实际的项目，究竟将什么样的报价作为投标的正式报价，应由决策人根据竞争情况和自身条件做出决策。

（二）防止双重报价造成废标

投标人在编写投标文件时，不要忽略“双重报价”问题。在招标人的招标文件中一般有这样的描述：“每个投标人对每种货物只允许提供一个方案，该方案只允许一个报价。任何有选择的方案或报价将不被接受，其文件将被拒绝。”投标人如果给招标人提供两个可选择的方案或报价，会被招标人认为是无效报价，而作为废标处理。同时，报价外的优惠、折扣都会损害投标人的利益，且不能作为评标的实质性依据。

（三）诚信报价

投标人应当本着诚实信用的原则，“善意”对待投标报价。不要利用招标文件的一些“漏洞”要小聪明达到自己的目的。如一般招标文件规定，投标人投标总价应与投标分项报价和值一致，如投标总价与投标分项报价和值不一致，则以分项报价和值为准。而有的投标人则有意将投标总价报得较低，将投标分项报价报得较高，欲在开标时给第三方造成其报价较低、有竞争力的感觉。评标时，如果评标委员会按照其投标总价确定其中标，则该投标人又以招标文件规定“投标总价与投标分项报价和值不一致，则以分项报价和值为准”来要求增加中标价款。招标人不欢迎此类不讲诚信的投标人，其实这种“小聪明”也并不能给投标人带来任何好处，反而会给招标人留下不好的印象，使企业在以后的投标活动中处于不利的地位。

四、其他注意要素

（一）编写投标文件范本

招标文件的格式、资格条件要求通常大同小异。经常参加投标的投标人，应该编写本单位的“投标文件范本”，针对各投标项目不同的要求，修改变的部分、保留不变的部分，这样既省时省力，又可以少犯错误，避免因文本上出现错误而导致无效投标。

众所周知，目前的公开招标项目均为一次性工作，没有补救的机会，所以，投标商对招标文件中的一些重要条款必须不折不扣地认真响应。投标文件是否有实质性响应是评定投标人是否具有投标资格的重要考查标准。在实际操作中，投标人应尽量避免细微偏差，因为在采取综合打分法评标时，细微偏差也会被扣分，从而影响总体得分。

另外，由于投标文件编写难以万无一失，只要投标截止时间允许，在投标文件密封之前，要指定责任心强、认真细致的工作人员对照招标文件要求审核投标文件，这一程序非常重要，是减少废标必不可少的环节。

（二）确定项目的评分标准

投标文件在一定要求下必须根据评分标准进行设计和制作，按照打分要求准备相应的证明材料，包括资质、产品、服务、实施等（政府采购项目对于监狱企业、中小微企业、节能认证产品、环境认证产品均有一定比例折扣或者加分，利用好政策可以将利益和优势最大化）。社保证明等需要提前准备的各种证明，都需要提前找相关机构开具。

（三）投标文件内容要完整准确

投标文件一般包括：投标人授权委托书、投标函、开标一览表、投标报价表、投标产品的方案及详细介绍、技术和商务完整准确应答、与招标文件的偏离表、投标人的资信证明及招标文件要求的其他资料。投标文件应对招标文件提出的要求逐一做出回答，对招标文件中提出的实质性响应要求必须做出符合要求的回答。“评标办法”中提出的对投标文件初审的“资格性证明文件”“符合性证明文件”一个也不能少，而且都要符合招标文件的要求。特别是如下的项目基本要素和信息：

1. 招标项目名称（名称不要想当然）；
2. 招标项目编号；
3. 招标包号及名称；
4. 工期或者供货期要求；
5. 质量保证期要求（很多地方质保期为加分项）；
6. 招标控制价（如有）；
7. 投标保证金缴纳信息；
8. 投标人的资格要求；
9. 产品配置要求；
10. 履约保证金信息（个别单位履约保证金为中标金额的10%）；
11. 项目单位付款方式（关系到资金回笼速度）；
12. 编制预算方式：清单、定额；
13. 招标代理联系人信息。

成熟的投标人应具备高尚的职业道德，熟悉国家关于招投标的法律法规和投标产品的技术标准、价格、服务、信誉，而且对制造厂商及产品也熟悉和了解。投标人应知道所投货物代表公司的品牌和信誉，是公司发展的生命线。要争取做长期业务伙伴，而非一锤子买卖，脚踏实地，摆正心态，企业才有生命力和竞争力。

【拓展资源】　中国是招投标制度的先行者

追溯招标投标制度的历史，许多人以为英国是世界上第一个（1782 年）采用招标投标交易方式的国家。而实际上，比英国早 600 多年，早在宋朝时中国就已经有了招投标制度——“买扑”，或称“扑买”。

扑，有博弈、竞争之意；买，即买卖、交易。合起来，“买扑”的意思就是竞价买卖。宋朝的“买扑”制度广泛应用于特许经营权拍卖、官田出让与请佃、商税承包、政府采购等，形成了一套非常成熟的招投标程序。

宋朝政府在拍卖某个酒坊的经营权或产权时，通常采用“买扑”方案。主持拍卖的州政府对拿出来招标的“标的”（例如某处酒坊的三年经营权）进行估价，设定标底。标底通常采用以往拍卖的次高价或中位数，“若累界（营业额）有增无减，即取累界中次高一界为额；如增亏不常者，即取酌中一界为额”（《续资治通鉴长编》卷四一九），或者参照同类物品的市场交易价格。

标底确定下来之后，便可以在“要闹处”张榜公告招标了，说明政府这次要拍卖什么，位于何处，底价几何，欢迎有意竞买者在限期（通常是一个月到三个月）内参与投标。宋朝政府对投标人有一些身份限制：官员与提供不了抵押物或担保人者，不准参加投标。其他人，只要你有财力，便可以竞拍（南宋时对官员的限制又放宽了）。

接下来进入投标程序。政府将木柜锁好，送到辖下各县镇，凡符合资格、有意投标的人，都可以在规定的期限内填好自己愿意出的竞买价与投标时间，密封后投入柜中。这个过程叫作“实封投状”。规定期限一到，即截止投标，木柜立即运回州政府。假如限期之内无人竞拍，即流标，则政府一般会调低标底，再次公示招标。

拆封木柜就进入到了评标的程序。木柜的拆封必须是公开的，有州政府多名官员在场，并允许公众观看。搞暗箱操作是不行的。当时的评标标准通常采取最高价原则，即出价最高之人中标，“取看价最高人给与”。如果出最高价的有两人以上，则先投标的那个人胜出。中标人倘若反悔，要按其出价的 10%进行罚款。

中标人确定之后，还有一道程序要走：公示，“于榜内晓示百姓知委”，以表示整个招投标过程的公开、公正。最后，由政府给中标人颁发“公凭”，实质上就是订立合同。中标人在合同有效期之内（假设政府拍卖的是一处坊场的经营权，通常三年为一界，满界即重新招标），享有明确的义务与权利，义务是必须按时纳足课额（若发生天灾，政府一般会给予蠲免）；权利是中标人的经营权受到保护，即使有其他人出更高的价钱，政府也不可以转让，“他人虽欲增课以售，勿听”（《续资治通鉴长编》卷九九）。

流行于宋朝的处理国有资产流转的“买扑”制度是当时世界上最先进的招投标制度，中国是招投标制度的先行者！

课后习题

1. 知识小测

【多选题】以下属于非招标采购的是（　　）。

A. 竞争性谈判　　B. 邀请招标

C. 单一来源采购　　D. 询价采购

2. 行动学习实践

用甘特图制订投标工作计划

甘特图（Gantt chart）也称为条状图，是一个行动计划过程管理工具，可以用于任务规划，提高规划效率。

如图 5-17 所示，甘特图的横轴代表时间，纵轴代表任务。甘特图上的线条表示在某个期间内计划和实际的任务完成情况，可直观地表示任务计划在什么时候进行，以及实际执行进展与计划的对比。

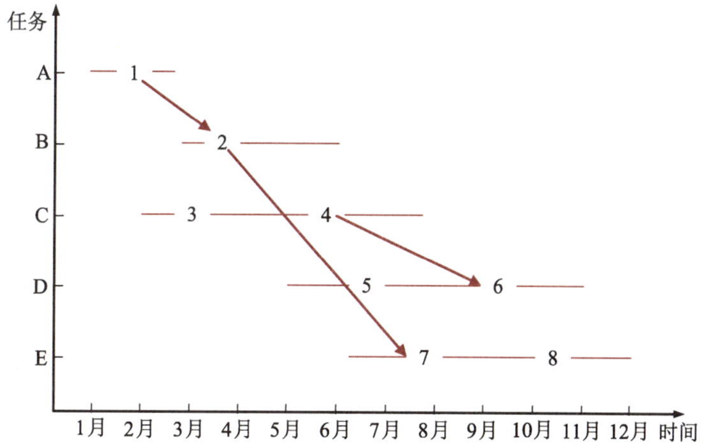

图 5-17　甘特图示例

绘制甘特图的步骤如下：

1. 明确项目牵涉到的各项活动、任务。内容包括任务名称（包括顺序）、开始时间、工期、任务类型（依赖/决定性）和依赖于哪一项任务。

2. 创建甘特图草图。将所有的任务按照开始时间、工期标注到甘特图上。

3. 确定任务活动依赖关系及时序进度。使用草图，按照任务的类型将任务联系起来，并且安排。此步骤将保证在未来计划有所调整的情况下，各项活动仍然能够按照正确的时序进行，也就是确保所有依赖性活动能且只能在决定性活动完成之后按计划进行。同时，避免关键性路径过长（关键性路径是由贯穿项目始终的关键性任务所决定的，它既表示了项目的最长耗时，也表示了完成项目的最短可能时间）。

4. 计算单行活动任务的工时量。

5. 确定活动任务的执行人员并适时按需调整工时。

6. 计算整个项目时间。

3. 同辈行为评价

王强是一名应届毕业大学生，就职于一家视频资源制作企业A公司。A公司最近在参与一所高校课程视频资源制作的招标项目，与B、C、D三家公司一起投标角逐。招标高校将采用打分法进行评标。公司拿到招标文件之后，就立即制订了投标计划，确定了参与投标的人员，并分配了工作任务。王强所负责的工作是检查投标书外观格式。王强已经参与过几次公司的投标，以往的投标文件都大同小异。这次，他参照以往投标文件的格式对新的标书进行了修订。在修订中，他一粗心将往次标书的时间原封不动地复制粘贴到了新的标书上。

请分析，王强在他所负责的投标任务上犯了什么错误？如何能够避免犯这样的错误呢？

4. 案例分析

请和小组成员一起阅读案例故事，讨论招投标应该符合的法规和原则。

> 2013年，在高唐县实验中学拆迁安置工程的招投标过程中，高唐县检察院发现聊城某参与投标的建设公司法定代理人有行贿犯罪记录，该公司被取消投标资格。这是高唐县检察院首次通过行贿犯罪档案查询发现有行贿犯罪记录的单位，并将其拒之门外。
>
> 事情缘由是，高唐县实验中学拆迁安置工程开始对外招标，公告发出后，很快有许多单位参与竞标。为保证招投标工作顺利进行，高唐县检察院通过行贿犯罪档案查询系统对竞标单位进行行贿犯罪档案查询。经查，聊城某建设公司项目经理谷某在2006年至2007年间，为承揽工程，分别向教育局局长许某行贿现金14万元、向“校改办”主任张某行贿现金2万元和价值6 880元的三星手机一部、向一科长谢某行贿现金1万元，于2012年被冠县人民法院判处有期徒刑1年6个月。
>
> 随后，高唐县检察院预防局干警立即与负责拆迁安置工程项目的招标代理公司联系，告知查询结果，并建议取消该建设公司投标资格。招标代理公司采纳了高唐县检察院的建议，取消了这一建设公司的竞标资格。

5. 自我认知测评

招投标对于企业提升营业额、完成销售目标意义重大，而且招投标的整个过程包含了多个节点，每个节点都很重要且充满了不确定性，所以，参与招投标全程需要参与人员具有较强的心理韧性和抗压能力。

表5-15的心理韧性测评，能让你对自己的韧性和抗压能力有更多的了解。测评中的

句子需要你在不同的情境下去设想和感受。对每一个描述，请选择一个数字来说明它有多符合你的情况。

表 5-15　心理韧性测评表

描述	非常不符合	不符合	不确定	符合	非常符合
1. 无论结果怎样，我都会尽自己最大努力	1	2	3	4	5
2. 我能实现自己的目标	1	2	3	4	5
3. 当事情看起来没什么希望时，我不会轻易放弃	1	2	3	4	5
4. 我不会因失败而气馁	1	2	3	4	5
5. 我认为自己是个强有力的人	1	2	3	4	5
6. 我喜欢挑战	1	2	3	4	5
7. 我努力工作以达到目标	1	2	3	4	5
8. 我为自己的成绩感到骄傲	1	2	3	4	5

项目六

挑战战略型销售

知识目标

了解战略型客户的特点；
了解企业使命与战略方向特点；
熟悉战略型销售的关键要素；
理解双赢思维的作用。

能力目标

能根据特定情境分析战略型客户的战略方向；
能根据情境共情描绘战略合作愿景；
能制定符合企业战略的双赢合作规划。

素质目标

初步具备战略思维；
能换位思考，理解客户的认知与期望；
能重视客户利益，具有双赢思维意识。

学习任务

任务一　解读客户发展战略
【战略价值型客户的特点、影响战略价值型客户销售的要素】
任务二　呈现双赢合作愿景
【企业使命与愿景、双赢思维、呈现双赢合作愿景】

项目情境

风物长宜放眼量

——你具备战略大局观吗？

在解决方案和招投标项目工作中，小霞的业务能力迅速成长，她能发掘客户的痛点并将产品、服务的独特优势展现给客户，也有了自己的客户资源，体验到了销售工作带来的职业价值。小霞现在最期盼能加入公司战略合作部的销售团队，在那里可以接触到行业的龙头企业、客户内部的高层决策者，对职业能力成长是非常好的发展平台。

战略合作部正在发展M公司成为战略合作伙伴。由于小霞之前一直跟进M公司的相关项目，近期和战略合作部有了较多的接触，参加了几次战略合作部的会议。不过小霞发现之前积累的销售经验在这里基本上派不上用场，项目会议上，团队成员所说的“业务领先模型”“敏捷战略”等她都是第一次听说，完全没有时间消化其他信息。

赵经理是战略合作部的项目经理，他发现小霞没能进入到工作状态，于是主动联系小霞进行辅导。

赵经理：“小霞，你一直在和M公司合作，我们公司和M公司目前的合作挺好的，为什么还要建立战略合作关系呢？”

小霞思考了一下，脑海里闪过战略合作部办公室的标语，说道：“今天的辉煌未必代表明天的成功。”

赵经理笑了：“小霞，你确实是个优秀的销售人才。你现在之所以不适应，是因为你之前都是从技术层面接触客户，是向客户推销具体的项目。而现在需要的是战略思维，是利用我们的全部资源帮助客户成功地实施战略。需要从战略上看问题、想问题，能从全局、长远、大势上做判断和决策。”

小霞：“赵经理，我一直觉得战略离自己很远。我现在的困惑是，如果客户不知道他们需要什么该怎么办？还有就是客户身边的事情迅速变化，他们找不到明确的目标该怎么办？”

赵经理：“你能提出这些问题，说明你有很强的思考能力。深入地去思考这些问题对拓展战略思维很有帮助。期待你探索之后的分享！”

小霞：“谢谢您的鼓励，我会加油的。”

请思考以下问题：

1. 战略型客户有哪些特点？影响战略型客户销售的关键要素是什么？
2. 如果小霞获得了与战略型客户高层交流的机会，需要注意哪些方面？

任务一　解读客户发展战略

学情问卷

1. 你认为企业发展战略有什么特征？
   ○ 指导性　　○ 全局性　　○ 长远性
2. 你认为企业战略合作有什么意义？
   ○ 可以获得协同效应
   ○ 可以减少合作企业间不必要的浪费性竞争
   ○ 可以加快企业技术创新步伐

任务描述

制定企业发展战略对企业的生存和发展意义重大，很多企业都根据其自身情况制定了发展战略。只有明确了目标客户的发展战略，才能决定是否以及如何与其建立战略合作关系。

请以小组为单位，选定一家企业，调研其发展战略，记录调研过程并呈现调研结果。可以通过视频或调研报告等形式展示调研结果。

任务指引

“三思而后行”——优秀的企业善于用思想指导其发展行动。解读客户发展战略既能理解客户的发展战略，又可以培养销售人员用宏观和长远的眼光看待企业发展的能力，有利于拔高思维水平，培养提前规划、用思维指导行动的习惯。

通过实地调研与二手资料查阅等方式了解什么是目标客户的发展战略、客户为什么会制定这样的发展战略、发展战略对该企业发展产生了怎样的作用，可以在调研报告中尝试评价客户的发展战略，并提出有针对性的改进建议（如有需要）。

在选择调查对象时，可以参考相关的企业榜单，例如可以从中华全国工商业联合会于2022年9月发布的“2022中国服务业民营企业100强榜单”中选择特定企业。(http://www.nea.gov.cn/2022—09/16/c_1310663400.htm)

文献调研小技巧：

相关领域的专家学者常常通过正式学术出版渠道发表对行业、企业的深入剖析和专业评论，这些都可以成为小组开展调研的宝贵资源。可以从中国知网、万方数据知识服务平台、维普资讯中文期刊服务平台等学术文献数据库，利用“企业发展战略”“企业发展模式”“企业发展规划”“企业战略目标”等相近、相关的词语作为检索词进行查询。

在解读客户发展战略项目任务中，请带着明确的问题进行企业调研，对所有问题的解读和分析都投入自己的深度思考。

调研结果呈现完整，需呈现调研问题、调研过程、调研结果、评价建议等内容。

表 6-1 “解读客户发展战略”任务要素及评估指标

任务要素	评估指标
了解发展战略的概念	能清楚表达发展战略的概念
明确调研企业	该企业已制定发展战略较长时间/该企业在其行业取得过较大成就
解读特定企业的发展战略	围绕企业的发展战略，调研企业制定发展战略的动机、发展战略的内容、发展战略制定的过程
评价企业发展战略	发展战略对企业发展所发挥的实际作用如何？企业是否应该调整其发展战略？如何调整？

任务实践要点：

1. 从宏观的、战略的、长远的角度来看待企业的发展问题，开阔思维视野，提高思维能力；

2. 进行专业的信息资源检索、信息整合分析。

知识要点一　战略价值型客户的特点

引导案例

华为的发展与企业战略调整

1987 年，任正非和合伙人以 2.1 万元注册资金在深圳市龙岗区成立华为技术有限公司。2021 年，华为全球销售收入 6 368 亿元人民币，净利润达 1 137 亿元人民币。短短 30 余年，华为是如何从一个初创公司飞速发展成一个全球化公司的？

成功的战略制定是华为快速发展的秘籍之一。回顾华为的历史，从成立至今，在不同的发展阶段，华为进行了几次关键战略调整。

战略阶段一（1987—1994）：农村包围城市，站稳国内市场。成立初期，华为主要从事通信代理商的业务，生产用户交换机。1993 年，华为开始自主开发产品，从代理商向制造商转型，与摩托罗拉、爱立信等行业巨头在国内展开竞争。华为当时采用农村包围城市的战略，通过压低成本的方式不断扩大自己的市场份额，提高品牌知名度。

战略阶段二（1995—2003）：全球化。在国内站稳脚跟后，华为认识到不能满足于国内市场，必须走出中国、走向世界，进一步提高华为的生命力。2000 年起，华为开始全面向海外扩张。在海外市场拓展方面依然采用农村包围城市的战略，从发展中国家开始做起，逐步打入发达国家市场。2005 年，华为在海外市场的收入首次超越了国内；2008 年，华为的海外销售收入已占其全球销售总收入的 75%。

战略阶段三（2004—2012）：产品开发方面，采取纵向一体化、多元化和国际化并举的战略；市场竞争方面，采取与合作伙伴共赢的战略；商业模式方面，从通信设备供应商转型为电信整体解决方案供应商，致力于提供全 IP 融合的解决方案。

战略阶段四（2013 年至今）：成为 ICT 基础设施和智能终端提供商。华为面向运营商及企业/行业客户提供 ICT 融合解决方案，负责产品的规划、开发交付和竞争力构建，创造更好的用户体验，支持商业成功。2016 年华为以“全面云化”为战略，在全球构建开放实验室，联合创新，推动成立 ROADS 社区，与产业界分享最佳实践，形成共识，促进运营转型。华为秉承开放、合作、共赢的理念，以商业合作为核心，以技术合作和人才培养为支撑，携手合作伙伴，针对当前服务的运营商客户、企业客户和消费者业务，打造生机勃勃的云生态。

讨论：

1. 当公司战略方向进行调整时，首先要做的是什么？
2. 在华为的不同战略阶段，供应商应该如何与其建立伙伴关系？

一、战略价值型客户的特点

企业的大客户并不一定能成为战略价值型客户。战略价值型客户的最大特点是与其不再是客户与供应商的关系，组织双方在业务上始终保持平等，都会投入各种资源以实现共同的愿景，并为达到特定水平的价值创造制订相应的行动计划。

以 M 容器公司与 B 大型制药公司的合作为例。M 公司为 B 公司提供各类形状的包装物，但 M 公司实际销售给 B 公司的不是包装物等产品，而是向 B 公司提供 M 公司的全部能力。为了给 B 公司找到创造新价值的方法，M 公司将自身的全部业务链调动起来，M 公司的研发团队与 B 公司的员工一起工作，实现了产品与设计的同步；M 公司将自己的物流通道共享出来，运送 B 公司的系列产品，为供应链保驾护航；为了降低成本，M 公司与 B 公司一起承担了 200 多个项目，这些项目实际涉及了双方业务的每个领域。

战略价值型客户关注的是合作企业方本身，而不是企业提供的某类产品或服务，战略价值型客户十分关注合作对实现战略的重要意义。战略价值型客户与组织（企业）之间必须存在实质性的相互利益，必须存在为形成这种战略关系而进行战略利益结盟的机会。战略利益结盟的双方公司都要为此而发生变革，企业的各职能部门间要进行通力合作。

（一）双方共同发起变革

要建立具有战略价值的合作关系，企业间需要为了创造价值重新设计双方之间的界线。如果只有一方组织（企业）准备变革，而另一方组织（企业）没有进行变革的准备，那么重新进行界线设计就面临着极大的挑战，会受到严重的限制。

战略价值型客户关系需要设计特定的工作流程和方法，通过流程和方法再造使得两个原本独立的组织变得更和谐、更团结。如果其中一方坚持自己的方法，不寻求改变，那永远无法和谐，也无法团结起来。战略客户关系不能固守其中某一方企业的方式开展业务，而是需要双方共同投入，需要以团队的方式，采用混合双方特点的并且被优化了的流程进行业务开展。

双方共同发起变革说起来容易，做起来却有很多困难，重新设计双方的界线是极其艰巨的任务。通常每个组织都会倾向于用自己所熟悉的方法和流程做事，改变面临着较大的困难。只有双方认识到放弃一己之见能带来更好的结果，才能推动双方进行变革。

（二）具备价值创造的潜力

战略价值型客户能让企业实现“一加一大于二”的效果，也就是双方联手创造出的价值要远大于各自单独创造的价值之和。如果不具备这个特点，高投入所带来的只有高风险和低利润。

有很多企业在进入战略合作关系后，出现了“一加一小于或等于二”的现象。双方进行了界线设定、流程合并和系统再造，在大量投入后却发现并没有创造出更多的价值，十分遗憾地终止了合作。

在确定是否能发展为战略价值型客户关系前，一定要从双方的角度去前瞻性地审视建立战略合作关系是否有价值创造的潜力。具备价值创造能力是结盟为战略价值型客户中至关重要的因素。

（三）具有跨职能协同的工作能力

对任何组织而言，单一的职能部门都不可能充分利用好企业的全部资源，各部门组织内要跨职能实现高效运作是一件很困难的事情。对于战略价值型客户而言，更是难上加难。因为不仅需要解决组织内部的效率问题，还必须与企业合作伙伴的流程严密地咬合，进行跨企业、跨职能的运作。所以，战略价值型客户必须具备跨职能系统的工作能力。鉴别是否具备该能力的先决条件有两点：首先要求每个组织自身内部的跨职能团队能高效合作，其次两个合作组织之间需要具备非常强大的容纳度和沟通意愿。

（四）价值观具有兼容性

兼容的价值观是战略价值型客户特点中最重要的，也是最难以衡量的。要分辨一个企业或组织是否真的关心产品质量，是否严格地以客户为导向，并不是很难。但是，辨识一个企业是否具有合作性的企业文化、对变革和新思维的开放程度如何、是否反对冒险等就比较困难了。“道不同不相为谋”，如果双方的伦理道德观不一致，经营习惯也不一致，是很难发展为战略型客户关系的。

二、选择战略型客户的方法

哪些客户属于战略价值型客户，这需要供应商根据自己企业的产品/服务所在的行业、经营的区域等实际情况进行分析。寻找战略价值型客户的方法主要有从组织内部的客户资源中寻找、从外部的行业机会中寻找。

战略价值型客户通常是在企业已有的大客户中产生。企业常用的选择战略价值型客户的方法有二八法则、五五原则、档位原则、指标甄别等。

（一）二八法则

在客户管理中有一个重要的原则，就是二八法则（又称帕累托法则、80/20 法则、关键少数法则）。1906 年，意大利经济学家维尔弗雷多·帕累托提出 80/20 法则，他认为在意大利 80%的财富为 20%的人所拥有，并且这种经济趋势存在普遍性。后来，80/20 法则被推至经济、管理等社会生活的各个方面。

对于企业而言，企业 80%的利润来自 20%的客户。通常这 20%的客户就被企业当作顶尖、重要的客户进行重点对待。而企业的战略型客户通常也是从这 20%的客户当中进行拓展，企业一般会建立大客户部去专门负责这部分客户的销售。

（二）五五原则

对于企业如何寻找战略型客户，五五原则或许可以起到更好的指导作用。五五原则又称百分之五原则，是指 5%的客户带来超过 50%的企业收入。显然，从重要性上来讲，这 5%的客户对于企业来说是战略级别的，可以从中寻找合适的客户来发展战略合作关系。

（三）档位原则

除了二八法则和五五原则外，通常还可以用档位原则对目标客户进行划档评级。可以按照客户群体的特点将客户划分为 A 档、B 档、C 档、D 档等四个档位。企业的战略价值型客户通常在 A 档的行业客户中产生。

表 6-2 客户层级定位

客户层级	客户群体	特点
D 档	以家庭客户为代表的消费者群体	数量庞大，上亿体量；购买力有限，相对感性
C 档	中小企业客户	购买力不强
B 档	大型企业	购买力强，购买量大
A 档	行业客户	包括政府、教育、医疗、金融、电信、交通、能源和基础设施等行业

（四）指标甄别

确定战略价值型客户必须结合供应商自身的实际情况进行，通常可以从客户排名、持续经营、盈利水平、品牌共享、忠诚度、持续输出的机会等六个方面的指标进行筛选。

1. 客户在行业的排名及影响力

战略价值型客户通常选择在行业中排名靠前、具有较高影响力的企业。如果能与这样的企业建立战略合作关系，说明供应商已经具有了相当强的实力，能为战略客户提供他们需要且不具备的支持，这可以迅速提高供应商的影响力。此外，行业排名和影响力双高的企业都会具备业内最佳的人才、技术等资源，因此能为供应商提供优质支持，推进供应商的迅速发展。

2. 客户的持续经营和发展潜力

企业应当选择具有较强的持续经营和发展潜力的企业作为战略价值型客户。一个企业的经营和发展潜力决定了它未来会达到什么样的高度。战略客户筛选的一个非常重要的标准就是这个客户是否具备光明的未来，以及战略合作是否能使双方携手发展，奔向更加光明的未来。

3. 客户的经营能力及盈利水平

考察客户的经营能力及盈利水平，是确定客户是否具备相应的能力以补足己方的薄弱能力环节。我们期望战略客户具备很强的经营能力和盈利水平，并且双方所擅长的经营内容恰能互补。优势互补能让合作双方将自己的经营能力和盈利水平最大化，促进双方实现各自的发展战略。

4. 合作对供应商的品牌贡献度

筛选战略价值型客户的另一标准是，如果建立战略合作能否增强己方的品牌力（brand power）。在当今日益激烈的市场竞争中，品牌力已经成为企业竞争力的要素之一。要想从竞争中脱颖而出，在消费者心中占有一席之地，企业需要构筑强大的品牌力。如果与潜在战略客户合作能够帮助供应商增强自己的品牌力，那么合作也会比较有价值。

5. 客户对与供应商合作的忠诚度

忠诚度是筛选战略客户的另一重要条件。战略合作关系往往是持续数年乃至数十年的紧密合作关系，这种关系就像婚姻一般，需要双方彼此忠诚。企业发展有快速、低速、停滞、甚至倒退等不同的时期，忠诚可靠的战略客户能够不离不弃，陪伴和帮助它的战略伙伴度过最艰难的时期。而且，建立战略合作需要双方投入大量的资源和团队合作，如果企业见利忘义、背信弃义，这些巨大的投入将成为双方巨大的损失，战略合作的结果如果是得不偿失，不如不合作。因此，筛选战略客户不能只看重对方的实力，更要重视对方是否忠诚、可靠。

6. 给供应商持续带来产出的机会

如果与战略客户合作，能给己方带来更高的产出吗？这是筛选战略客户时企业需要认真回答的问题。对方擅长的经营内容是否是自己的薄弱环节？双方建立合作能够做到优势互补吗？如果合作，能够给企业的产出带来多大的提升，这种提升是不是可以持续的？建立战略合作需要多大的投入？所增加的产出能否远远超出投入？企业应当对这些问题进行认真的分析研判，然后做出决定。

三、解读企业战略工具

分析客户发展战略是建立合作的第一步，也是极为重要的一步。对客户的发展战略解读到位，一方面可以消除企业间的信息差，为沟通打好基础；另一方面可以为双方如何建立战略合作提供基础信息，有利于更好地制订合作计划。战略树（strategy tree）、PEST 模型和安索夫矩阵（Ansoff matrix）都是分析解读企业发展战略的重要工具。

（一）战略树（strategy tree）

战略树（图 6-1）能帮助企业认识到自己究竟希望获得什么。战略树与决策树的区别是，前者聚焦于实现战略的目的和发展路径，而后者主要强调决策路径的选择。归根到底，战略树就是要针对企业提出“为什么、是什么、服务谁、怎么做”等基本而重要的问题并进行协调。这些问题可参考如下示例：

1. 企业为什么存在？企业要实现什么目的？
2. 企业的价值主张是什么？
3. 企业要服务的具体对象是谁？
4. 企业怎么判断自己是否取得成功？

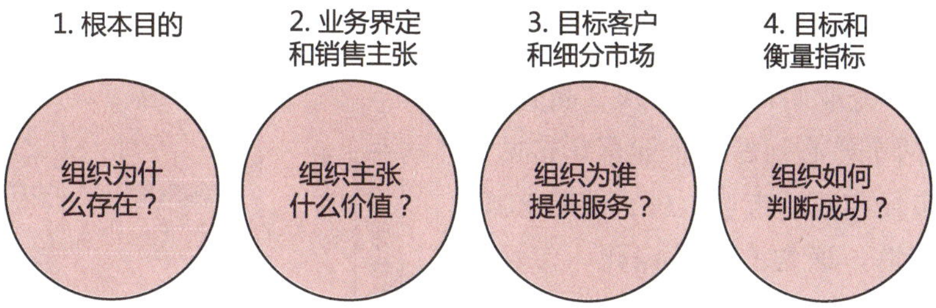

图 6-1 企业战略微观分析工具——战略树

战略树对讨论重要的问题非常有效，可以了解全局及各部分之间的关联。如果能够以协作的方式展开讨论，则可以协调最重要的优先事项。从阐述目的和目标的“为什么”和“是什么”开始，到企业要瞄准的客户“是谁”，再到“怎么”去衡量进展，通过这一过程，企业可以更快更好地进行战略协调。

（二）PEST 模型

组织为了可持续发展，必须制定有效的发展策略，只有了解组织目前所处的环境与未来环境的可能变化，掌握组织内部的发展现况，才能做出有效的决定，确定组织的最佳发展策略。公司战略的制定离不开宏观环境，PEST 模型（图 6-2）是常用的宏观环境分析工具，是从政治（politics）、经济（economy）、社会（society）、技术（technology）四个方面，基于公司战略的眼光来分析企业外部宏观环境的一种方法。PEST 分析法能从各个方面比较好地把握宏观环境的现状及变化趋势，有利于企业对生存发展的机会加以利用，对环境可能带来的威胁及早发现并避开。

PEST 模型可以帮助企业对影响自身生存和发展的外部环境时刻保持警觉，具备抵制众多诱惑的战略定力。

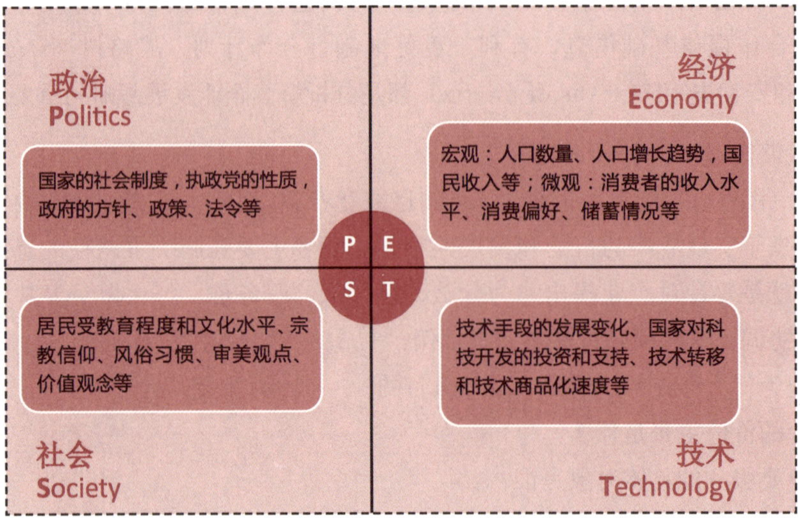

图 6-2　企业战略宏观分析工具——PEST 模型

（三）安索夫矩阵（Ansoff matrix）

追寻成长的企业始终需要解决“卖什么”“向谁卖”这两个核心问题。企业聚焦这两个问题在现有市场和新的市场上进行战略选择。根据安索夫矩阵，通常有市场深化、市场扩张、新产品开发、多元化等四种选择。

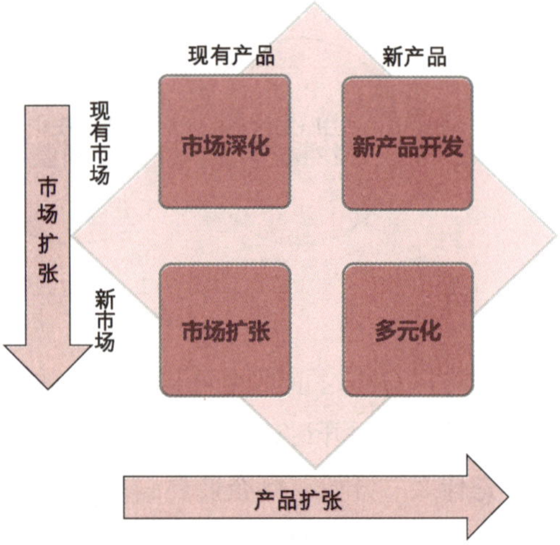

图 6-3　安索夫矩阵策略示意图

1. 市场深化

市场深化就是在现有市场销售更多产品。市场深化是相对安全的战略，产品已经在市场中存在，也知道市场的要求，可以很有信心地衡量自己的活动。如果企业的战略是沿着安索夫矩阵改变，战略风险会增加，这是因为在每个阶段都远离了现有的市场和现有的产品，进入到陌生的领域。

2. 市场扩张

市场扩张是在新市场销售现有产品。组织希望用现有产品进入新市场，这个时候存在组织对新市场不够了解的风险，所以通常会期待能跟上企业成长步伐的供应商。能提供市场规模与动态、分销渠道、定价、消费趋势等信息帮助的供应商有可能成为组织的战略供应商。

3. 新产品开发

新产品开发是指在现有市场销售新产品。企业类型不同，新产品开发的成功率也不同。这个时候通常需要能提供机密信息、有研发部门、能迅速向既定目标行动、能帮助缩短产品上市时间、愿意承担一定风险的供应商。

4. 多元化

多元化是指在新市场销售新产品。在这种战略下，大多数企业都要从供应商那里寻求大量帮助和支持。多元化经营可能会通过合营或许可安排等形式实现完全的伙伴关系。

学习者对话

学生甲："我如何才能知道什么样的客户适合发展为战略客户呢？"

学生乙："这是个好问题，我也有相同的疑惑。"

学生丙："是不是那些最成功的企业，业务做得最好的企业，才适合做战略客户？"

学生组长："企业的业务能力和盈利水平可以作为筛选战略客户的一个条件，但并不是唯一的条件。"

学生丙："那还有什么条件比较重要呢？"

学生组长："鉴于战略客户的重要地位，筛选战略客户还有很多条件，其中非常重要的一个就是你能不能很好地满足客户的需求。例如，客户亟需稳定的物流体系，那么拥有完备物流体系的企业就会是他们很感兴趣的合作对象。所以，深挖客户需求是非常重要的。"

做客户需求的"指南针"

学生甲、乙、丙："那怎么才能了解客户的需求呢？"

学生组长："那你们先去自己搜索挖掘客户需求的方法，然后我们讨论一下吧！"

知识要点二　影响战略价值型客户销售的要素

引导案例

中国电信广东公司与华为签署全面战略合作协议

中国电信和华为两家公司所建立的战略协同关系是一个很好的例子。2020 年 10 月，中国电信广东公司与华为签署"翼气风发、粤创未来"全面战略合作协议，双方将在 5G、云计算、AI、行业应用及业务创新等领域建立全面战略合作关系，共同推动 5G 等领域高质量发展，为更多的细分行业赋能赋智，不断满足人民日益增长的美好生活需要。根据合作内容，双方将协同提升 5G 的新型网络建设和服务能力，在 5G、云网一体化、品质新专线、品质新宽带、新型企业通信工具、视频业务融合、鲲鹏生态及创新与融合应用等领域，结合 5G 技术持续强化"云＋网"的基础接入和基础平台能力，探索"云＋网＋应用"的创新业务模式，培育业务管理与运营能力，拓宽合作共赢新生态。

长期以来，华为与广东电信风雨同舟，并肩携手，共同成长。特别是近年来在 5G 领域，在深圳建成全球首个全覆盖的 SA 商用网络，开通中国电信第一条切片专线，共同打造 5G＋公共安全、5G＋智慧工厂、5G＋智慧交通等标杆案例，成为中国电信 5G 商用的先行者。在云网融合领域，双方共同推进"数字广东"政务云部署，累计投产总 CPU 核数 9.35 万核。在光宽领域，合作建成全球领先的新一代全光网络和高速 IP 承载网，建成 21 地市全纳管的政企 OTN 精品专网、集团应用规模最大的湾区 OXC 低时延网络。双方还共同建设 5G 联合创新中心、5G 视频联络中心实验室、视频业务联合创新实验室、鲲鹏实验室等，取得了丰硕的合作成果。华为与广东电信签署战略合作协议，标志着双方合作进入一个崭新的阶段，达到一个全新的高度。双方共同打造战略协同、优势互补、资源共享、共生发展的智能信息服务业务生态链，共同推动 5G 等领域发展，为千行百业赋能赋智，这对双方在新时代的发展将产生积极而深远的影响。

讨论：

1. 为什么华为与广东电信会建立战略合作关系？
2. 华为与广东电信通过战略合作取得了哪些成果？

进行战略价值型客户的销售不是销售人员个人的事情，而是依赖整个销售体系的运转。影响战略价值型客户销售的因素通常包括团队是否共赢合作、战略合作流程的通畅度、盈利水平的提升空间等。

一、共赢合作的联合团队

对战略价值型企业的销售通常建立在战略合作的基础上。战略合作是指企业双方或多方为了自身的生存、发展和未来而进行整体性、长远性、基本性的谋划，并在合作期间实现共赢的一种合作方式。事实上，战略合作既是大型集团公司最为重要的发展战略之一，也可被视为关键的经营哲学。

战略合作关系的优势明显，十分诱人。战略合作通常涉及长期的、高额的业务，能带来很高的利润。而且，战略合作关系是公司的专有资源，能将竞争者拒之门外。对战略型企业的销售需要在企业的层面上创造价值，通过重新设计供应商与客户间的界线或界面来创造价值。创造战略合作的方法通常包括举办高层峰会和建立跨职能工作团队等。

小知识

战略是什么？

古今中外有不少名言对战略进行了经典的解读：

“战略不是预测未来，而是决定我们今天做什么才能有未来。”——彼得·德鲁克

“运筹策帷幄之中，决胜于千里之外。”——《史记·高祖本纪》

“故上兵伐谋，其次伐交，其次伐兵，其下攻城。”——《孙子兵法·谋攻篇》

现代企业中倡导用战略工具对战略进行解读，其中最有代表性的是业务领先模型（business leadership model，BLM)，它是知名企业用来进行战略指导的主导模型。企业通过该工具不仅明确战略是什么，还基于战略明确以下内容：

(1) 企业需要哪些人才；

(2) 具体的执行是什么样子；

(3) 需要达成的关键任务是什么；

(4) 需要怎样的文化氛围支持团队共赴目标；

(5) 需要什么样的销售组织以更好地实现目标。

二、战略合作流程的通畅

战略合作流程的建立与管理是极其复杂和困难的，整个流程可分为以下几个步骤（图 6-4）。

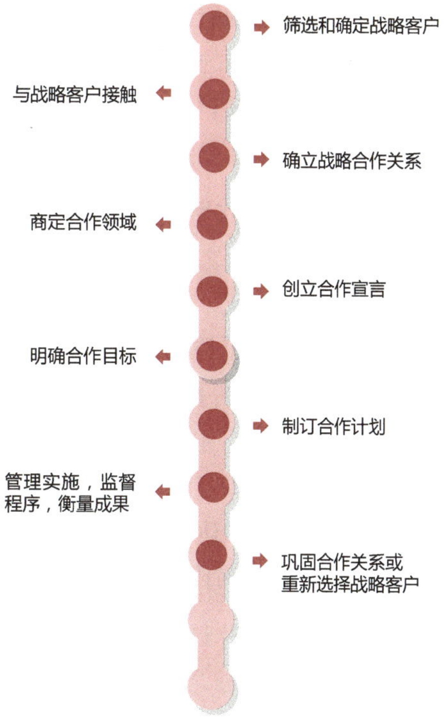

图 6-4 战略合作关系管理流程图

（一）筛选和确定战略客户

筛选和确定战略客户是整个战略合作关系的首要步骤。在筛选阶段，企业应当对所有潜在战略客户进行详尽分析，认真评估如果建立战略合作关系双方企业能否显著提升对方的行业排名和影响力、持续经营和发展潜力、经营能力和盈利水平、品牌力、产出机会等，并且评估对方的忠诚度。在分析评估的基础上，确定最适宜的战略客户。

（二）与战略客户接触

确定战略客户对象后，接下来企业需要与战略客户进行有效接触。在合作的开始阶段，双方大多不需要太高层级的决策者间的接触，通常可以先由中层管理者进行洽谈，表达出浓厚的合作兴趣，并经由对方中层上报到高层决策者。当上报至高层决策者之后，双方高层人员间再举行洽谈，进一步明确合作意向，确定双方建立战略合作关系。每一个接触点都要确保有效。

（三）确立战略合作关系

双方高层经过审慎评估之后，做出决策确定发展战略合作关系。在会谈中，如果双方高层互相认为对方具备极佳的双赢合作愿景，双方联手能够显著提升企业的影响力、品牌力、经营能力、盈利能力等，那么双方建立战略合作关系的意愿就会很强；反之，则会失去合作意愿。在双方高层会谈之前，双方都应当对彼此进行深度调研，对彼此有深度的了解分析。战略合作关系建立与否的决策是建立在缜密的调研之上的。

（四）商定合作领域

确立战略合作关系之后，双方应当商定合作领域。一般而言，战略合作是强强联手、相得益彰。双方互相用擅长的地方去补强对方较为薄弱的环节，就像是两个亲密无间的战友在丛林中战斗，互相把自己的后背交给对方。很多时候，在筛选和确定战略客户时以及在双方接触过程中，已经拟定了大致的合作领域，在确立合作关系后，双方需要再次磋商，明确合作领域，并且在双方集思广益后，也可能会产生出新的合作领域。

（五）创立合作宣言

在商定合作领域后，双方一起创立合作宣言。创立合作宣言可以起到增强仪式感、扩大影响力、激励行动等效果。首先，合作宣言是双方战略合作关系的正式文字表达，以一种仪式感很强的方式再度明确双方的战略合作关系。其次，合作宣言公开表达了双方的战略合作关系，能引发很强的社会效应，提升双方的影响力。此外，合作宣言往往言简意赅、激励性很强，能够激发双方团队为双方的战略合作发展付诸行动。

（六）明确合作目标

创立合作宣言之后，战略合作双方应当明确合作的目标。目标的制定需要双方围绕所拟定的合作领域，综合考虑双方的经营能力、可投入的资源等因素。合作目标的制定可以遵循 OGSMT 原则。

O（objective）是目的，明确指出工作的方向和使命，指出为什么要实现某个目标；G（goal）是目标，指出目标的达成结果，什么程度才是达成目标；S（strategy）是策略，指出目标的执行者应该怎么做，过程和方法是什么样子的；M（measurement）是衡量，指出在目标的达成过程中，如何判断、衡量、确定实施的行动是趋向目标实现的；T（time-bound）是时限，包括目标完成的总体时限和阶段性时限。

（七）制订合作计划

明确合作目标之后，双方需要联合为实现该目标制订行动计划。行动计划包含 3W1H 四要素，即工作内容、工作方法、工作分工、工作进度。

1. 工作内容

工作内容就是明确工作目标、任务，究竟做什么（what）。计划应规定出在一定时间内需要完成的目标、任务和应达到的要求。任务和要求应该具体明确，有的还要定出数量、质量和时间要求。

2. 工作方法

工作方法指清楚怎么做（how），包括具体的措施、策略。措施和方法主要指达到既定目标需要采取什么手段，动用哪些力量和资源，创造什么条件，排除哪些困难，等等。

3. 工作分工

工作分工指由谁来做（who），明确工作责任。每一项任务都应该有明确的负责人，每一个人都应该有明确的任务及具体的目标。而且在做计划的时候，要事先明确人与人之间立体交叉的具体协作关系。

4. 工作进度

工作进度指什么时间做（when）以及完成的期限，指执行计划的工作程序和时间安排。

制订计划必须胸有全局，妥善安排，哪些先干，哪些后干，应合理安排。在实施当中又有轻重缓急之分，应该重点明确。

（八）管理实施，监督程序，衡量成果

制订合作计划之后，双方团队首先需要做好团队管理和实施计划。由于是跨企业合作，双方团队可能存在价值观不统一、团队文化差异等问题，团队需要一定时间的磨合，管理这样的团队也是不小的挑战，很多战略合作不成功的一个重要原因就是联合团队磨合失败。另外，双方团队应当努力完成所制订的合作计划，并且做好对合作程序的监督，杜绝“越轨”行为。最后，还要及时衡量所取得的成果，比较它与计划的差距，并且调整进度。

（九）巩固合作关系或重新选择战略客户

在双方战略合作按期执行后，双方需要复盘评估计划执行情况，并且重新评估双方现状、需求以及是否有必要继续战略合作关系。如果双方认定既往的战略合作效果很好，且认为未来继续或深化这种关系将进一步有利于实现双方的发展战略，那么可以商定继续巩固战略合作关系，签署下一期战略合作协议；如果双方认为过去的战略合作不成功，但依然想保持战略合作关系，那么双方应当认真讨论问题出在何处，并做相应的调整，期待在下一期的战略合作中努力完成目标；如果双方认为无法继续战略合作关系，那么双方可以解除这种关系，重新寻找新的战略客户。

三、盈利水平的提升空间

获取利润是企业的重要目标。不加筛选地让任何人使用企业的全部资产是高成本和高风险的做法，不可避免地会导致财务上的快速崩溃。战略客户是非常重要的资产，要像经营实物资产一样经营和管理这些客户，为客户的盈利水平做出可以衡量的贡献。

做战略客户经营，要能为客户的盈利能力、市值和收入规模等做出创造性的贡献。因此，盈利水平成为进行战略合作企业重点关注的业绩指标。通俗地说就是你卖给客户什么样的产品和服务，客户是否因为你的产品和服务获得了收入增长，提升了盈利水平。帮助战略客户产生稳定的利润，必须达成以下三点。

（一）提高战略客户的销售额

这里的销售额不是指供应商对战略客户的销售额，而是战略客户对其客户的销售额。战略合作的双方要互相为对方创造价值，其中一个重要体现就是帮助对方持续地提升销售额。这就需要做到为战略客户增加客户，优化其与客户的关系，帮助战略客户实现乃至超额实现它的销售目标。企业应当经常思考几个问题：怎样优化战略客户与其客户的关系？如何能为战略客户带来新的客户？怎样能够帮助战略客户提升其销售额？企业应当努力找到这些问题行之有效的答案。

（二）降低战略客户的成本

在当今竞争激烈的市场环境中，降低成本是增加利润的有效方法之一，很多企业都把降低成本设为其核心战略。因此，除了提升战略客户的销售额，降低战略客户的成本也是企业重点关注的目标。一般而言，企业可重点从五个领域进行成本控制：财务领域、策略管理领域、采购领域、生产领域、销售领域。企业应当帮助战略客户对这五个领域的成本进行分析梳理，并力所能及地针对某个或某几个领域帮助客户降低成本。例如，如果战略客户在销售领域成本过高，那么企业应当努力帮助客户诊断问题出在哪里，是营销体系过于冗杂，广告费用过多，还是其他问题；然后，企业应当帮助客户解决问题，提高销售费用的使用效率，降低成本。

（三）提高战略客户的生产效率

不管企业组织如何演化，企业的本质没有变，生产效率是核心，谁的生产效率高谁就能在日益激烈的竞争中生存并不断壮大。企业提升生产效率有三点路径：①创造出产品与服务的附加值；②提高定价；③让客户接受价格，并维系好客商关系。提高生产效率离不开两个方面：改良与革新。企业可以通过改良产品或服务，提升产品附加值以提高定价等方式，也可以通过使用新的技术改造产品或服务，使用新的营销手段或进行战略调整等革新性的方式提高生产效率。因此，企业需要帮助战略客户缜密分析，最终确定通过什么样的方式提高其生产效率。

四、战略型客户销售的关键业务模块

战略型客户销售不是贴标签、喊口号，而是让每个人的工作方向和内容能趋向战略目标的实现，具体包括销售策略模块、市场策略模块、销售管理模块、销售建设模块、销售支持模块等五个模块。

（一）销售策略模块

一线销售是直接能“听到炮火、闻到硝烟”的人，既需要过硬的“单兵作战”的能力，还需要有明确的战略、策略，才能更好地实施“战术动作”。清晰的销售策略布局是取得战术胜利的依据，每家公司都会根据自己的情况设计销售策略，销售策略中的方案任务越全面、越可行，策略则越好。

（二）市场策略模块

市场策略的重要作用是发现、创造更多的销售线索。这部分类似于战争中的侦查和炮火支援部队，为一线销售人员提供支持，使得销售人员相对容易地收获到销售成果。市场策略要与销售策略保持配合融合，为达成战略目标提供保障。

优质的销售线索十分重要，判断销售线索的质量要根据“从快、从大、从稳”的销售行动原则来进行。从快，就是要优先获取容易转化为销售机会的销售线索；从大，就是将精力、货源重点投入到销售机会更大或者长期销售机会更大的销售线索转化行动中；

从稳，就是优先将精力投入到能更好地发挥己方优势的销售线索转化中。

（三）销售管理模块

在战略型客户销售业务中，销售管理是销售业务的重中之重，是最核心的部分。销售管理既是对结果、过程、行为的管理，也是对方向、方法、人员的管理。销售管理的对象不单单是一线的销售人员，更重要的是销售机会。销售机会是销售人员在销售过程中可能获得订单的机会，销售机会的质量与数量直接决定着销售目标和战略目标达成的效果。对销售过程的有效管理将提升销售机会转化为销售结果的概率。

（四）销售建设模块

市场是不断变化的，唯一不变的是变化本身。销售建设要将销售与销售管理联动起来，波浪式前进，螺旋式上升，理论与实践结合，从实践中不断提取、丰富、具体化销售方法与经验，从实践中来到实践中去。高效的销售团队行为能力是战略型销售的保障。

（五）销售支持模块

销售团队的管理机构设置，考核评价绩效，技术、商务、运营等支持单元都是影响战略型销售的重要支持模块。整个体系只有脉络通畅，才有良好的自我“造血”能力，才能促进企业的健康成长。

小故事

捕鱼的瓦格尼亚人

瓦格尼亚人是在刚果河边生活的少数民族，以捕鱼为生。瓦格尼亚人在激流中搭起木架，编制巨大的捕鱼筐，将捕鱼筐用绳索固定在木架上放入每秒流量2.8万立方米的激流中，湍急的河水会把鱼推到捕鱼筐里。水流越急，捕到的鱼越大。这是很危险的工作，如果不站在恰当的地点，用恰当的角度和力量，稍有闪失，瓦格尼亚人就会被大浪卷走。

用生命捕鱼的瓦格尼亚人数百年来讲述着专注的力量，提醒着人们不要在非战略市场消耗战略竞争力量，应该看清主航道、驶入主航道，用争先与专注赢在主航道。

小知识

战略合作主要有以下意义：

(1) 获得协同效应

战略合作可以获得协同效应，实现组织间的信息、资源共享，充分利用现有的生产要素和资源，优化资源配置，节省成本费用，扩大经营规模，更好地获取规模经济效益。在合作内部，分工与协作有利于各企业间优势互补，可以形成更有效的专业化分工，发挥规模效益，使产品整体成本降低，从而使合作企业实现各自的“低成本”和“专业化”发展战略。

(2) 减少浪费性竞争

战略合作可以减少合作企业间不必要的浪费性竞争，维持稳定的竞争格局和态势，并且把着眼于短期的对抗性竞争转化为长期的合作式竞争，使企业在快速变化的市场环境中获取长远的竞争优势。

(3) 降低或缓和经营风险

战略合作可以降低和缓解合作企业的经营风险。现代市场竞争日趋复杂，市场瞬息万变，企业面临的经营风险不断增大。合作企业通过信息沟通、优势互补和风险分摊提高了成功率，降低了风险损失。

(4) 加快技术创新

战略合作可以加快企业技术创新步伐。随着知识经济的发展，科技已成为决定竞争能力的关键变量之一。在技术资产贬值速度加快、技术创新的平均投入水平大幅上升的今天，技术创新面临着更高的技术和资金要求，这些已超出了单个企业的能力范围。因此，通过联合各企业的技术资金优势，可以加快技术创新的步伐。

(5) 突破市场进入障碍

战略合作可以有效地突破市场进入障碍。企业不仅可以利用合作伙伴的管理经验和营销渠道快速进入当地市场，而且可以通过合资、特许经营等方式消除地方和他国政府的法规限制。

(6) 遏制竞争对手扩张

在实行“合作博弈”的竞争战略时，培养竞争对手不但可以提高自己的核心能力，还是一种“占位策略”，能遏制竞争对手的扩张意图。战略合作的龙头企业还可以利用品牌优势形成领导价。

任务二 呈现双赢合作愿景

学情问卷

1. 你认为在激烈的竞争中，什么样的交往模式对于一个人或者企业的长期发展是最有利的？

○ 损人利己　　○ 利人利己

○ 独善其身　　○ 两败俱伤

2. 你认为实现双赢有何要领？

○ 具备诚信、成熟和知足等优良品德

○ 建立和积极维护双赢关系

○ 打造双赢运行体系

任务描述

请以小组为单位，根据前期对目标企业发展战略调研分析的结果，以目标企业关键决策人为对象，进行校企合作愿景展示演练，提交双赢愿景 PPT、双赢愿景演示视频。

任务指引

独行快，众行远——目光长远的企业必定不会只顾自己的得失，而是谋求与其客户双赢的局面，如此方能建立亲密、持久、牢固的合作关系，共同取得更大的利益。

呈现双赢合作愿景，首先需要清楚双赢合作的原则，在进行呈现前要熟悉客户的发展战略，在呈现时要有战略高度，要能根据企业的关键决策人的风格等确定呈现的方式。

呈现双赢愿景的练习一方面可以锻炼运用双赢思维去赢取合作的能力，另一方面有助于培养从长久、互利的角度看待合作的良好习惯。

任务小组成员可以用角色模拟的方式进行呈现演练，记录过程，并收集其他小组对呈现效果的评价和改善建议，做好复盘。

表 6-3 “呈现双赢合作愿景”任务要素及评估指标

任务要素	评估指标
了解双赢的概念	能清楚表达双赢的概念和价值
依据客户与自身的发展战略，制定双赢合作愿景	合作愿景应当是清晰具体的、契合双方特点的、惠及双方的、计划长久的
呈现双赢合作愿景	内容有理有据；PPT 或视频制作精美；呈现感情充沛，易令人信服和接受

任务实践要点：

1. 运用合作共赢的思维模式进行分析；

2. 大局观及大局谋略意识。

引导案例

推进产教科深度融合，深职院与华为签署全面战略合作协议

2022年7月15日，深圳职业技术学院（以下简称“深职院”）与华为全面战略合作协议签订仪式在华为公司总部举行。双方将发挥各自优势，重点聚焦数据通信、存储技术、云计算、大数据、物联网、人工智能（AI）、数字能源、智能驾驶等技术领域，全面开展数字化课程研发中心、华为ASC-学院支持中心、全球知名智慧校园新标杆、职业技能认证中心、高水平赛训平台和实训基地、高端科研计算平台、大湾区信创产业学院等方面的建设和合作。

深圳市教育局主任督学蔡茂洲在致辞中表示，职业教育是深圳一张靓丽的城市名片，深职院作为其中的代表，是中国高职教育的“一面旗帜”，创造了中国高职教育的多个第一；华为公司是全球领先的ICT基础设施和智能终端提供商，在通信网络、IT、智能终端和云服务等领域，有着强劲的技术实力。深职院和华为的合作，可以说是强强联合、好上加好。希望双方能够永葆“闯”的精神、“创”的劲头、“干”的作风，充分发挥各自优势，实现合作效益倍增，为推动区域经济发展、提升民生保障水平做出更大贡献。

深职院党委书记杨欣斌指出，把握职业教育类型特色，不断深化产教融合、校企合作，是学校获得长足发展的重要驱动。在长期的探索中，具有深职院特色的校企双元育人模式基本成熟定型。2019年，深职院-华为“课证共生共长”人才培养模式获得国家教学成果特等奖。2021年，学校“六融合”“六个共同”产教深度融合模式得到国家发改委推广。2022年，学校作为唯一的职业院校代表，在教育部“教育这十年”发布会上介绍“九个共同”校企双主体育人模式。多年来，深职院与华为开展了一系列的紧密合作，校企共建了华为ICT学院、华为云鲲鹏中心、华为5G实训基地等多个项目，实现了文化、技术、人员等要素资源的互通。未来，学校将以产教科融合为总基调，以“九个共同”为核心模式，以互惠双赢为价值导向，以体制机制创新为合作保障，全面打造中国特色的产教融合共同体，为推动核心技术进步、培养高端技能人才、推动区域经济发展、服务国家重大战略做出更大贡献。

华为深圳政企业务总经理陈斌表示，深圳是一座创新之城，连续六年获得双创综合指数排名全国第一，今年深圳也在大力发展“20+8”产业集群，云计算、大数据、人工智能、5G技术逐步和产业深度融合，人才培养成为推动产业创新发展的关键。华为希望和深职院探索更广泛的校企合作模式，为深圳乃至全国培养出更多既能掌握最新技术又能发挥个人长处为产业发展做出贡献的人才。

据悉，此次华为与深职院达成全面战略合作，探索建立一种新型校企战略合作模式，

以更好应对数字经济发展和区域产业高移。双方将利用深职院在全国职业教育界的影响力和华为在 ICT 领域的领先地位，充分调动各自优势资源，推进产教科深度融合。

讨论：

1. 华为与深职院的校企战略合作是如何选择重点领域的？
2. 该校企战略合作未来能为双方分别带来什么样的价值？

知识要点一 企业使命与愿景

学习者对话

学生甲：“企业的第一要务不是赢取利润吗？至于使命和愿景，我怎么感觉没什么实际用途呢。”

学生乙：“是呀，我也感觉像是很虚无缥缈的东西。”

学生丙：“话是这样说，但还有句话‘君子爱财，取之有道’，使命和愿景是不是就是这个‘道’呢？”

学生组长：“可千万不要小瞧了使命和愿景！企业使命是一个企业生存发展的源泉，企业愿景是朝着这个目标前进的动力，将这两个结合起来的企业才能更高、更强、更快、更好地发展。很多优秀的企业都制定了独特的使命和愿景，且都在使命的指引和愿景的驱动下取得了令人瞩目的发展。要想认识到使命和愿景的作用和意义，我建议你们多去搜集一些案例来做分析。”

学生甲、乙、丙：“好主意，那咱们就去搜集案例吧，然后来分析使命和愿景的作用和意义。”

关注愿景与使命

一、企业使命

企业使命（enterprise mission）是指企业在社会经济发展中应承担的角色和责任。企业使命是企业应做的事情，是企业管理者经营企业的初心。

德鲁克认为，“企业并非由其名称、规章制度或公司章程来定义，而是由使命定义。企业只有清晰界定了使命和组织目的，才能制定明确和现实的企业目标。导致企业失败最为重要甚至唯一的原因，就是缺乏对企业使命的充分思考。”这其中的内在逻辑在于，唯有真正理解了初心，才有可能专注于自身所在的行业，坚持做正确的事情，惟精惟一，持之以恒，最终形成自己的核心竞争力。

华为、格力、福耀玻璃、TCL 等知名企业，是践行企业使命的正面典型。这些企业之所以能够心无旁骛专心于一个领域，最为关键的因素是企业领导者具有强烈使命感，并将其投射到企业的身上变成企业的使命，企业的创始人更是如此。任何一家成功的企业必然是对其行业与自身所应承担的角色和责任有着深刻的理解与认知的。

二、企业愿景

企业愿景（enterprise vision）包含两层寓意：一是企业发展的愿望，二是企业未来发展的景象。企业愿景所阐述的是企业存在的最终目的，包括了组织长期的发展方向、目标、目的以及企业自我设定的社会责任和义务，明确界定公司在未来社会里将会是什么样子。企业愿景是指企业完成使命后的“景象”“场景”或“状态”。

通俗地讲，可以将企业愿景理解为企业在一定时期内想要达到的状态，是企业想要做的事情。企业愿景发端于企业使命，是企业管理者结合企业使命与自身所掌握的资源、提供的产品与服务，对企业在一定时期内发展状态的一种展望，而且这个时期一般比较长。其目的在于给企业全体员工提供一个相对明确的努力方向。

一般公司都会用一句话描述企业愿景，比如阿里巴巴：“追求成为一家活 102 年的好公司。我们的愿景是让客户相会、工作和生活在阿里巴巴。到 2036 财年，服务全世界 20 亿消费者，帮助 1 000 万中小企业盈利以及创造 1 亿就业机会。”华为的愿景是“把数字世界带入每个人、每个家庭、每个组织，构建万物互联的智能世界”。

公司的使命和愿景被企业的团队成员所认同是企业战略实现的关键基石。对于企业的使命和愿景仅仅是“我知道（know）”“我理解（understand）”是不够的，更重要的是“我同意（agree）”“我认同（identify）”。

小知识

长城汽车的使命与愿景

使命愿景：绿智潮玩嗨世界［Rock the World with Our GIFT（Green Intelligent Future Technology）］。

绿：始终秉承全产业链低碳环保的理念，坚持绿色、清洁能源的研发与投入，成为绿色能源革命的主力，为保护绿色地球持续做出贡献。

智：与科技创新时代同频共振，以智能产品为核心，打造涵盖智能制造、智能运营、智能服务、智慧管理在内的全场景高智能产业生态；为用户提供更便捷、更愉悦、更丰富的智能出行体验。

潮：洞察产业浪潮，弄潮能源革命、捕捉时代潮流，为用户提供更加个性化、智能化、更有创意、有价值认同感的产品及服务，为用户带来惊喜。

玩：智能科技让车更加好玩，更加酷炫；赋予产品文化内涵，汇聚具有共同爱好的用户群体玩在一起，共创专属的社交生活。

嗨世界：让全球用户在“绿智潮玩”中享受惊喜和极致体验。

三、价值驱动力

每一个真正成功的企业都会有某种驱动力发挥着主要作用，正是这种驱动力让企业及其员工知道该做什么、如何做。

特雷西和魏斯玛在《市场领导原则》（*The Discipline of Market Learders*）一书中提出了特雷西-魏斯玛价值驱动力模型，归纳出运营效率、产品领先、客户关系密切等三种重要的企业价值驱动力。

1. 运营效率

运营效率是指如何把事情做好。效率主要强调的是有效率的流程和产品服务上市、运行顺畅的机制。在重视信誉或者价格竞争激烈的市场上，生产效率、规模经济、统一性、灵活分销、快速反应这些都是实现运营效率的重要因素。运营效率能给企业带来绝对的竞争优势。

一般来说，以运营效率为驱动力的企业，通常在大众产品市场上会以产品朴实无华、没有争议、低价格为追求导向。

2. 产品领先

产品领先是主张生产最好的、最先进的，或者是能主导市场的产品。很多创新能力强、拥有多项专利的企业就是以这种产品领先型的价值观为动力。通常而言，这种类型的企业所面临的最大威胁就是产品落后，不能成为市场主导。所以在这种驱动力下，企业必须不断扩大业绩的边界。

3. 客户关系密切

以客户关系密切为驱动力是指致力于洞悉客户具体需要并提供相应产品和服务。

客户关系密切型企业的最重要标志是明确表示希望与顾客形成密切的关系，并根据自己对各个层面经营活动的了解采取相应行动。这种类型的企业可能有很多产品和服务，这些产品和服务能够组合起来满足每个客户的要求，甚至能够完全根据客户的要求提供服务。

小故事

盲人点灯

有一天晚上，禅师看见一个盲人打着灯笼，很不理解，就上去询问原因。盲人说："我听说天黑以后，人们都跟我一样什么都看不见了，所以我才点上灯，为他们照亮道路。"禅师说："原来你是为了众人才点灯，很有善心。"盲人说："其实，我也是为自己点的灯。因为点了灯，在黑夜里别人才能看见我，不会撞到我。"禅师大悟："为别人就是为自己。"

这个故事告诉我们：我方便了别人，别人也成就了我自己。这就是典型的双赢思维的体现。

知识要点二　双赢思维

一、双赢思维的作用

双赢是建立在共同利益基础之上的一种互利平等的伙伴关系，也是双方都能获益的愿景。

诺贝尔经济学奖得主赫伯特·亚历山大·西蒙（Herbert Alexander Simon）在其自传《我生活的种种模式》（*Models of My Life*）一书中写道："世界商品分配与道德无关……肯定存在更好的游戏。如果让我选择可以不考虑科学可行性的研究课题，我将研究如何说服人类去设计并实践大家都能赢的游戏。"

赫伯特·亚历山大·西蒙所说的"大家都能赢的游戏"强调的就是双赢。双赢思维是富有建设性地处理彼此对立的意见，不以牺牲一方为选择另一方的代价，而是以创新形式消除意见对抗。新的意见同时包含对立意见的某些因素，且优于对立意见的任何一方。

非双赢思维关注的则是自己能够得到什么，自己如何能在竞争中取得优势、胜过别人。双赢思维者是长期主义者，关注的是企业长久的生存发展问题，为此他们能够忍受合作带来的磨合之痛和其他诸多困难之处，为实现企业长期相互赋能、共生共长而努力。

有些战略合作企业一开始是用独赢思维进行竞争，但是当它们用双赢思维思考企业发展前途、成功建立战略合作之后，它们减少了竞争带来的巨大损耗，同时享受到战略合作带给它们的成功。

小故事

蛋卷冰淇淋的由来

有一个做糕点薄饼手艺的年轻人，一直想做出一番事业，但是天不遂人愿，他的生意一直没有任何起色。1904年的夏天，他带着自己做薄饼的工具在美国圣路易斯世界博览会的场地申请了个现场制作薄饼的摊位。按理说世博会的人流量大，生意会好，可是他的薄饼还是受到了冷落，倒是他旁边制作冰淇淋的摊位生意红火，摊主用来盛放冰淇淋的碟子转眼间就没货了。

做薄饼的年轻人见状就把自己的薄饼卷成锥形，让冰淇淋摊主盛放冰淇淋。这个方法确实能救急，于是大量的用薄饼制作的锥形冰淇淋被送入顾客手中，并被评为了此次世界博览会上"最受欢迎的产品"。

从此，这种锥形冰淇淋开始迅速传播，广为流行，并逐步演变成今天的蛋卷冰淇淋。

小知识

思维类型

人们的思维概念有两种类型：一种是"满足模式防御"，另一种是"乐观模式找寻"。

满足模式防御是应用最为广泛的模式，也是绝大多数人的思维背景。当人们陷入满足模式防御时，通常表现为选择某种理论，然后努力支持这种理论并为其辩护，不断积攒数据来支持所采用的理论，于是越发确信该理论能够代表真理，而且还会因为终极目标的实现而变得越发满足、越发确定。满足模式防御者一心想证明现有模式的真实性，一旦进入该模式，就会放弃探寻更为准确的模式。该思维类型容易受以下偏见的影响：

（1） 现实约束：不现实的想法都应该放弃；

（2） 寻求解释：暂时无法解释的客户行为可以忽略；

（3） 推而广之：如果这套方案在这里行不通，那在其他地方也行不通；

(4) 传统禁锢：我们一直以来使用的方法就是最好的方法；

(5) 第一印象：首先想到的方案就是最好的也是唯一的方案；

(6) 个人经验：如果我不愿意买这个产品，别人也不会愿意买。

双赢思维通常建立在乐观模式找寻的理性立场上。乐观模式找寻者不相信存在正确答案，他们只相信存在着最佳答案。

双赢可以从思考、行动、结果三个维度展开，其中思考层面最难。通常人们对自己的想法不会进行太多的思考，大都是“结果发生就发生吧”，容易很快忘记是什么行动导致了这种结果，只会专注于下一步要采取的行动。

做战略型销售业务最重要的是构建双赢的思维，这是前提，只有双赢思维形成了，才会从思考延伸至行动，从行动实现双赢的结果。顺丰和唯品会的战略合作就是一个典型的案例。在与顺丰建立战略合作之前，唯品会旗下有自营的“品骏快递”进行物流服务，和顺丰为竞争关系。双赢思维改变了顺丰和唯品会的竞争状态，双方携手合作：顺丰负责了唯品会的物流部分，物流行业有明显的规模效应，规模越大成本越低，极大地降低了唯品会的物流运营成本，用户能享受到顺丰优质快速的物流服务，增强了竞争力；顺丰从唯品会获得了优质的电商平台资源来发展下沉市场，扩大了市场，增加了生存空间。双赢思维真正实现了双赢。

双赢思维是寻求互惠的精神，意味着合作。对于做战略型客户业务的销售人员而言，建立良好的双赢沟通思维，养成有意识地运用双赢沟通思维进行有效沟通的习惯，往往能事半功倍。追逐企业利润最大化，一味地追求赢，在竞争中忽略合作，伤害了相关方的利益，是无法实现基业长青的。个人和组织想要实现持续性的长期发展，就需要以双赢思维为指导，站在组织、合作方的角度去判断、考虑双方的共同利益，实现双赢。

小知识

人际交往模式

著名的管理学大师史蒂芬·柯维（Stephen Covey）在其《高效能人士的七个习惯》一书中提出，人际交往存在六种模式，分别是：利人利己（双赢）、损人利己（赢/输）、舍己为人（输/赢）、两败俱伤（双输）、独善其身、好聚好散（无交易）。

己方状态

他方状态	我赢	我输	无所谓
他赢	利人利己	舍己为人	
他输	损人利己	两败俱伤	
无所谓	独善其身		好聚好散

图 6-5　人际交往模式图

二、双赢模式的基石

双赢合作模式应当具备什么特征呢？一个好的双赢合作愿景应当是互惠的、长远的、清晰的、形象的、具有指导价值的。基于双赢思维模式建立的愿景自然能够惠及合作企业双方，且这种互惠必然是长久而非短暂的。一个清晰的合作愿景反映了企业双方对彼此愿景、发展战略以及合作内容和方式进行了深度分析，既显示了企业合作的诚意，也表明企业双方建立合作不是感性的冲动之举，而是经过理性思考之后的慎重决策。合作愿景是否形象直接影响愿景的说服力，一个形象生动的合作愿景能够帮助人们“看见”合作的美好前景，促使他们理解乃至接受合作内容和方式，提升合作的动机。双赢合作愿景应当具有指导价值，指导合作企业为实现该愿景规划合作发展战略、制订和执行行动计划。

双赢模式在生活中应用广泛，我们应该怎样实现双赢呢？双赢原则是所有人际交往的基础，包括五个独立的方面：双赢品德是基础，接着是建立起双赢关系，由此衍生出双赢协议，需要双赢体系作为培育环境，通过双赢的过程来完成。

（一）双赢品德

双赢品德指诚信、成熟和知足。诚信，就是我们在日常生活中有明确的价值观，能积极主动地以此为核心安排活动，信守承诺；成熟，就是在表达自己的情感和信念的同时能体谅他人的想法和感受；知足，就是相信资源充足，人人有份。这是实现双赢的前提。

麦当劳和汉堡王是竞争对手，麦当劳曾举办某公益活动，活动将捐出某天售出的巨无霸汉堡的销售收入用于为癌症儿童患者筹款。在同一天，汉堡王宣布停售招牌汉堡一天，希望顾客购买麦当劳巨无霸汉堡，支持麦当劳。这样做既支持了慈善事业，也同时提高了两家公司的声誉。同行非敌国，船大不占海。即便是竞争对手，也能实现双赢。

（二）双赢关系

以双赢品德为基础，我们才能建立和维护双赢关系。双赢的精髓是信用，即“情感账户”。充足的“情感账户储蓄”和对双赢模式的共识是建立双赢合作模式的理想途径。

让双方能力相结合是非常有效的建立双赢关系的策略。例如，一家管理顾问公司可以和一家财务公司合作来给顾客提供更大范围的服务；一家复印公司可以与递送服务合作来为顾客提供更加高效的体验；巴尔尼·佩尔与亚马逊合作，将自然语言搜索与线上零售结合。与此类似，硬件和软件公司常常通过将他们的产品结合在一起做成“捆绑”的解决方案来制造高效的双赢关系。

（三）双赢协议

关系确立之后，就需要有协议说明双赢的定义和方向，可以通过签订“绩效协议”或者“合作协议”等，让纵向交往转为水平交往，从属关系转为合作关系，上级监督转为自我监督。

双赢协议通常包括预期效果、指导方针、可用资源、任务考核、奖惩制度等五个要素。

1. 预期效果：确认目标和时限；

2. 指导方针：确认实现目标的原则、方针和行为限度；

3. 可用资源：包括人力、财力、技术和组织资源；

4. 任务考核：建立业绩评估标准和时间；

5. 奖惩制度：根据任务考核确定奖惩的意义。

（四）双赢体系

双赢只能存在于体系健全的组织机构中，必须有相应的体系支撑，包括培训、规划、交流、预算、信息、薪酬等，而且所有体系都要建立在双赢原则的基础之上。

小故事

“再生银行”的多赢

如何鼓励人们对垃圾进行分类，方便垃圾进行回收，是世界性的难题。

“再生银行”是家垃圾回收公司，创始人将居民、商家、政府都纳入公司的交易结构中，构建了一个利益共同体。

“再生银行”通过申请政府的环保补贴、收取合作商家的环保捐款等方式建立垃圾回收分类体系。居民将垃圾投入专门的垃圾桶，每月可从“再生银行”获得积分，凭积分在指定商家消费时可以获得优惠；商家通过参与此项活动不仅能获得更多消费者，同时建立了良好的社会形象。参与这一环保计划的商家越多，对家庭用户的吸引力越大；同样，参与的家庭用户越多，对商家吸引力也越大。

对政府而言，除了节省了处理垃圾的费用，降低了环保建设的成本之外，还能和“再生银行”平分卖出可回收垃圾的收入，“再生银行”还能获得商家销售收入的返点。

“再生银行”提高了垃圾回收率，政府、居民、商家和“再生银行”都是赢家。

（五）双赢过程

双赢过程并非都是顺利的坦途，通常要注意这几个方面：第一是要从对方的角度看问题，真正理解对方的想法、需要和顾虑，甚至要比对方理解得更透彻；其次是要认清主要问题和顾虑；最后是确定大家都能接受的结果的各种可能途径。

小故事

螃蟹效应

当把一只螃蟹放在一个敞开的藤篮里时，螃蟹很快就会爬出来；如果把两只以上的螃蟹放入藤篮里，即使不盖上盖子，螃蟹也不会爬出来。

为什么会这样呢？观察发现，当藤篮中的一只螃蟹企图爬出来的时候，藤篮内的其他螃蟹也会争先恐后地想要爬出来，从而产生相互扯后腿的现象，最后的结果是一只螃蟹也爬不出来。

知识要点三　呈现双赢合作愿景

企业建立战略合作的初衷就是双赢。双赢合作愿景是企业双方愿景的互嵌，通俗地讲，双赢合作愿景让企业预先“看见”双方携手合作会取得的美好结果。这种美好的预见能促使企业双方产生建立战略合作的动机，并生发出实现这一愿景的持久的行动力。构建双赢合作愿景需要形成战略共识，描绘战略屋，还要能将愿景共识向客户的高层决策者进行有效地呈现。

一、形成战略共识

战略共识是对企业使命、初心的回顾，确立愿景和战略定位。战略共识是共商、共创、共融、共担、共行的过程。形成战略共识的关键包括回顾、展望、洞见、战略描绘和共同承诺等五个要素。

（一）初心回顾

有不少企业在进行战略讨论的时候，往往会忽略“为什么出发”这个问题。“为什么出发”是企业最深层次的驱动力，是企业的初心和长期存在的使命。要想达成战略共识，在进入战略讨论之前，第一要素就是进行初心回顾。所有参与人员一起回顾并分享企业成功的历史、感人的画面，初心回顾会帮助团队成员快速地从日常的工作中脱离，从现有的“位子”上剥离出来，保持从全局和大画面视角讨论的状态，确保大家在一个层面上探讨问题，达成共识。

（二）愿景展望

使命是企业家和企业的梦想，是几代人甚至永远为之努力奋斗的灯塔。和使命相比，愿景则有一定的时效性。使命是以他人为中心，愿景则是以自我为中心，描述出企业想成为什么样的企业。对愿景的共识是讨论战略共识的前提，不同的愿景会导致不同的业务模式、战略路径和发展节奏。所以在形成战略的同时一定要有激动人心的愿景展望。

（三）洞见输入

形成战略共识的第三要素是开阔视野的洞见输入。在战略共识阶段，很多企业创始人、一把手会认为企业的高管团队与自己的思考差距太大，无法真正地讨论战略问题。正因如此，才更迫切地需要给高管团队成员提供必要的开阔视野的输入，才能让领导者与高管团队的差距缩小。达成战略共识应该尽可能运用各种方式开阔视野，可以邀请技术专家、行业专家投资人、政策制定者、关键意见领袖等进行信息的输入。

（四）战略描绘

第四要素是战略描绘。对愿景的共识会激发大家积极的情绪，但如何实现愿景、分几步走、每一步的目标是什么、每个阶段的业务组合是什么、孵化业务应该在哪个领域下功夫、新科技和传统业务如何结合、财务结果会受到怎样的影响等一系列问题，都是战略制定和战略共识的重点讨论内容。每一个问题的讨论都需要以不同的立场、不同的视角、不同的观点反复论证。

（五）共同承诺

第五要素是共同承诺。共同承诺要达到“舍我其谁”的效果。达成战略共识后，推演要真正成功离不开高层团队个人的承诺和集体的承诺。每一个掌控资源的骨干都需要完全认同并承诺回到自己的“地盘”“位置”后继续推进共识的战略，而不再是推进自己的原有想法。

二、描绘战略屋

战略描绘能激发斗志，如何有效地进行战略描绘呢？战略屋是描绘战略的有效工具，战略屋的基石是企业的愿景和目标。不同公司的战略屋包含的内容各有差异，但是都有相同的元素。战略屋通常包括实现愿景的路径和阶段目标、第一阶段的目标与策略、业务的制胜法宝、业务的拓展模式和业务的关键举措等五个方面。

（一）实现愿景的目标路径和阶段划分

实现愿景的目标路径和阶段划分主要是指划分为哪几个重要的阶段实现愿景，每一个阶段实现的目标体系是什么样子的。例如你要攀登珠穆朗玛峰，当然不是一步就可以登顶的，需要根据不同的路径在不同的海拔依次建立登顶的营地。

（二）明确第一阶段的目标、业务组合与竞争策略

第一阶段的目标十分重要。一般来讲，每一个阶段大概是 2～3 年的时间，时间如果太长很难有准确的业务判断，时间太短又无法具有长期视角，特别是有些战略问题不是能在短时间内得到解决的。

在业务组合中，通常将业务分为核心业务、发展业务和萌芽业务。核心业务通常而言就是企业的成熟业务，是公司现阶段的主业，也是该阶段企业最重要的收入和利润来源。在成熟业务中也可能衍生出新的发展机会或者新的迭代产品和服务。

发展业务是指已经度过“从 0 到 1”阶段的业务，发展业务的商业模式和运作机制等已经明晰，未来 2～3 年进入快速发展周期，可以为公司未来时间段带来收入和利润增长。

萌芽业务是新兴的商业机会，尚未变成业务，仍处于摸索和探索期，还需要人力、物力和资金的大量投入。

（三）业务的制胜法宝

通常从三个方面描绘每个业务的制胜法宝，首先是通过成本领先制胜，其次是通过技术领先制胜，第三是通过服务领先制胜。

业务的制胜法宝离不开这个业务的自然属性、外部竞争和未来发展等多方面因素，需要综合考虑并确定业务的竞争优势。

制胜法宝的确定可以帮助企业集中优势资源打造核心竞争力，苹果公司以技术领先制胜、沃尔玛以成本领先制胜都是经典案例。多元化集团的每个业务的制胜法宝可能不同，但仍然需要通盘考虑集团不同业务的协同作用。

（四）业务的拓展方式

战略屋需要描绘每个业务的拓展方式。究竟是通过自主经营还是采用加盟或者联盟等形式，是通过自我投资发展还是采用并购式发展的模式，是选择自建营销团队还是通过外包渠道销售，等等。

（五）业务的关键举措

这里的关键举措指的是未来 2～3 年业务要达到第一阶段的战略目标需要抓的几个关键点或有待重点突破的领域。

三、合作愿景呈现的六个基本原则

构建双赢合作愿景之后的关键一步，就是向高层决策者呈现合作愿景。一次成功的合作愿景呈现无疑具有重要价值，它可以加深决策者对合作愿景的理解，帮助他们认识到双方合作能带来的价值、建立对合作方的信任，促进合作的建立；反之，失败的合作愿景呈现则会带来灾难性的后果，会使合作变成无稽之谈。那么，如何做好愿景呈现呢？

合作愿景的内容、呈现者和被呈现者的情况等诸多因素都会影响合作愿景的呈现方式和过程，所以合作愿景的呈现也要根据具体情况来计划和执行。合作愿景的呈现方式和过程虽具有多样性，但也有些基本原则，若能遵循会大大提升合作愿景的呈现效果。具体而言，向决策者呈现合作愿景有六个基本原则：平等、价值、信任、避免施压、顺理成章、流程控制。

（一）平等原则

双赢合作的一大特征就是双方地位平等，呈现双赢合作愿景不是去“乞求”合作，而是呈现给客户一个合作双赢的机会供其思考、评估与决策。有些企业强调“客户至上”的服务理念，但却往往将之曲解成“客户地位更高”，在实际与客户接洽时“卑躬屈膝”，这是不正确的，实际上会损害呈现的效果。只有平等才会有实质意义上的双赢。

（二）创造价值

能否为客户高层创造新的价值，这通常是高层决策者考量合作的重要因素，对双方的战略合作具有重要意义。

对于企业高层而言，所创造的价值分为财务价值和非财务价值。财务价值通常是与财务指标相关联的价值，是数字化、货币化的；非财务价值主要是安全、文化、声誉、客户体验等难以用货币进行衡量的价值。

非财务价值通常有以下类型：

1. 对企业文化的贡献：提升士气、加强员工敬业精神等；

2. 对管理的贡献：方便沟通、减少冗余、方便信息流通、优化采购流程、增强协同办公的能力等；

3. 对创新的贡献：包括管理、技术、运营和操作的创新，例如采用了新的激励手段、新的运营模式等；

4. 对未来战略的贡献：厘清了企业未来的发展方向、实现销售队伍转型、实现产业升级等。

（三）牢固信任

信任是建立关系的必要条件。牢固信任就是要建立客户高层对呈现者的信任。客户高层对愿景呈现者的信任度是决定其是否愿意合作的重要因素。信任度越高，决定合作的可能性越高。因此，在呈现合作愿景前，呈现者应赢得客户高层的信任。

赢得客户高层的信任主要取决于品质、能力、形象以及对客户高层有价值的因素或事项。在客户高层没有与潜在合作者打交道之前，初始信任度一般为0；随着交流的增多加深，他对潜在合作者的信任会逐步积累、提升，直至达到决定合作所需要的信任度。所以，和客户高层打交道的过程，实际上就是提升信任度的过程。

“金无足赤，人无完人。”在与客户高层打交道的过程中，潜在合作者很难做到面面俱到，要学会抓大放小，不要对小失误耿耿于怀。

（四）避免施压

避免施压，即避免让客户高层感觉有压力。在与客户高层打交道的过程中，如果己方让对方感觉有压力会很容易被排斥。在实际沟通中，不少销售人员因为过度施压失去了合作的机会。在与高层沟通时，需避免以下几点：

第一，让客户高层感觉被推销、被逼着合作。在逛商场时，如果导购让你有被推销或被逼迫的感觉，你的第一反应就是去拒绝导购的推销。当产生购买的压力时，容易本能地屏蔽对利益的关注。

第二，有目的地与客户高层拉关系。销售人员为了促进双方合作会将主要精力用于套近乎、拉关系，这会有适得其反的效果。客户高层如果去考虑是否要因为平衡对方的各种关系来合作，而不是关注业务本身的需要，就会产生压力。如果这时他并不了解合作愿景但又要为其付出很多时间、金钱甚至承担责任，压力感会更重，通常会让他排斥这种关系。

第三，浪费客户高层的时间。销售人员在沟通中言之无物会消耗对方的时间。时间就是金钱，是客户高层非常宝贵的资源，如果高层花费时间与销售沟通，却不能带来价值，那不仅会给他们造成压力，还会使客户高层愤怒，失去联结的机会。

因此，销售人员在与高层接触时一定要注意消除对客户高层产生的压力感。

（五）决策顺畅

对于客户最终决策而言，最看中的供应商品质是“能在本公司赢得最广泛的支持”，这样可以让客户高层轻松地做出合作决定。这就要求销售人员做到共识性销售，做好客户和各个利益相关人员的积极联系工作，让客户高层可以顺理成章地做合作决定。一般企业中会有规范的企业合作工作流程，由下属推荐潜在合作企业，经过一轮又一轮的接洽后决定谈妥合作。供应方如果没有做好对方下属的工作，那其实是在让客户高层违反工作程序，客户高层并不会为了接洽者违反公司规定，最终的结果可想而知，只会是竹篮打水一场空。

（六）流程控制

流程控制即控制接洽流程。接洽人员在与客户高层打交道的过程中会遇到很多变数，必须遵守并控制流程，才能使接洽活动顺利开展。因为客户高层并不会特别关心合作的具体进展，而销售人员要推进合作进程，因此，只有遵守销售流程，才能逐步增加客户高层对接洽人员的信任度。只有控制接洽流程，才能以更少的时间和精力促成客户做出合作的决定。

与客户高层接洽需要做好六个步骤的流程管控，如图 6-6 所示。第一步，客户高层分析：指在拜访客户高层前对其进行分析；第二步，与客户高层接洽：指在第一次正式面谈前，与客户高层取得联系、接触的过程；第三步，首次与客户高层面谈：指第一次正式的面谈；第四步，与客户高层建立关系：指在第一次面谈后，为使客户高层做出合作决定而进行的建立关系活动；第五步，客户高层做出合作决定：指让客户高层顺理成章地做出同意合作决定；第六步，与客户高层保持关系：指在合作建立后与客户高层继续保持关系。

图 6-6　与客户高层接洽流程图

想要向客户高层有效呈现合作愿景，需要记住这个公式：有效呈现合作愿景＝平等×价值×信任×避免施压×顺理成章×流程控制。

销售人员与销售团队要以平等的身份、从客户角度为增加客户价值着想，逐渐提升客户的信任度，在接洽过程中让客户感觉舒适无压力，同时要做好客户内部各个业务部门下属的工作，使得客户高层能顺理成章地做决策，在与高层的接洽中要善于做好流程的控制。与客户高层的接洽中遵循好这六个原则，将会大大增强与客户高层接洽的流畅度，增加达成战略合作的可能性。

【拓展资源】　合纵连横——我国 2 000 多年前的战略合作

战略合作虽是一个现代词汇，但它的思想源远流长，早在 2 000 多年前的中国战国时代，它就以另外一个名字出现——合纵连横。

在混乱的战国时期，原本是齐、楚、燕、韩、赵、魏、秦七国并立于世，后来随着大国对小国的兼并战争的不断进行，战国中期齐国和秦国两国变得强大，形成了东西对峙的局面。不过“七雄”中的其他五国也是不甘坐以待毙的，一方面发展本国的实力，另一方面采取了当时应运而生的合纵之术，即联合众多弱国，共同抵抗一个强大的秦国或齐国。而正所谓一物降一物，自然有针对合纵之术的方法，那就是连横，即弱国通过依附于一个强大的国家，消灭其他的弱国。

起初合纵和连横是各个国家看着时局随机采取的，早上可以是合纵，晚上也可以选择连横，合纵和连横处在一个变化无常的境遇。这个时候的合纵可以是针对齐国的，也可以针对秦国；连横也可以是依附于秦国，又可以是联合齐国。不过到了后期，由于秦国实力强大起来，东面的六国不能单独抵抗秦国，所以合纵就成了六国联合共同对付秦国，连横成了破坏六国合纵的策略。

而以纵横之术游说七国的最为关键的人物就是公孙衍、苏秦和张仪三人。早期是公孙衍主张合纵，游说各国。公元前 318 年，公孙衍曾促使魏国、赵国、韩国、燕国和楚国共同攻伐强大的秦国。虽然这一次征讨秦国的战役失败了，但是其声势和影响力却是巨大的，也让秦国为之忌惮。后来的苏秦也曾在公元前 287 年成功联合五国攻打秦国，并逼迫当时已经称帝的秦王退去帝王的称号，归还了占领的部分土地，这一次是合纵的胜利。不过最大的胜利还是在连横张仪那里，张仪成功破解了东方六国的合纵之势，被秦国乘机各个击破，成功兼并了六国，统一了中国。

合纵连横思想是我国的瑰宝，是战略合作的宝贵实践，在如何建立和破解战略合作上为后世提供了可借鉴的宝贵经验，带来了深远的影响。

课后习题

1. 知识小测

【单选题】解锁向客户高层有效销售的密码是（　　）。

A. 平等×价值×信任×没有压力×顺理成章×服务

B. 平等×价值×信任×物美价廉×顺理成章×流程控制

C. 平等×价值×信任×没有压力×顺理成章×流程控制

D. 平等×价值×信任×没有压力×关系紧密×流程控制

2. 行动学习实践

使用“工作坊”，解读企业战略

工作坊是不同立场的人们思考、探讨和进行相互交流的一种方式，是鼓励参与、创新以及找出解决对策的工作方法。

战略解读工作坊的操作与进行通常分为三个步骤。

步骤一：信息的分享。

工作坊的第一步就是要将原来掌握的信息进行分享。参与者在平等的条件下将知道的信息、讨论的成果进行分享，共同讨论、交换意见、凝聚认知。

战略解读工作坊是要将战略意图和想法解释给参与工作坊的人员，以便大家统一认识，并为下一步制定销售策略奠定参考基石。

注意信息分享不是简单的介绍与解释，而是对战略信息与战略认识信息的分享，需要达成对战略目标的统一认识。

步骤二：小组提案设计。

通过分组讨论的方式，让参与者继续互相讨论、互相交流意见，通过凝聚认知的过程拉近参与者之间的关系，以便后续活动的顺利进行。

战略解读工作坊在对战略目标达成一致认识之后，各个主要业务单元需要结合战略目标来设计相应的业务策略（包括销售策略）。在这个提案的设计过程中，小组成员不仅要考虑到每个业务策略本身对战略目标实现的支持措施，还需要考虑相关业务策略之间的联系和影响，尽可能形成良好的协同合作，避免各自为政的情况发生。

步骤三：全体表达意见。

这一步骤是各组发表意见的时间。各个小组的价值观与立场或有不同，但各方都应该站在客观的角度来分析事情，通过现场的沟通和协调机会，共同思考出最适合的方向并达成共识，形成行动计划。

此时要能体现各业务单元策略对战略目标实现的支持情况，并为了实现战略目标对各个业务策略间存在的问题、牵制等情况做出相应的调整，为接下来制订各个业务策略相应的行动计划打下基础。

3. 同辈行为评价

在公司战略合作部工作半年之后，小霞和同事们自认为已经对公司的重要供应商 M 公司进行了深度的战略解读，并在此基础上构建了双方的双赢合作愿景。经过与 M 公司高层的接洽，小霞将代表公司与 M 公司高层罗总进行首次面谈，并约定在此次会面中，小霞将呈现合作愿景。会面中，为了表现己方公司对合作的诚意，小霞刻意表现出了谦卑的姿态。她向罗总详细地阐述了双方的业务优势相当互补，如果能建立战略合作将为双方带来价值，并描绘了一幅携手共进的场景。为了快速赢得罗总的信任，小霞还特意提到了她与罗总的一位业界好友有过交流的详细经历，还暗示罗总的这位好友也希望能看到两家企业达成合作，想借此来推动他们的合作。小霞向罗总表示，双方合作的好处是显而易见的，由于己方公司对和 M 公司的合作非常重视，希望罗总能够认真考虑并尽快就合作做决定。

你认为小霞在这次会面中有什么做得好和不够好的地方？不够好的地方请你指出如何改进。

4. 案例分析

请与小组成员一起阅读以下企业战略合作的案例，然后讨论战略合作可能给合作企业以及消费者创造的价值。

顺丰与唯品会战略合作，全力保障疫情期间商品供应

自 2019 年起，电商平台唯品会与国内的顶尖快递企业顺丰达成战略合作，将其所有的物流业务都交给了时效和速度都达到国内一流水平的顺丰。同时，唯品会还携手顺丰一起提升了物流体验，为广大消费者提供上门退换货服务，让消费者在家门口就能完成商品的退换。

“以消费者为中心”的共同服务理念，让这两家国内企业多年来紧密地联系在一起，并且默契十足。2022 年，唯品会和顺丰再次共同出手，干了一件大事。

进入 2022 年以后，反复的疫情让国内许多城市按下了暂停键。这不仅给很多线下门店带来了巨大的冲击，同时也让无数线上商家叫苦不迭。受疫情影响，国内很多地区的物流服务都陷入停摆，疫情严重时，甚至有大半个中国不能发快递。因此，不少线上商家都在抱怨：“发不了货”“没有生意”“销售额大减”……

正是因为看到了这种现象，唯品会和顺丰才会急商家之所急，两者共同出手，为平台上的商家们及时送上了一颗定心丸。

首先是在物流上，每一件货物的流通，顺丰都严格按照相关要求及标准，做到了“人”“车”“货”“场”的消毒工作，通过全程消杀来确保包裹安全。每一件商品的出库，唯品会也都会动态调整发货仓，从而规避疫情区域。如果唯品会的发货仓在疫情区域内，唯品会就会第一时间调整发货仓，确保发货正常。

其次在商家端，唯品会为商家提供了有效的揽收保障。当商家受疫情影响，配送揽收运力紧张之时，唯品会联手顺丰主动为商家寻找资源，协助商家将商品送至承运商分拨网点，从而加快发货。另一方面，唯品会还直接减免了延迟发货的考核。对第三方、MP 等商家，只要是在 2022 年 3 月 21 日后受疫情影响的，唯品会承诺都可以延迟发货考核。

不得不说，在疫情严峻复杂的时期，唯品会和顺丰联手，为线上的千万卖家以及线下的无数消费者做了一件大实事。

5. 自我认知测评

盲人摸象的故事相信很多人都知道，其中蕴含着深刻的寓意。

相传古代有一个国王命令大臣牵来一头大象，让八个盲人用手去摸，然后分别叫他们说出大象是什么模样的。

七手八脚地摸了一阵后，八个盲人都争先恐后地报告。摸到大象牙齿的盲人说大象形如长长的萝卜根；摸到象耳的盲人说大象仿佛一只簸箕；摸到象头的盲人说大象如一块大石头；抓到象鼻子的盲人说大象不过是一根木杵；抱着象脚的盲人嚷道大象明明是一只舂米用的石臼；摸到象背的盲人说大象是张床；摸到肚皮的盲人说大象是只大水缸。

最后一位盲人说道：“哈哈，你们都不对！”只见他扯着象尾巴说，“告诉你们，大象细细长长，就像一根绳子！”

对于个人来讲，我们往往只能从自己的角度来看世界、看他人、看问题。如果我们具有换位思考的意识和能力，那么我们就能从中看到更大的世界、更体谅他人、沟通更顺畅、更有效地解决问题。换位思考能帮助人们贯彻双赢思维，有利于合作的建立。

表 6-4 的换位思考能力测评，能让你对自己有更多的了解。测评中的句子需要你在不同的情境下去设想和感受。对每一个描述，请选择一个数字来说明它有多符合你的情况。

表 6-4　换位思考能力测评表

描述	非常不符合	不符合	不确定	符合	非常符合
1. 有时我觉得很难站在他人的角度来看事情	1	2	3	4	5
2. 在有争议的时候，我会尽量先从每个人的角度去看问题，再做决定	1	2	3	4	5

（续表）

描述	非常不符合	不符合	不确定	符合	非常符合
3. 我有时会试图站在朋友的立场考虑问题，以便更好地理解他们	1	2	3	4	5
4. 如果我确定我是对的，我不会浪费很多时间来听别人的意见	1	2	3	4	5
5. 我认为任何事情都有两面性，并且我会尽量都考虑到	1	2	3	4	5
6. 当别人使我感到不快时，我常常会站在他/她的角度考虑一下	1	2	3	4	5
7. 在批评别人之前，我会试图想象如果我是他们会有什么感受	1	2	3	4	5

参考文献

[1] 凯普，郑毓煌，张坚. 关键客户管理［M］. 北京：机械工业出版社，2021.

[2] 孙宏伟. 用管理驱动销售［M］. 北京：电子工业出版社，2020.

[3] 麦克唐纳，罗杰斯. 关键客户管理［M］. 刘洁，译. 2 版. 北京：北京理工大学出版社，2020.

[4] 张烈生. B2B 销售原理与实践［M］. 北京：人民邮电出版社，2020.

[5] EADES K M. 新解决方案销售［M］. 武宝权，译. 北京：电子工业出版社，2019.

[6] 张启浩. 招投标法律法规适用研究与实践——投标文件编制要点与技巧［M］. 北京：电子工业出版社，2018.

[7] 刘营.《中华人民共和国招标投标法实施条例》实务指南与操作技巧［M］. 3 版. 北京：法律出版社，2018.

[8] 付遥. 价值竞争［M］. 北京：机械工业出版社，2017.

[9] 白如银，张志军，孙逊. 招标投标典型案例评析［M］. 北京：中国电力出版社，2017.

[10] 查兰. 客户说［M］. 杨懿梅，萧峰，译. 北京：机械工业出版社，2016.

[11] 博斯沃斯，霍兰德，维斯卡蒂斯. 攻心式销售［M］. 张无尘，译. 北京：中华工商联合出版社，2010.

[12] 雷克汉姆，德文森蒂斯. 销售的革命［M］. 陈叙，译. 北京：中国人民大学出版社，2009.

[13] 黑曼，桑切兹，图勒加. 新战略营销［M］. 齐仲里，姚晓冬，王富滨，译. 3 版. 北京：中央编译出版社，2008.

[14] 坎贝尔. 战略协同［M］. 任通海，尤大伟，译. 北京：机械工业出版社，2000.